시돈
시리아
다메섹
(다마스쿠스)
사렙다
(사르밧)
페
니
키
아
에돌론
바알갓
(바알헤르몬)
헤르몬산
카리타니강
두로
가이사랴 빌립보
(파니아스)
단
벧아낫
카다사
게데스
홀러
호수
압돈
가스칼라
바산(고원지대)
엑딥파
악십
메롬
이솔
가울라니티스
드라고닛
메론산
프톨레마이스
악고
갈릴리
고라신
가버나움
바타네아
라파나
벳새다
나베
이벨
게네사렛
율리아스
요타파타
욧바다
가나
갈릴리
바다
거룩나임
악고 평원
막달라
타리케아이
게르게사
(거라사)
가울라나
아스다롯
아소카스
루마
아르벨라
히포스
가말라
디움
카나타
그낫
세포리스
디베랴
갈멜산
센나브리스
나사렛
다볼산
필로테리아
야르묵강
이빌라
기손강
다볼
가다라
보스라
도라
게바
나인
므깃도
카피톨리아스
아그리피나
이스르엘
사론
스키토폴리스
아르벨라
가이사랴
다아낙
벧산
나르바타
이블르암
펠라
길보아산
데가볼리
사마리아
살렘
애논
길르앗
미스바
(갈르잇)
소고
요
세바스테
단
디르사
사마리아
에발산
암마투스
거라사
수가
강
세겜
네아폴리스
그리심산
압복강
아폴로니아
아크라베타
알렉산드리움
안디바드리
답부아
사르단
아벡
실로
가야스산
파셀리스
아리마대
라마다임소빔
욥바
에브라임산지
가도라(그돌)
아켈라이스
고프나
이소라
롯다(로드)
아다다
에브라임
암몬
오브라
필라델피아
깃다임
모디인
벧엘
랍바
미스바
마크마스
베레아
벧호론
믹마스
여리고
티루스
얌니아
가자라
야브넬
게셀
기브온
엠마오
이빌라
기브아
베다니
리바아스
모리아산
감람산
(벧아바라)
벧아람
벧라마타
악카론
벳바게
에스부스
예루살렘
에그론
베다니
헤스본
아소도
쿰란
느보산
아스돗
가드
벧세메스
베들레헴
메드바
베셀
벧바알므온
유대
헤로디움
아스글론
랍나(리블라)
그일라
드고아
칼리로에
마리사
마레사
벧술
라기스
염 해
(사해)
마케루스
안테돈
(아그리피아스)
가사
헤브론
디본(디몬)
아도라
그데못광야
엔게디
십
십광야
아르논강
그랄
브솔강
마온
마온광야
브솔
아랏
마사다
라피아
호르마
아레오폴리스
아르
브엘세바
말라타
길모압
(길하레셋)
이두매
(에돔)
엘루사
나바테아
소금골짜기
(싯딤골짜기)
소알
네게브
세렛
세렛강
브엘라해로이
호르산
바란광야
지
중
해
성경 2.0 지도 기호
▲ 산
○ 도시(불확실한 위치)
● 도시
★ 데카폴리스 10개 도시 연합
☆ 데카폴리스 포함에 논란이 있는 도시
● 주요 도시, 지명
- 바다, 강, 호수 : 파란색 글씨
- 고대 근동 국가, 지역 : 보라색 글씨
- 평야, 산지 골짜기 : 녹색 글씨

성경 2.0 지도 기호
▲ 산
○ 도시(불확실한 위치)
● 도시
● 주요 도시, 지명
✝ 교회(요한계시록 7교회)
- 바다, 강, 호수 : 파란색 글씨
- 고대 근동 국가, 지역 : 보라색 글씨
- 고원, 산맥, 광야 : 녹색 글씨
- 현대 지명 : 빨간색 글씨
흑해
지중해
에게해
아드리아해
티레니아해
홍해
로마
이탈리아
시실리아
수라구사
레기온
데살로니가
빌립보
고린도
아덴(아테네)
<그리스>
<크레타>
그레데
미항
가우다섬
<키프로스>
구브로
살라미
바보
<리비아>
구레네
베레니게
알렉산드리아
라암셋(람세스)
온(카이로)
<이집트>
애굽
하부 이집트
상부 이집트
누 비 아
나 일 강
시내 반도
시내산
미디안
에돔(세일)
모압
암몬
예루살렘
브엘세바
헤브론
가사
<이스라엘>
<요르단>
가이사랴
두로
시돈
베이루트
다메섹
다마스커스
<레바논>
<시리아>
아모리
아람
하맛
안디옥
실루기아
다소
길리기아
<터키>
갈라디아
갑바도기아
루가오니아
이고니온
브루기아
아시아
에베소
서머나
버가모
두아디라
사데
빌라델비아
라오디게아
골로새
루기아
밤빌리아
이스탄불(비잔티움)
아라랏 산맥
에레반
수바르투
앗시리아
메소포타미아
갈그미스
하란(밧단아람)
니느웨
아수르
유프라테스 강
티그리스 강
<이라크>
바그다드
아카드
바벨론
바빌로니아
시날 평지
수메르
우르
갈대아
엘람
수사
<이란>
메대
바사
자그로스산맥
대소금 사막
시로–아라비아
<사우디아라비아>
<쿠웨이트>
쿠웨이트

성경통독의 새로운 기준

신약 성경 The Bible 2.0

❶ 마태복음, 마가복음

성경2.0 성경 통독의 새로운 기준

글 김종우 | **그림** 배광선 | **감수** 오광만

초판 1쇄 발행 2020년 11월 16일
초판 7쇄 발행 2024년 9월 30일

발행처 (주)CMcreative
발행인 이길우
기획 총괄 정기필
책임 편집 이경희
CG 장유미, 신선영
그림 스텝 이상일, 강지선
표지 디자인 SONBOM 박정윤
본문 편집 디자인 SONBOM 김원경, 한민희
제작 지원 이한영
인쇄 미래피앤피 최영민

등록번호 제387-2012-000039호
등록일자 2012.6.12

주소 경기도 고양시 덕양구 청초로66 덕은리버워크 A동 819호
전화 032-325-2181(편집부), 032-325-9600(영업부) | **팩스** 032-325-3181

ISBN 978-89-97923-21-2

책값은 표지에 있습니다.
잘못된 책은 구입하신 곳에서 교환해 드립니다.

성경2.0 공식 블로그 http://blog.daum.net/cmcm2012 (다음 블로그 검색: 성경2.0)

성경통독의 새로운 기준

신약

성경 The Bible 2.0

❶ 마태복음, 마가복음

김종우 글 | 배광선 그림 | 오광만 감수

CM creative

오직 성경을 쉽게 이해하도록 다듬은 책

많은 분들이 《성경2.0》 구약 편에 대해서 긍정적인 평가와 찬사를 주셨지만, 제작자의 입장에서는 어쩔 수 없이 현실적으로 타협할 수밖에 없어 아쉬운 부분이 있었습니다. "성경의 의미를 훼손하지 않는 범위 안에서 최대한 쉽게 성경의 모든 것을 담자!"라는 《성경2.0》의 기획의도를 충분히 만족시키지 못했다고 생각한 것이지요.

제작 환경(인력, 비용, 시간), 만화라는 특성, 지면의 한계, 텍스트의 구성 등을 고려하더라도 신약 편은 가능한 범위 내에서 그 아쉬웠던 부분을 보완하고 최대한 완성도를 높이고 싶었습니다. 또한 《성경2.0》을 아껴주시고 격려와 응원을 해주시는 독자들을 실망시키지 않기 위해서라도 구약보다는 더 나은 신약을 만들어야 했습니다.

그렇게 해서 구약(전7권)이 완간 된 지 5년하고도 6개월이 지나서야 신약 편의 첫 권을 내놓게 되었습니다.

신약 편은 구약 편과 여러 부분에서 차이가 있다는 걸 알 수 있을 것입니다. 그중에 가장 중요하고 크게 바뀐 것은 텍스트 구성입니다. 신약 편은 헬라어 성경을 기반으로 그 의미를 훼손하지 않고 최대한 쉽게 풀어 써서 쉽게 읽히지만 그 어떤 성경보다도 헬라어 성경에 충실하다고 할 수 있습니다. 또한 신약 편에서는 구약 편과 달리 요약하거나 생략한 구절이 없습니다. 그러다보니 '장'뿐만 아니라 '절'까지 표시되어 있습니다.

이로써《성경2.0》의 기획의도에 좀 더 충실하게 된 것이지요.

현대 사회에서 바쁜 일상을 보내는 사람들이 교회에서 일주일에 한 시간 설교를 듣고, 일주일에 한두 시간 공부를 해서 성경을 제대로 알기란 참으로 요원한 일입니다. 또한 공부를 한다고 해도 그걸 제대로 이해하는 것은 더욱더 어렵습니다.

《성경2.0》은 펼쳐보기에 부담이 없고, 재미있고, 이해하기 쉽습니다. 성경 구절, 대사, 주석, 팁, 지도, 그림 묘사까지 모든 것이 오직 쉽게 이해하는 데 중점을 두고 다듬었습니다. 성경을 공부하는 데 들이는 시간도 획기적으로 줄여줄 것입니다. 그리고 정통 개혁주의 신학을 따르기 때문에 신학적으로도 안심하고 읽을 수 있습니다.

신약 1권의 출간을 앞두고 마치 구약 1권을 처음 낼 때처럼 기대 반, 걱정 반입니다. 최선을 다했지만 여전히 미흡한 점이 많습니다. 너그러이 봐주시길 당부 드리고, 이 책이 하나님 말씀을 가까이하는 데 꼭 필요한 도구로 쓰이길 바랄 뿐입니다.

이길우

| 글 작가 머리말 |

무명한 자, 연약한 자를 쓰시는 하나님

'풀은 마르고 꽃은 떨어지되 오직 주의 말씀은 세세토록 있도다.' -베드로전서 1:24

길을 잃어버린 이 시대에 우리에게 가장 필요한 것이 무엇일까? 누군가 이렇게 묻는다면 저는 하나님의 말씀인 '성경'이라고 대답할 것입니다. 그래서 어떤 식으로든 많은 사람에게 성경을 읽히게 하는 것은 모든 교회와 그리스도인들의 시대적 소명이라고 생각합니다.

《성경2.0》은 그러한 하나님의 요구에 순종한 책 중 하나입니다.

저는 그런 책의 제작에 참여하면서 이렇게 고백할 수밖에 없었습니다.

"부족하고 연약한 사람들을 통해 성경을 쓰신 하나님께서 오늘도 그 일을 하시는 구나."

저는 평범한 젊은 목회자입니다. 무명한 자, 무식한 자, 연약한 자, 맡겨진 삶과 적은 사람을 돌보는 일에도 벅참을 느끼며 그 부족함과 연약함에 깊이 고뇌하는 자. 목회자이지만 여전히 믿음의 길 위에서 수많은 질문을 던져가며 간신히 하나님의 궤도 안에 머무르고 있는 자. 쉽게 말해 이 책을 쓰기에 전혀 자격이 없는 자가 바로 저입니다.

이런 제 자신을 너무 잘 알기에 이 책을 쓰면서도 얼마나 많이 포기하고 싶었는지 모릅니다. 왜냐하면 이 책을 기다리는 많은 독자와 이길우 대표를 비롯해서 누구보다 하나님께 죄송했기 때문입니다. 자격 없는 자가 이 일을 하겠다고 한 것은 아닌지, 《성경2.0》에 폐를 끼치는 것은 아닌지, 무엇보다 하나님의 말씀을 훼손시키는 것은 아닌지 하는 생각이 저를 괴롭혔습니다. 그렇게 5년의 시간이 지나 신약 편의 첫 권이 나오게 되었습니다. 지금은 이렇게 고백합니다.

"하나님께서 하셨습니다!"

사실 《성경2.0》을 집필해 달라는 제안을 받았을 때 저는 모든 면에서 '번 아웃' 상태였습니다. 계속 목회를 할 수 있을지에 대한 심각한 영적 무기력과 무능함에 빠져있었습니다. 그동안의 시간을 돌아볼 때, 《성경2.0》 집필에 대한 제안은 외로운 들판에서 양 떼를 치던 목동 다윗에게 사무엘이 찾아온 것과 같았고, '고기나 잡으러 가노라' 말했던 베드로를 새롭게 하신 하나님의 손길과도 같았습니다. 그렇게 하나님은 저를 말씀으로 초대하셨고 저를 살리기 위해 이 글을 쓰게 하셨으며 결국 예수 그리스도의 복음을 통해 제 영혼을 새롭게 빚으셨습니다.

여전히 이 책에 담긴 저의 설명에 부족함을 느낍니다. 책의 지면상 다 담지 못한 설명에 아쉬움도 있고 고치고 싶은 부분도 있습니다. 그러나 이 목마름은 결국 채워지지 않을 것을 알기에 그 일은 성령께서 하실 일로 남겨두고자 합니다. 다만, 이 책이 누군가에게 하나님이 사용하시는 오병이어와 같은 도구, 겨자씨처럼 작지만 귀한 도구가 되기를 소망합니다.

오랜 시간 저를 신뢰해주시고 응원해주신 이길우 대표와 힘든 시간을 함께 견뎌주며 끝까지 하나님 나라를 함께 세워갈 사랑하는 아내, 그리고 부족한 아빠를 늘 최고라고 말해주는 소중한 자녀 하준, 하로, 하야에게 진심을 담아 감사를 전합니다. 마지막으로 저 같은 자를 자녀 삼아주시고, 저 같은 자를 당신의 도구로 빚으셔서 당신의 영광을 위해 사용하시는 사랑하는 주님! 주님께 모든 영광과 감사를 드립니다.

김종우 목사

그리스도에게로 안내하는 길잡이

《성경2.0》 구약 편을 마무리한 후, 대표님에게 "신약 작화는 못하겠습니다!"라고 했습니다. 구약을 힘들게 마무리했기에 신약 작업을 또다시 하기엔 체력이나 정신적으로 무리라 생각했습니다. 3년이 지난 후 대표님의 연락을 받았을 때도 역시 난감해하며 몇 번이나 거절을 했습니다. 대표님의 마지막 연락을 받았을 때, 저는 큰 수술 일정이 잡혀 있었고, 작업을 할 수 있는 여건이 아니었습니다. 다행히 수술은 잘 되었으며 회복은 빨랐습니다. 이때, 대표님은 음료수가 아닌 계약서를 들고 병문안을 왔었지요. 그 자리에서 계약서에 서명을 했습니다.

문득, 비둘기라는 뜻을 가진 예언자 '요나'가 떠올랐습니다. 이스라엘의 여로보암 2세가 왕이었을 때 활약했던 예언자이지요. 여호와의 말씀을 거역하며 도망치던 요나는 바다에 빠져서 큰 물고기에 먹혀 사흘 밤낮을 고통스럽게 보내다가 살려달라는 기도를 하게 됩니다. 기도에 대한 응답으로 물고기의 배 속에서 살아나온 요나는 결국 하나님의 말씀을 전하러 니느웨로 향하게 되죠.

'비교불가'지만 제 마음이 그때 그랬습니다.

신약 성경을 만화로 그리면서, 저는 한 사람을 만났습니다.

그는 사람을 사랑했습니다. 그는 가장 가난한 자들, 핍박받는 자들 속에 머물렀고 그들을 위해 죽음도 받아들였습니다. 그는 파격적이었습니다. 당시엔 한 사람으로서 제대로 대접받지도 못했던 여성, 어린이, 장애인, 이방인조차 조금의 거리낌 없이 받아들였으며 형식에 얽매이지 않았습니다.

그가 수많은 말씀을 통해 얘기하고 있던 것은 무엇일까요?

하나님이 성경을 통해 우리에게 전하는 메시지는 무엇일까요?

《성경2.0》이 저에게, 또 많은 이들에게 그 해답을 찾는 길잡이가 되기를 바랍니다.

가슴에 와 닿은 성경 한 구절로 이 글을 마무리하겠습니다.

"예수께서 이르시되 '네 마음을 다하고 목숨을 다하고 뜻을 다하여 주 너의 하나님을 사랑하라' 하셨으니, 이것이 가장 중요하고 첫째 되는 계명이요, 둘째도 그와 같으니 '네 이웃을 네 몸과 같이 사랑하라' 하셨으니 이 두 계명에 모든 율법과 예언자의 참뜻이 있다." -마태복음 22:37~40

《성경2.0》 구약 편의 작업을 시작한 후 지금까지 한 순간도 한 페이지도 쉽지 않았던 이 길을 함께 해 준 동료, 이상일, 강지선 작가님과 서관석 선생님, 가족들에게 진심으로 감사드립니다.

배광선

누구나 쉽게 공감할 수 있는 최고의 성경 도구, 《성경2.0》

그리스도인은 예수 그리스도를 따르는 사람입니다. 그래서 신자들이 그분을 더 알고 싶고, 배우고 싶고, 그분이 기뻐하시는 것을 삶으로 드러내고 싶어 하는 것은 매우 자연스러운 일입니다. 신약성경은 그리스도가 누구인지, 무슨 일을 하셨는지, 그분으로 인해 우리가 받은 복과 은혜가 무엇인지를 알려주는 책입니다.

신약성경보다 그리스도에 대해 더 잘 알려주는 책은 없습니다. 그리스도를 알려면 신약성경을 읽어야 합니다. 문제는 이 성경을 혼자서 읽기가 쉽지 않다는 점입니다. 설령 큰맘 먹고 읽기 시작했다고 하더라도 중단에 포기하기 쉽고, 읽어도 선뜻 이해되지 않는 내용이 많다는 것도 문제입니다.

《성경2.0》 신약 편은 독자들을 신약성경에 친근하게 하고, 자주 대하게 하고, 이해하기 쉽게 도움을 주는 책입니다. 하나님의 말씀인 성경과 재미있는 만화는 언뜻 어울리지 않을 것 같지만, 저는 이것이 오히려 성경의 특성을 잘 나타낸다고 생각합니다.

성경은 세상 사람들이 이해하고 공감할 수 있는 정서에 맞게 배경, 표현, 공감대를 가지고 쓰였습니다. 하나님의 아들이신 우리 주 예수님은 사람들에게 하나님을 더 잘 알게 하시려고 우리의 삶에 공감하시고 우리의 언어와 정서를 가지고 사람이 되셨습니다. 하나님의 말씀은 먼 하늘에 있는 것이 아니라 우리가 손을 뻗으면 닿는 곳에 있습니다.

하지만 성경은 무척 어렵기도 합니다. 우리와 다른 시대에, 다른 언어와 문화와 관습을 가진 사람들에게 주신 말씀이기 때문입니다. 그것을 우리가 이해하려면 각각의 문제들을 설명해주는 전문가들이 있어야 하는데, 이러한 우리의 문제를 명쾌하게 해결시켜 줄 책이 바로 《성경2.0》입니다.

이 책은 몇 가지 면에서 독자들에게 많은 도움을 줄 것입니다.

첫째, 재미있는 만화로 성경을 풀이하고 있어, 남녀노소 누구나 이 책을 읽을 수 있고, 그림으로 묘사된 상황은 쉽게 이해될 것입니다.

둘째, 독자들의 궁금증과 반응을 말풍선에서 언급하고 있습니다. 때로는 재미있고, 때로는 시기적절한 양념 같은 대사로 재미를 더하고 성경을 이해하는 데 도움을 줄 것입니다.

셋째, 곳곳에 배치된 '팁'과 '주석'은 성경의 배경 지식, 역사, 근거 등을 쉽게 정리해서 성경의 낯선 문화와 역사적 사실 등을 이해하는 좋은 정보를 제공해 줄 것입니다.

넷째, 이 책은 신약학을 연구한 전문적인 성경학자가 검토했기 때문에 신학적으로도 신뢰할 수 있습니다. 《성경2.0》은 편히 읽을 수 있지만 견고한 신학적 근거 위에 세워진 또 다른 번역 성경입니다.

《성경2.0》은 어린아이, 초신자뿐만 아니라 그간 성경을 부분적으로 읽어 성경 내용 전체를 이해하는 데 어려움을 느꼈던 모든 신자들에게 반드시 필요한 책입니다.

오광만 교수

| 이 책의 인물들 |

마리아와 요셉 Maria & Joseph

예수님의 부모. 갈릴리 나사렛에 거주했으며 인구조사 때 베들레헴으로 갔다가
그곳에서 예수님을 낳는다. 그 후 하나님의 말씀에 따라 헤롯대왕을 피해 이집트로 갔다가
그가 죽은 후 나사렛으로 돌아간다.

헤롯 대왕 Herod the Great

예수님이 태어날 때 유대 지방의 왕.
동방박사들에게 유대 왕이 태어났다는 말을 듣고 예수님을 죽이려고 했지만 실패한다.
예수님이 태어난 후 불과 일여 년 후에 죽는다.

헤롯 Herod Antipas

헤롯 대왕의 아들이자 갈릴리와 베레아 지방의 통치자.
세례 요한을 죽이고, 예수님이 십자가에서 죽기 전에 만나기도 했다.
신약에서 '헤롯'이라고 언급되는 왕은 대부분 이 '헤롯 안티파스'를 가리킨다.

세례 요한 John the Baptist

구약의 마지막 예언자로 예수님의 길을 미리 준비하고,
율법의 구약시대와 복음의 신약시대를 연결하는 중요한 역할을 한다.
헤롯의 잘못을 비방했다가 감옥에 갇힌 후 죽임을 당한다.

베드로 Peter

벳새다 출신의 어부로 시몬, 게바라고도 불렸다.
12사도 중 하나로 항상 예수님의 복음 사역을 곁에서 지켰다. 훗날 예루살렘 초대교회의
최고 지도자 중 하나가 되었으며, 유대인을 위한 사도로 불린다.

안드레 Andrew

12사도 중 하나로 베드로의 형제다.
예수님의 첫 제자였으며 형제인 베드로를 예수님께 인도한다.

야고보 James

12사도 중 하나. 세베대의 아들로 예수님의 사촌으로 추정되며, 12사도 중에 알패오의 아들 야고보와 구분하기 위해서 '큰 야고보'로 불린다. 예루살렘 초대교회에서 중요한 역할을 했으며, 12사도 중에 최초의 순교자가 된다.

요한 John

12사도 중 하나로 큰 야고보의 형제다. 흔히 '사도 요한'이라고 불린다. 요한복음과 요한 1, 2, 3서와 요한계시록을 기록했다.

가룟 유다 Judas Iscariot

12사도 중 하나로 열심당원이다. 은화 30개에 예수님을 유대인들에게 팔아넘김으로써 예수님이 십자가에 못 박히는 데 결정적인 역할을 한다. 하지만 곧 자신의 잘못을 깨닫고 스스로 죽음을 선택한다.

가야바 Caiaphas

대제사장 안나스의 사위로 예수님이 체포되었을 때의 대제사장(A.D.18~36년)이다. 그는 바리새인과 공모하여 예수님을 빌라도에게 넘기고 십자가에 못 박히게 한다.

본디오 빌라도 Pontius Pilate

제5대 유대 총독(A.D.26~36년)이다. 그는 예수님의 재판을 맡았지만 유대인들의 압력에 굴복하여 십자가에 못 박히도록 판결을 내린다.

유대인들 Jews

예수님은 당시 유대 사회의 부와 권력과 영향력을 가진 자들에게 큰 위협이 되었다. 이에 유대의 지도자들이었던 사두개인들과 바리새인들은 예수님을 죽이기 위해 합심해서 힘을 모은다.

'만화'라는 옷을 입은 새로운 번역 성경

이 책의 기획 의도는 "성경의 의미를 훼손하지 않는 범위 안에서 최대한 쉽게 성경의 모든 것을 담자!"입니다.

그에 따라, 신약 편은 헬라어 성경을 기반으로 그 의미를 훼손하지 않고 최대한 쉽게 풀었습니다. 그러니 쉽게 읽히지만 그 어떤 성경보다도 헬라어 성경에 충실하다고 할 수 있습니다.

또한 신약 편에서는 요약하거나 생략한 구절이 거의 없습니다. 그러다보니 '장'뿐만 아니라 '절'까지 표시해 두었습니다. 이 점은 바로 성경과 직접 비교가 가능하다는 것이고, 이 책이 단순한 만화성경이 아니라 만화의 표현 방식을 빌려온 새로운 버전의 번역 성경이라는 것입니다.

이 책의 팁, 주석, 대사, 링크, 지도, 그림 등의 요소 역시 독자들의 이해를 돕기 위해 오랜 고민 끝에 나온 것입니다. 또한 성경통독에 필요한 많은 자료도 이 한 권의 책에 모두 담고자 했습니다. 그래서 성경을 읽는 데 따른 부담은 줄여주고, 재미는 더합니다. 또한 성경의 정확한 이해를 돕고, 성경을 읽고 이해하는 데 들이는 시간을 획기적으로 줄여줄 것입니다.

이제 힘들게, 의무적으로 성경을 읽지 마세요. 《성경2.0》은 성경통독이 더 이상 어렵고, 힘들지 않다는 것을 증명해 줄 것입니다.

❶ '제목'과 '장'과 '절'이 표시되어 있어요.

마태복음
74 베드로는 이제 저주까지 하며 맹세했지.
나는 그 사람을 전혀 알지 못하오!
내 말이 거짓말이면 천벌을 받을 거요!
27장 총독 빌라도 마가15:1, 누가23:1, 요한18:28
1 새벽에 대제사장들과 장로들이 예수를 죽이기로 결의했어.

❷ 사복음서 중에서 서로 관련이 있는 부분은 아래처럼 표시되어 있어요.

갈릴리 1차 사역의 결과 마가3:7, 누가6:17
23 예수께서는 갈릴리 곳곳을 다니시면서
다음 회당은 어디냐?

❸ 지난 내용이나 연결된 내용은 'Link'를 따라 가보세요.

Link 마태복음 8:16, 28
마태는 [1~4:22]까지 예수님이 누구신가를 밝히고 [4:23]에서 크게 3가지 사역을 하셨다고 요약했다. 그리고 [4:24~9:34]에서 3가지 사
36 예수께서는 마치 목자 없는
이 시달리는 사람들을 불쌍

❹ 간단한 도움말은 '주석'으로 표시됩니다.

예수께서는 사람들이 모여드는 것을 보시고,
바다 저편으로 건너가자.
※저편: 갈릴리 바다 남동쪽 거라사(Gerasa), 게르게사(Gerasenes)를 가리킨다.

❺ 좀 더 깊이 있는 내용은 'tip'을 보세요.

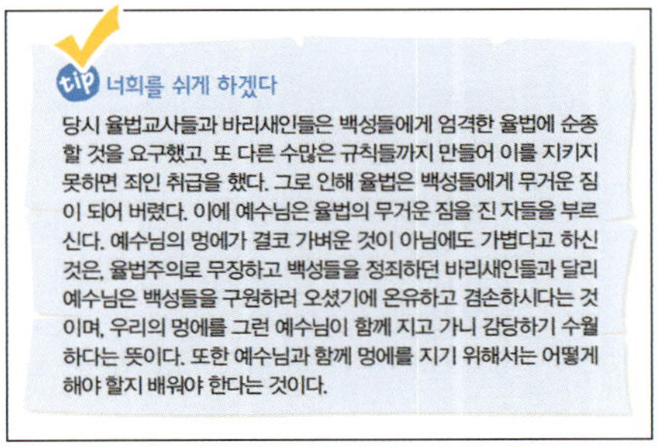
tip 너희를 쉬게 하겠다

당시 율법교사들과 바리새인들은 백성들에게 엄격한 율법에 순종할 것을 요구했고, 또 다른 수많은 규칙들까지 만들어 이를 지키지 못하면 죄인 취급을 했다. 그로 인해 율법은 백성들에게 무거운 짐이 되어 버렸다. 이에 예수님은 율법의 무거운 짐을 진 자들을 부르신다. 예수님의 멍에가 결코 가벼운 것이 아님에도 가볍다고 하신 것은, 율법주의로 무장하고 백성들을 정죄하던 바리새인들과 달리 예수님은 백성들을 구원하러 오셨기에 온유하고 겸손하시다는 것이며, 우리의 멍에를 그런 예수님이 함께 지고 가니 감당하기 수월하다는 뜻이다. 또한 예수님과 함께 멍에를 지기 위해서는 어떻게 해야 할지 배워야 한다는 것이다.

❻ '검은색' 글자는 성경에 있는 내용이고, '갈색' 글자는 해당 성경 구절에는 없는 내용입니다.

그렇다면 자녀들은 세금을 내지 않아도 되지.
앗, 맞아. 성전은 하나님의 것이고 주님은 하나님의 아들이시니.
그럼 우리도 하나님의 자녀니까.

❼ 앞서 나왔던 주석이라도 이해를 돕기 위해 반복해서 다시 나옵니다.

신구약 중간사

- 신약에 들어가기 전에 -

폼페이우스
클레오파트라
카이사르
알렉산더
한니발
옥타비아누스
헤롯

구약의 맨 마지막에 있는 말라기에서 한 장만 넘기면 신약의 마태복음이 시작되지만 실제 그 사이의 기간은 약 400년이나 돼.
신구약 중간사 400년
신약 마태복음
구약 말라기

그 기간 동안, 세계사로 보나 유대 역사로 보나 아주 중요한 사건들이 많이 생기는데, 성경에서는 언급하고 있질 않아.
이 격변기를 흔히 '신구약 중간사' 라고 하지.
그때 저런 짱짱한 인물들이 마구 등장한대.

이 기간은 하나님께서 신약 시대를 위해 많은 준비를 하신 기간이라고 할 수 있어!
언어를 헬라어로 통일시키고,
뚝딱
뚝딱
성경도 헬라어로 번역해둬야 누구나 읽지.
통일된 제국도 만들고 곳곳에 회당도 지어놔야 복음이 빨리 퍼지지.
바쁘다 바빠.

※헬라(Hela) : 그리스인들은 신화에 등장하는 헬렌(Hellen)을 시조로 생각했으며, 스스로를 헬라인이라 칭했다.

tip 회당 Synagogue

유대인들이 종교, 집회, 교육의 장소로 사용하는 생활의 중심이 되는 곳이다. 바벨론 포로 생활 중에 처음 등장했으며 당시엔 성전이 없었기 때문에 율법에 의지하고 회당을 중심으로 공동체를 이루며 신앙을 지켰다. 유대인 성인 남성 10명이 있으면 어디서든 새로운 회당을 세울 수 있었고, 대부분의 사람들은 글을 읽을 줄 몰랐기 때문에 회당을 책임지는 회당장이 성경을 낭독하고 설교를 했다. 유대인들은 여행 중인 랍비에게 설교를 부탁하는 관습이 있었는데 예수님과 바울은 이런 관습을 활용하여 쉽게 복음을 전할 수 있었다. 성경에서 예수님과 바울이 낯선 회당에서 설교했던 것은 대부분 이런 경우다.

※랍비(Rabbi) : 유대교의 율법교사, 종교 지도자 등 존경하는 사람을 일컫는 경칭이다.

하나님께서는 그 모든 준비를 마친 다음 예수님을 이 세상에 보내신 거야.
짠, 준비 끝!
아들아 출동해라!

그런 이유로 신약을 제대로 이해하기 위해선 반드시 신구약 중간사를 알아야 해.
성경도 벅찬데 어떻게 이것까지!
간단하게 요점만 정리해 줄게. 어차피 지면이 부족해서 길게 못해.

400년이 넘는 기간에 엄청 재미있고 많은 이야기가 있다고.
알았어요. 최대한 간단하고 쉽게 해주세요.

구약의 후반부

이스라엘 민족은 오랜 기간 강대국의 침략에 시달렸어.
앗시리아
이집트
바벨론
페르시아

북이스라엘은 앗시리아에게 멸망했으며, 남유다는 바벨론에게 멸망했지.
나라가 없어진 우리는 포로로 끌려가서 흩어졌고.
북이스라엘은 B.C.722년, 남유다는 B.C.586년에 망했어.

그 후, 바벨론을 멸망시킨 페르시아의 고레스 왕 때 고향인 예루살렘으로 돌아올 수 있었어.
우리는 B.C. 537~444년까지 3차에 걸쳐 돌아왔어.

※고레스(Cyrus) : 바벨론 제국을 멸망시킨 페르시아의 초대 왕. 관용 정책으로 포로로 잡혀왔던 유다 사람들을 해방시켰다.

tip 포로로 끌려간 사람들

앗시리아에게 멸망한 북이스라엘 사람들은 포로로 끌려가 여러 나라로 흩어지면서 역사에서 사라졌다. 그리고 많은 이방인들이 우상과 함께 북이스라엘 땅으로 들어왔다. 그들이 남은 북이스라엘 사람들과 섞이면서 민족의 정체성은 흐려졌다. 그런데 남유다 사람들은 포로로 끌려갔지만 회당을 중심으로 공동체를 이루고 신앙을 유지하다가 다시 돌아왔다. 그들이 보기엔 북이스라엘 사람들은 이방인이며 변질된 타락한 족속일 뿐이었다. 그런 이유로 신약에서 유대인들은 그들을 '사마리아 사람들'이라 칭하며 경멸하고 그 땅을 지나는 것조차 불결하게 생각했다.

※사마리아(Samaria) : 예전 북이스라엘의 수도 이름, 유대 지역과 갈릴리 지역 사이의 북이스라엘 땅을 가리킨다.

그들은 페르시아의 지배하에서 예루살렘을 복원하면서도 기다리던 메시아 왕국이 오지 않자 차츰 절망에 빠져들었지.
학개와 스가랴가 메시아 왕국을 예언한 지 70년이 지났다구.
메시아 왕국은 오지 않아.
학개와 스가랴가 뻥친 거야.
삐뚤어질 테다.
그러자 대략 B.C.450년경 구약의 마지막 예언자 말라기가 등장했어.
하나님은 반드시 약속을 지키신다. 반드시 그날이 올 것이다. 죄에서 돌이켜 하나님께 돌아오라!
믿어도 될까?
그때가 도대체 언제여?
하나님은 말라기를 끝으로 예수님이 오신 B.C.5년까지 긴 침묵에 들어가셨지.
자, 이제 내 아들과 그 이후를 준비해볼까.

※말라기(Malachi) : 말라기의 활동 시기는 에스라와 느헤미야 때보다 조금 뒤 또는 비슷하다고 본다.

알렉산더 제국과 헬레니즘

B.C.333년, 그리스를 통일하고 아시아 정복에 나선 알렉산더가 예루살렘을 점령했고,
최강 전쟁 머신에게 반항하지 말자.
항복이 깔끔하지.
페르시아나 그리스나 아무렴 어때.
이집트를 점령한 후, 페르시아, 아프가니스탄, 파키스탄까지 점령하고 인도까지 진출했지.
가자, 세상 끝까지!
두두두두

※알렉산더(Alexander) : B.C.336년~B.C.323년까지 마케도니아의 왕. 짧은 재위 기간에 그리스, 이집트, 페르시아, 인도 서쪽에 이르는 대제국을 건설했다.

그리고 B.C.323년, 32세의 나이로 바벨론에서 열병으로 사망해.
왕이시여. 후계자는 누구에게…?
가…가장 강한 자에게….
알렉산더는 드넓은 점령지 곳곳에 70여 개의 알렉산드리아라는 신도시를 세웠고,
전쟁하랴, 도시를 건설하랴. 바쁘다 바빠.
고작 10년도 안 되는 기간에 그 넓은 땅을 점령하고 70개의 도시를 짓고… 헐.

그곳을 중심으로 헬레니즘 문화가 퍼지며 사회, 문화, 정치 등 모든 부분에 영향을 미쳤어.
요즘은 헬라 패션이 유행이야.
촌스럽게 요즘 누가 페르시아의 아람어를 써? 헬라어를 써야 폼 나지.

tip 헬레니즘 Hellenism

헬레니즘 시대는 알렉산더가 죽은 해인 B.C.323년부터 로마가 그리스와 마케도니아를 점령한 B.C.146년까지 보기도 하고, 로마가 마지막으로 남은 디아도코이 왕국인 이집트를 점령한 B.C.30년까지 보기도 한다. 이 시기에 그리스식 신도시인 알렉산드리아를 중심으로 그리스인들이 이주하면서 그들의 언어, 정치, 종교, 철학, 문학이 점령지에 널리 퍼졌고, 그들은 점령지 문화의 영향을 받고 관습을 받아들이면서 동, 서양의 문화가 융합되었다. 알렉산더가 죽은 후 헬레니즘은 디아도코이 왕국으로 이어졌고, 그 후, 그곳을 점령한 로마까지 계속 이어지면서 전 세계에 영향을 미쳤다.

※디아도코이(Diadochi) : 알렉산더가 죽은 후, 그의 후계자를 자처했던 마케도니아 장군들.

알렉산더가 죽자, 그의 후계자를 자처하는 마케도니아 장군들 간에 권력 투쟁을 벌여.
우리를 디아도코이라고 부르지.
흐흐, 가장 강한 자라고 했겠다?
시리아의 셀레우코스
마케도니아의 카산드로스
트라키아의 리시마코스
이집트의 프톨레마이오스

그리고 B.C.301년, 입수스 전투를 거치면서 4개의 나라로 정리돼.
우리 4명이 가장 강했던 안티고노스를 물리치고 그 땅을 나눠가져.
우리 이집트는 팔레스타인을 차지하고….
바벨론에 있던 우리는 시리아까지 차지하지.

tip 팔레스타인 Palestine

북으로는 단, 남으로는 브엘세바까지 요단강 서쪽 땅으로 하나님께서 아브라함에게 약속한 가나안 땅을 가리킨다. 남유다와 북이스라엘이 있었던 지역으로 블레셋 사람들Philistines에서 유래되었다. 로마는 A.D.66년 1차 유대 전쟁 이후 거듭된 유대인의 반란에 대한 조치로 유대인들을 강제 이주시키고 유대인이 쓰던 지명을 없애면서 그 지역을 팔레스티나Palestina라고 불렀다.

한편 그들이 권력 투쟁에 열중하고 있을 때, 이탈리아 안에서 머물고 있던 로마가 서서히 지중해로 진출하기 시작했지.
이탈리아 땅은 통일했으니 이젠 더 넓은 세상으로.
난 바다가 좋아.
바다로 나가려면 지중해를 장악한 카르타고와 대판해야 할 텐데….
그래도 지중해 무역로는 탐나지.

※카르타고(Carthago) : 북아프리카의 튀니지에 위치한 고대 도시로 무역이 발달했다.

이집트 지배하의 유대인들 (B.C.323년~198년)

팔레스타인 지역을 지배하게 된 이집트는 도시 건설을 위해 많은 유대인들을 이주시켰으며,
그리스식 신도시를 건설한대.
일당도 두둑하게 쳐준다더라.

tip 유대인

남유다 왕국이 바벨론에 의해 멸망한 후 많은 백성이 포로로 끌려갔다. 그들은 이방인을 배척하고 회당을 중심으로 공동체를 이루며 신앙을 지키고자 했다. 그들은 대부분 유다 지파였기 때문에 다른 나라에서 온 포로들은 이 특이한 민족을 유다 사람이라 불렀다. 그리고 로마 시대에 들어서 유다 왕국이 있던 지역을 유대아Judea라고 불렀고, 그 후로 히브리인, 이스라엘인을 유대인이라 부르게 되었다. 한자로는 유태인猶太人, 영어로는 쥬이시jewish라고 하는데 유대인들이 전 세계 보석Jewelry시장의 대부분을 장악하고 있기 때문에 그렇게 불렀다고 한다.

유대인들은 종교적인 이유로 스스로 다른 백성들과 구별된 공동체를 이루었어.
우리는 이곳에도 회당을 짓고, 율법을 지키며, 공동체 생활을 했어.
이미 바벨론에서 포로로 생활 해봐서 잘 알지.
참 별난 족속들이야.
자기들이 신께 선택받은 민족이라나?

이렇게 유대 땅을 떠나 이방 지역에 정착한 유대인을 디아스포라라고 해.
우리는 자치권을 가지고 비교적 평화롭게 살았어.
그리스 사람들과 동등한 권리를 가졌으니까.

tip 디아스포라 Diaspora와 회당 Synagogue

디아스포라는 '흩어지다', '퍼지다'라는 그리스어에서 유래했다. 넓은 의미로는 자신의 땅을 떠나 새로운 곳에 정착한 사람들을 말하며, 성경에서는 유대 땅을 떠나 다른 곳으로 이주한 유대인들을 일컫는다.
그들은 이집트뿐만 아니라 세계 곳곳으로 흩어졌으며 이주민의 특성상 타 문화를 빨리 받아들이고, 헬레니즘에도 빠르게 적응했다.
어디든 유대인이 있는 곳에는 회당을 만들었으며, 회당은 그들의 종교, 생활의 중심이자, 하나님을 경외하는 이방인들이 모이는 장소이기도 했다. 예수님 이후에는 이방인들에게 복음이 확산되는 데 결정적인 역할을 한다. 그들은 절기 때 예루살렘으로 모였으며 그들의 헌금으로 예루살렘은 부유해졌다.
절기가 끝난 후 그들은 다시 자신들이 살던 곳으로 흩어졌는데, 신약 때는 자신들이 직접 보고, 들은 예수 그리스도를 전 세계로 전하는 중요한 역할을 했다.

또한 유대인의 히브리어 성경을 당시 공용어였던 헬라어로 번역했는데 이를 70인역 성경이라고 해.
프톨레마이오스 2세
데메트리우스
헬라어로 번역하면서 이방인들도 하나님의 말씀을 알게 됐어.

※데메트리우스(Demetrius) : 알렉산드리아 도서관장. 프톨레마이오스 2세에게 헬라어 성경 번역을 건의했다.

tip 70인역 성경 Septuaginta, LXX

이집트 프톨레마이오스 2세(B.C.308~246년)는 당시 세계 최대였던 알렉산드리아 도서관에 비치할 목적으로 유대 학자 72명에게 히브리어 구약성경을 헬라어로 번역하게 했다. 이 때 모세오경이 번역되었고, 이후 백여 년에 걸쳐 예언서와 성문서가 추가 번역되었으며, 그로 인해 유대 땅을 떠나 다른 나라에 살면서 히브리어를 잊었던 디아스포라 유대인뿐만 아니라 이방인들도 성경을 읽을 수 있게 되었다. 또한 헬라어를 사용했던 헬레니즘 제국과 거대 로마 제국, 그리고 디아스포라를 통해 성경이 전 세계로 전파될 수 있는 결정적인 계기가 되었다. 'LXX'라고도 하는데 로마는 L=50, X=10으로 표기했다. 즉 'LXX'란 70을 뜻하고 이는 70인역 성경을 가리킨다.

이즈음 예루살렘과 사마리아의 제사가 완전 분리되어 사마리아 사람들은 벧엘, 세겜 등에 따로 제단을 쌓고 예배를 드렸어.
예루살렘에서 꺼져.
너흰 더 이상 야곱의 자손이 아냐!
너희가 바벨론에 있을 때 이 땅을 지킨 건 우리야.
두고 보자, 유다 놈들.

시리아 지배하의 유대인들 (B.C.198년~164년)

B.C.198년 시리아 셀레우코스 왕조의 안티오쿠스 3세가 이집트를 몰아내고 팔레스타인 지역을 장악했어.
푸하하, 내가 알렉산더 이후 최대의 영토를 장악했으니 이제부터 대왕이라고 불러라!

하지만 그는 B.C.190년 마그네시아 전투에서 로마에게 패해 막대한 전쟁배상금을 남긴 채 죽었지.
네 아버지가 남긴 자랑스러운 빚을 갚아야지?
못 갚으면 시리아를 압류할거야.
셀레우코스 4세
털썩
아버지 이게…?

※마그네시아(Magnesia) 전투 : 지중해의 패권을 노리던 시리아는 이 전투에서 로마에 패한 후 많은 영토와 군사적 자산을 잃고 서서히 몰락의 길로 간다.

B.C.175년, 왕위에 오른 안티오쿠스 4세는 위태로운 왕국을 통합하기 위해 헬레니즘 정책을 강화하고….
내가 로마에 인질로 있으면서 뭘 배웠겠어?
무조건 헬레니즘이다. 모든 걸 그리스식으로 바꿔!
안티오쿠스 4세

※안티오쿠스 4세(Antiochus IV) : 안티오쿠스 3세의 뒤를 이어 왕이 된 셀레우코스 4세가 B.C.175년 암살되자 로마에 인질로 가 있던 안티오쿠스 4세가 돌아와 왕이 된다.

배상금을 마련하기 위해 세금을 착취하고 예루살렘의 대제사장직까지 팔았어.
뭐든지 쥐어짜서 배상금을 마련해.
440달란트를 드리고 헬레니즘의 앞잡이가 될 테니 대제사장직을….
예수아

이에 젊은이들을 중심으로 헬레니즘이 퍼졌고, 이에 반대하는 운동이 일어나기도 했어.
무조건 배척할 게 아니라 좋은 건 받아들여야지.
헬레니즘은 우상을 들여와서 하나님을 멀어지게 할 거야.
세계화에 헬라는 필수라고!
다들 헬라어를 쓰는 주제에….

tip 하시딤 Hasidim

하시딤은 헤세드chesed라는 히브리어에서 비롯되었는데 충절, 신의, 경건, 신의, 은혜, 자비 등으로 번역할 수 있다. 유대 사회가 헬레니즘으로 세속화되어갈 때 이를 거부하고 율법과 유대 전통을 지키려던 사람들을 가리킨다. 이들은 신앙의 자유를 위해서는 싸웠지만 정치적인 자유에는 관심이 없었다.

※달란트(talent) : 1달란트는 약 34kg.
※예수아(Jeshua) : 레위 지파 사독 가문 제36대 대제사장 오니아스 3세의 동생으로 대제사장직을 산 후 형을 몰아내고 그리스식 이름인 '야손'으로 바꾼다.

B.C.172년 베냐민 지파의 메넬라우스가 예수아(야손)를 몰아내고 대제사장이 돼.
메넬라우스가 대제사장직을 샀대!
베냐민 지파가 대제사장이라니!
그나마 예수아는 사독 가문이었는데.

※사독(Zadok) : 레위 지파 아론의 자손으로 다윗의 대제사장 중에 한 명이다. Link 역대상 15:11

tip 대제사장

대제사장은 레위 지파 중에 아론의 후손만이 맡을 수 있었고, 다윗 때에는 사독과 아비아달이라는 두 명의 대제사장이 있었다. 하지만 솔로몬이 왕이 되기 직전 아도니아가 반란을 일으키자 군사령관 요압과 대제사장 아비아달이 그에 가담했다. 반란이 실패한 후, 아도니아와 요압은 처형되고 아비아달은 대제사장직에서 박탈되어 추방되었다. 그 후부터 대제사장은 오직 사독 가문에서만 나왔다.

그 후, 안티오쿠스 4세는 유대인들을 학살하고 권리를 박탈했으며 모든 유대 관습을 금지시켰어.
1. 성전의 모든 제사 금지
2. 율법의 모든 절기 폐지
3. 율법서를 모두 소각
4. 어린이의 할례 금지
5. 스스로를 더럽힐 것
6. 성소와 제사장을 모독할 것
7. 그리스 신을 섬길 것
이걸 어기는 자는 무조건 사형이다!
으악!

마카베오 혁명 (B.C.167년~142년)

B.C.167년 유대 지방 모데인에 살던 맛다디야와 그의 다섯 아들이 제우스를 섬기기를 강요하던 안티오쿠스 4세의 사신을 죽였어.
조상들이 맺은 언약을 끝까지 지키자!
왕명은 개나 줘라!
하나님과 율법에 열심인 자는 나를 따르라!

※모데인(Modein) : 예루살렘 북서쪽 약 24km 지점.
※다섯 아들 : 맛다디야의 아들들, 요한, 시몬, 유다, 엘르아살, 요나단.

박해를 피해 숨어있던 하시딤도 이에 합류하고, 맛다디야의 아들 유다가 마카베오 혁명을 이끌었지.
이참에 시리아에서 완전히 독립합시다.
저희도 함께 하겠습니다.
더 이상 박해를 받을 순 없소!

유다는 탁월한 전술로 벧오론, 엠마오, 벧술에서 승리하고 B.C.164년 예루살렘에 입성해.
와아아아아아
여호와 하나님 만세!

※마카베오(maccabean) : 유다의 별명(maccabeeus)으로 망치라는 뜻, 그의 가문을 지칭한다.

그해 12월엔 제우스 상을 철거하고 성전을 깨끗이 한 다음, 제단을 쌓고, 봉헌식을 열었는데 이를 수전절이라고 해.
하나님의 은혜야.
이 기쁜 날을 영원히 기리자!

tip 수전절 Feast of Dedication

수전절은 유대 절기 중 구약에서 유일하게 언급하지 않은 절기다. 시리아 안티오쿠스 4세에 의해 더럽혀진 성전을 되찾아 깨끗이 한 후 다시 하나님께 드린 걸 기념하는 절기로 오늘날까지 지키고 있다. 이날은 8일 동안 성전과 각 가정에 불을 밝히고 감사의 찬송을 하기 때문에 '빛의 축제(히브리어로 하누카 Hanukkah)'라고도 한다. 이날은 각지에 흩어져 있던 디아스포라 유대인들이 예루살렘으로 모여들었고 예수님도 이 절기에 참석해서 '나와 아버지는 하나'라는 선포를 하신다.

※참석 : Link 요한복음 10:22

그즈음 안티오쿠스 4세가 죽은 후 시리아는 치열한 권력 다툼에 빠져들게 돼.
알렉산더 발라스
바키데스 장군
리시아스 장군
흐흐, 이제 내가 왕이다.
무슨 소리. 내가 왕이다.
크크, 가소로운 것들.
트리폰 장군
데메트리우스 2세
안티오쿠스 5세
데메트리우스 1세
안티오쿠스 6세

B.C.150년 시리아의 왕이었던 알렉산더 발라스는 맛다디아의 아들 요나단을 유대 총독 겸 대제사장으로 임명해.
내가 정치와 종교를 장악한 실질적인 통치자가 되었군.
아론 집안도 아니고, 다윗 집안도 아닌 것이.

※이때부터 시리아의 권력자들은 내분으로 유대인의 지지가 필요해진다.

※당시 유대인들은 대제사장은 아론의 후손인 사독 계열, 왕은 다윗의 후손이어야 한다고 생각했다.

※요나단(Jonathan) : B.C.160년 형인 유다 마카베오가 엘라사에서 전사하자 요나단이 지도자가 되었다.

tip 분리된 종파

바벨론 포로기에 유대인에게 가장 중요한 것은 율법이었지만 예루살렘으로 귀환한 후 성전을 재건하면서 제사장이 최고 권위자가 되었다. 이후 유대인들의 중심이 된 것은 성전과 율법이었다. 그로 인해 성전을 맡은 사독 계열의 제사장들은 사두개파가 되었으며, 율법을 중시하던 지식인들은 바리새파가 되었다. 그들은 마카베오 형제들이 정치, 종교의 권력을 함께 가지면서 유대인의 자치권과 종교적 자유가 보장되자 각자의 종교적 신념과 이해 관계에 따라 분파되었다.

①사두개 Sadducees : 성전을 중심으로 한 종교 귀족들과 막강한 권한을 가진 제사장 계급을 대표하는 집단으로 당시 대부분의 제사장들은 이에 속했던 것으로 보인다. 성전에 바쳐지는 헌물로 부유한 생활을 했다. 세속적이었으며 정치와 결탁하여 풍요로운 지위를 계속 누리려고 했기 때문에 일반 백성들의 지지를 받지는 못했다. 1차 유대 전쟁 때인 A.D.70년에 예루살렘이 함락되고 성전이 파괴되면서 그들도 사라지게 된다.

②바리새 Pharisees : '경건한 자'를 뜻하는 하시딤의 계승자로 본다. '분리주의자'라는 뜻에서 보듯이 부정한 것들과 일체의 접촉을 피하며 엄격하게 율법을 지킨 사람들이다. 스스로 성경의 율법보다 훨씬 더 엄격한 '구전 율법'을 만들어 하나님의 말씀과 동일시하는 과오를 저지른다. 그들은 회당을 중심으로 한 중류 계급으로 일반 백성들과 함께 생활하며 존경을 받았지만 지나친 형식, 율법, 백성들의 지지에 의한 특권에 빠진다. 예수님이 자신들의 기반이 되는 구전 율법을 인정하지 않자 적대시한다.

③에세네 Essenes : 유대 전통주의 금욕주의자로 요나단이 왕과 대제사장을 겸하자 이에 반대하여 예루살렘을 떠나 쿰란에 공동체를 이루게 된다. 주로 흰옷을 입고 독신을 권했다. 사유재산을 부인하고 검약한 생활을 하며 수도원 같은 공동생활을 했다. 왜냐하면 그들은 왕권과 대제사장에게 반대하기 때문에 습격과 죽음에 쉽게 노출되어 있었기 때문이다. 운명을 믿고, 구원을 기다리며 구약성경을 지나치게 자신들의 관점에서만 해석했다. 1차 유대 전쟁 때인 A.D.70년경에 로마에 의해 사라진다.

④열심당 Zealot : 율법에 충실하고 하나님께 열정적으로 헌신하는 자들이지만 종교적인 집단보다 정치집단에 가까웠다. 성경에서는 셀롯, 셀롯당이라고도 한다. 그들은 이방인인 로마의 지배가 시작되자 극단적인 무장 독립 투쟁 단체가 되었으며, 그중에 항상 단검을 숨기고 다녔던 시카리오Sicario들은 하나님의 주권을 인정하지 않는 모든 사람을 적으로 규정해 때와 장소를 가리지 않고 암살했다. A.D.66년~A.D.70년 1차 유대 전쟁에서 예루살렘이 함락될 때까지 끝까지 저항을 이끌었으며, A.D.73년 마사다 요새에서 최후의 항전을 벌이다 모두 자결하면서 그 세력이 사라진다.

하스몬 왕조 (B.C.142년~63년)

B.C.142년, 맛다디아의 아들 시몬이 유대의 지도자가 돼.
마카베오 혁명을 거치면서 다섯 형제 중에 나 혼자만 남았구나.
요한
유다
엘르아살
요나단
시몬

당시 시리아의 왕이었던 데메트리우스 2세는 유대인에게 조세 의무를 면제해 줌으로써 사실상 유대의 독립을 선언했어.
종교탄압에 대한 저항으로 시작해서 300년 만에 독립국가를 갖게 됐어!
새로운 시대가 시작된 거야!
고난이 끝나고 곧 메시아가 오신다고!

그리고 시몬 1년이라는 공식 연호를 사용하면서 하스몬 왕조가 시작됐지.
그대를 진정한 예언자가 나타날 때까지 지도자와 대제사장으로 삼을 것이오!
와 아 아 아
시몬 만세!
하나님 만세!

tip 하스몬 Hasmonean 왕조

마카베오 가문의 조상 하스모니안의 이름에서 유래하였다. B.C.142~63년까지 79년간 이어졌던 마지막 유대 독립왕조다. 하스몬 왕조는 300년 만에 유대 독립 국가를 세우고 넓은 영토를 가졌지만 다윗의 후손이 아니며, 사독의 후손도 아니라는 정통성 문제에 시달렸다. 게다가 왕권과 대제사장을 한 사람이 가짐으로써 종교갈등의 원인이 되기도 했다.

하지만 정통적인 유대인들은 시몬을 왕으로 인정하지 않았어.
흥, 왕은 다윗 가문에서 나와야 진짜지.
대제사장도 아론의 후손이어야 하고.
한 사람이 왕과 대제사장을 다 하다니.
임시직 왕일 뿐이야.

하스몬 왕조의 요한 힐카누스 1세는 사마리아와 이두매를 정복하고 강제로 개종시켰지.
에돔 사람들은 유대교로 개종해야 한다!
싫으면 이 땅을 떠나라!
뭐래?
지들도 종교의 자유 땜에 고생해놓고.
웅성 웅성

※하스몬 가문은 레위 지파 제사장 집안이긴 하지만 사독의 후손은 아니었다.

tip 이두매 Idumea

헬라어 '에돔 사람들의 (땅)'이라는 뜻에서 유래. 구약에서 에돔은 사해 남동쪽에 위치했다. 하지만 바벨론에 의해 유다가 멸망하고 그들이 포로로 끌려가면서 그 지역에 공백이 생기게 된다. 그때 에돔 동쪽에서 아랍 유목민족인 나바테아의 세력이 커지자 에돔은 서쪽인 유대 땅 아래로 이동해서 헤브론에 수도를 두기도 했다. 요한 힐카누스 1세는 이두매를 정복하고 그들을 유대교로 강제 개종시켰는데 그로 인해 후일 이두매 출신의 헤롯이 유대 왕이 되는 계기가 된다.

아리스토불루스 1세 때는 갈릴리 지역까지 정복하고 백성들을 이주시키기도 했어.
갈릴리에 정착하면 집도 주고 땅도 준대.
완전 저금리로 대출도 해주고.

※갈릴리(Galilee) : 사마리아 북쪽 지역, 요셉과 마리아가 인구조사를 이유로 갈릴리 나사렛을 떠나 유대 베들레헴으로 간 배경으로 추정된다. Link 누가복음 2:4

알렉산더 얀네우스 때는 바리새인과의 갈등으로 수많은 백성을 학살했어.
건방지게… 내가 왕과 대제사장을 다 하겠다는데 웬 시비야.
800명을 십자가에 매달았고 죄인의 가족 6000명을 처형했습니다.
B.C.76년 얀네우스가 죽자 그의 아내 살로메 알렉산드라가 뒤를 이었고,
이젠 당신이 왕을 맡아 바리새인과 평화롭게 지내시오.
여보. 다 죽여놓고 잘도 그런 말을….
대제사장직은 맏아들 힐카누스 2세, 군 지휘권은 차남 아리스토 불루스 2세가 맡았어.
넌 대제사장, 넌 군사령관.
힐카누스 2세
아리스토불루스 2세
아자, 취직됐다!
그녀는 얀네우스의 충고에 따라 바리새인과 화해했고 하스몬 왕조의 전성기를 이루었지.
고난 끝에 행복.
왕권과 대제사장은 분리됐고.
이제 바리새인의 세상이다!
어째 불길한 예감이…?
바리새인
사두개인
B.C.67년, 살로메 알렉산드라가 죽자 그의 두 아들은 치열한 권력 투쟁을 벌였어.
내가 왕이다. 감히 반란을?
군 지휘권은 내게 있어!
사두개인의 영광을 되찾자!
한편, 지중해 진출을 시도하던 로마는 B.C.146년 카르타고와의 백년전쟁에서 승리하고 그리스와 마케도니아까지 정복했으며,
우리는 완전히 멸망했어.
백 년 동안이나 애를 먹였잖아.
어느새 로마가….
카르타고
그리스
마케도니아
B.C.64년 로마의 폼페이우스가 셀레우코스 왕조의 시리아를 점령하고,
우리는 안티오쿠스 4세 이후 백 년 동안 왕이 23명이나 됐어.
휴, 어지간히 치고받고 싸웠지.

※백년전쟁 : 지중해로 진출하려던 로마는 당시 지중해의 패권을 잡고 있던 카르타고와 B.C.264년~146년까지 3차에 걸친 포에니(Poeni) 전쟁을 벌인 후 승리한다.

※폼페이우스(Pompeius) : B.C.106년~48년, 로마 역사상 최고의 장군 중 한 명이다.

B.C.63년 예루살렘을 점령함으로써 하스몬 왕조는 막을 내리게 돼.
막강한 로마를 앞에 두고 내분으로 자멸하더니… 크흑!

그리고 이두매 총독이었던 안티파터가 유대인을 다스리는 최고 권력자가 되지.
스카우루스 장군이 시리아 총독을 맡아 유대까지 관리한다!
유대 지역은 안티파터를 행정장관으로, 힐카누스 2세를 대제사장에 임명한다!
아자, 하나는 건졌다.
힐카누스 2세
안티파터

※행정장관(Procurator) : 보통 총독에 종속되지만 유대와 같은 작은 속주를 통치하기도 했다.

로마 점령기 (B.C.63년부터)

B.C.47년, 로마에서는 폼페이우스와 카이사르 간에 내전이 벌어졌어.
주사위는 던져졌다! 루비콘강을 건너 로마로 가자!
카이사르
와아아아!

tip 헤롯 안티파터 Herod Antipater

이두매 사람으로 신약 초반에 등장하는 헤롯 대왕의 아버지. 하스몬 왕조의 요한 힐카누스 1세는 이두매를 정복한 후 유대교로 개종시켰다. 그리고 이두매 총독을 임명했는데 그가 안티파터다. 그는 힐카누스 2세와 아리스토불루스 2세의 권력 다툼의 와중에서 빠른 정세 판단으로 폼페이우스 편에 섰다. 이로써 요한 힐카누스 1세가 정복하고 유대교로 개종시킨 이두매인이 유대의 최고 권력자가 된 것이다.

입지가 불안해진 안티파터는 이집트에서 궁지에 몰린 카이사르를 도와주고 그의 지지를 받아냈지.
앞서 군자금을 보냈던 유대의 행정장관인데 지원군을 모아 왔습니다.
오, 군대를? 이집트 군에게 밀리던 중인데 고맙소!

tip 율리우스 카이사르 Julius Caesar

로마의 군인이자 정치가로 로마 최초의 종신 독재관이 되면서 왕에 버금가는 권력을 가졌고, B.C.44년 이를 경계한 세력에게 암살된다. 그 후, 그의 아들은 로마의 초대 황제 아우구스투스가 된다. '주사위는 던져졌다.' '왔노라, 보았노라, 이겼노라.' '클레오파트라와의 사랑' 등의 주인공이며 세계사에 큰 영향을 끼쳤다. 초기 로마 황제들은 카이사르의 영향력을 얻기 위해 자신의 이름에 그의 이름을 넣었다. 'Caesar'는 라틴어로는 '카이사르', 영어로는 '시저', 한글 성경에서는 '가이사'로 로마 황제를 지칭하는 말로 쓰였다.

※독재관(dictator) : 비상시 위기 극복을 위해 한 사람에게 모든 권한을 맡기고 임기를 6개월로 했다. 종신 독재관은 결국 황제와 같은 권한을 가진다.

그 후, 안티파터는 장남 파사엘을 유대 지역의 군사령관, 차남 헤롯을 갈릴리 땅의 분봉 왕으로 임명했어.
헤롯
에돔의 자식이 총독이라니.

하지만 B.C.43년 안티파터가 한 유대인에게 독살되자,
크으으….
더 이상 에돔 사람이 유대 땅을 유린할 순 없다.
말리쿠스 (열심당원)

※헤롯(Herod The Great) : 예수님이 태어날 당시의 이두매 출신의 유대 왕. 훗날 헤롯 대왕, 대헤롯이라고 불렸다.

팔레스타인 지역이 극심한 혼란에 빠지면서 안티파터의 장남 파사엘이 죽고
와아아아!
유대 땅을 강탈한 에돔을 몰아내자!
하스몬 왕조를 위하여!

※혼란 : 당시 유대인들은 로마와 대치하고 있던 파르티아의 지원을 받아 반란을 일으켰다.

힐카누스 2세는 귀가 잘린 채 대제사장에서 박탈됐으며
이방인에게 아부하던 늙은이는 바벨론으로 추방이다.
퍽

※귀 : 대제사장은 몸이 온전해야 한다.
Link 레위기 21:17~24

헤롯은 가까스로 포위를 뚫고 가족만 데리고 도망쳐야만 했어.
일단 마사다 요새로 피하자!
두두두

※마사다(Masada) : 사해 서쪽 엔게디 남쪽 15㎞ 지점, 암석 산에 위치했다.

그 후 헤롯은 로마까지 가서 권력자와 원로원을 설득했지.
전 로마 시민이며 카이사르가 임명한 행정장관입니다. 유대인들이 파르티아와 작당해서 그 땅을 점령하고 가짜 왕을 세웠습니다.
안토니우스
파르티아의 세력을 막고, 유대 땅을 되찾는 데 적임자는 헤롯입니다.

※파르티아(Parthia) : B.C.247~A.D.224년까지 시리아 동쪽에서 인도 북부까지 세력을 형성하고 페르시아의 후예를 자처했던 왕조.

결국 헤롯은 로마군 3만 명과 6천기의 전차를 지원받아 예루살렘을 탈환했으며,
로마의 위엄을 보여주자!
와아아아아!

B.C.37년, 헤롯은 유대 왕국의 실질적인 통치자(Ethnarch)가 돼.
크하하, 내가 바로 헤롯 대왕이다!

tip 로마의 정책 변화

로마는 B.C.63년 팔레스타인 지역을 정복했지만 깊이 개입하지 않았다. 이는 로마의 내분과 팔레스타인의 전략적 중요성 때문이었다. 로마는 유대인들이 파르티아와 손잡을 것을 우려했다. 그것은 팔레스타인이 북쪽 로마군과 남쪽 로마군의 연결을 끊고, 파르티아가 지중해로 진출할 수 있는 통로가 되어 로마 본토가 바다를 통한 침략 위험에 놓이게 되는 것을 의미했다. 하지만 그즈음 로마의 내분이 정리되고, 헤롯을 유대 왕으로 세우면서 로마는 대팔레스타인 정책을 바꿔 본격적인 착취를 시작한다.

B.C.30년, 로마가 이집트를 점령함으로써 마케도니아의 마지막 왕조가 무너져.
이로써 로마는 지중해 일대의 모든 나라를 복속시키고 화려한 절정기에 접어들게 돼.
아우구스투스
PAX ROMANA
누구도 넘볼 수 없는 초강대국이 된 거야.

그리고 B.C.27년, 로마는 옥타비아누스가 초대 황제에 오르면서 공화정을 끝내고 제정 로마 시대로 접어들어.
내가 로마의 첫 번째 황제야. 바로 왕위에 오른 게 아니라 야금야금 권력을 장악했지.
원로원에 의해 '위대한 자'라는 뜻의 '아우구스투스'로 불리게 돼.

※아우구스투스(Augustus) : 재위 B.C.27년~A.D.14년, 카이사르의 양아들 옥타비아누스는 황제의 자리에 오른 뒤 '아우구스투스'라 불리게 된다.

헤롯 대왕 (B.C.37년~4년)

당시 유대 왕은 로마 황제와 유일신을 믿는 유대인들을 동시에 만족시켜야 하는 자리였어.
네 충성심을 보여다오.
흥, 이방인 주제에 얼마나 잘하나 보자.

※팍스 로마나(Pax Romana) : 로마의 평화라는 뜻으로 로마의 절대적인 힘에 의해 지속된 평화로운 시기를 말하며, B.C.27년~A.D.180년까지를 가리킨다.

헤롯 대왕은 영토를 확장하고, 신도시를 건설하고, 예루살렘에도 수도 시설을 설치했으며
헤롯이 원형경기장과 야외극장이 있는 신도시를 지어주잖아.
흥, 그래봐야 로마를 등에 업고 왕이 된 이방인일 뿐이야.
안전제일

유대인들의 환심을 사기 위해서 예루살렘 성전을 크게 확장하여 증축했고,
초라했던 스룹바벨 성전이…?
잘 보이려는 꼼수야.
그래도 이두매 놈이 기특하잖아.
흥, 꼴에….

tip 예루살렘 성전

예루살렘 성전은 3차례에 걸쳐 지었다. 첫 번째는 B.C.957년 솔로몬이 지었으며, B.C.586년 바벨론이 유다를 점령하면서 부서졌다. 두 번째는 바벨론에 포로로 끌려갔다가 돌아온 유대인들이 B.C.535년에 건축을 시작해서 B.C.516년에 완성했지만 페르시아의 지배하에 있던 열악한 상황이라 규모가 작았다. 흔히 스룹바벨 성전이라고도 한다. 세 번째는 B.C.20년 헤롯대왕이 스룹바벨 성전을 대대적으로 확장하여 크고 아름답게 지어 A.D.64년에 완공하지만 불과 수년 후인 A.D.70년 로마가 1차 유대 전쟁을 진압하면서 함께 파괴된다. 지금은 그 성전의 서쪽 벽 일부만 남아있는데 이를 '통곡의 벽'이라 한다.

로마 황제를 위해서는 지중해 해안가에 로마식 신도시 가이사랴를 지었어.
아부만이 살 길이다.
이런 항구가 필요했으니 실속도 챙기고.

※가이사랴(Caesarea) : 로마 황제 'Caesar(가이사)'의 이름을 딴 로마식 신도시. 신전, 경기장, 극장, 도서관, 인공 항구가 있는 거대한 도시로 후일 로마 총독부가 들어서고 팔레스타인 지역의 중심 도시가 된다.

헤롯 대왕은 전통성이 없는 이방 왕이라는 걸 늘 불안해했지.
유대인들이 언제 반란을 일으킬지 몰라. 예전에 로마까지 도망친 걸 생각하면.
그래서 대제사장 힐카누스 2세의 손녀 마리암네와 결혼하기도 했지만
하스몬 왕조의 여자와 결혼하면…?
마리암네
힐카누스 2세
그는 자신의 권력에 위협이 된다는 이유로 아내와 장모, 아들들까지 죽였어.
걔도 죽이자.
아이고, 다음 컷에 죽을 양반이 뭘 그리 자꾸 죽입니까.

※결혼 : 헤롯은 아내와 어린 아들이 있었지만 정통성 문제를 해결하기 위해 그들을 버리고 다시 결혼한다.

신약시대(B.C.5년부터)

B.C.4년, 헤롯 대왕이 죽은 뒤에 팔레스타인 지역은 그의 세 아들에게 나눠져.
두로
페니키아
단
가이사랴 빌립보
헤롯 빌립 2세
갈릴리
가버나움
바타네아
세포리스
나사렛
데가볼리
가이사랴
헤롯 안티파스
길르앗
세바스테
사마리아
세겜
네아폴리스
욥바
사마리아
필라델피아
랍바
헤롯 아켈라오
베레아
예루살렘
유대
사해
나바테아
브엘세바
이두매(에돔)

※B.C.4년 : 예수님은 B.C.5년경 베들레헴에서 태어나신 후 이집트로 피신했다가 헤롯 대왕이 죽은 후, 아켈라오가 통치하는 유대 지방을 피해 갈릴리 나사렛으로 가신다.

그중에 유대, 사마리아, 이두매 지역의 분봉 왕 아켈라오의 폭정은 큰 반발을 불러왔어.
폭군이 죽인 랍비들의 핏값을 받아내자!
폭군은 꺼져라!
와아아아아

※분봉 왕(Tetrarch) : 점령지 전체를 다스리던 왕(Ethnarch)보다 한 단계 아래 등급으로 점령지의 영토를 나누어 다스리던 왕. 영주와 비슷한 개념이다.

이 사건으로 아켈라오는 약 3000명의 유대인을 죽였고,
잡아라!
으악!
아켈라오
모조리 죽여버려!
폭도들에게 자비는 없다!

유대인들은 로마까지 찾아가 황제에게 청원했어.
차라리 로마가 직접 우리를 통치해 주십시오.
이대로는 다 죽어요.
결국 A.D.6년 아켈라오는 유배되고
저주나 받아라!
아켈라오야, 꼴좋구나.
유대와 사마리아 지역은 로마가 총독을 보내 직접 통치하게 돼.
코포니우스
아, 골치 아픈 유대 땅이라니.

로마는 유대인들의 자치권을 보장하고 정치, 군사적인 문제 외에 대부분을 직접 결정하게 했어.
우리는 그리스와 로마의 민회를 본 따 만든 산헤드린 공회가 있었어.
하지만 사형 선고만은 총독의 권한이었지.

※민회(Legal Assembly) : 시민들이 직접 의사 결정에 참여하는 모임을 가리킨다.

tip 산헤드린 Sanhedrin 공회

유대인 최고 의결기관으로 모세의 '70인의 장로회'가 기원이다. 유대 주요 도시마다 23명으로 구성된 공회가 있었으며, 예루살렘에는 70명(의장 포함 71명)으로 구성된 대공회가 있었는데 대제사장이 의장을 맡았다. 공회는 제사장, 장로, 서기관 등 유대 사회의 지도자들로 구성되었으며 대부분 사두개파와 바리새파가 장악하고 있었다. 그들은 시대에 따라 주도권을 놓고 다투었다. 공회의 결정은 절대적이었지만 사형에 대한 권한은 가지고 있지 않아서 로마 총독의 승인을 받아야 했다. A.D.70년 로마에 의해 1차 유대 전쟁이 진압되는 과정에서 예루살렘이 멸망하고, 성전이 파괴되면서 공회도 함께 사라졌다.

※70인의 장로회 : Link 민수기 11:16

하지만 당시 유대인들은 이방인 왕의 지배를 받으며 초강대국 로마에 막대한 세금을 내야했고,
부가세, 소득세, 교육세, 주민세, 취득세 소비세…. 뭐가 이리 많아.
포악한 이두매 왕은 로마 황제에게 아부하기 바쁘고.

로마가 언제든 자신들을 학살하고 성전을 약탈할 수 있다는 두려움에 사로잡혀 있었어.
나라가 없으니 무슨 일을 당할지 몰라.
로마보다 우릴 통치하는 잔인한 헤롯이 더 무섭다야.
막강하고 거대한 로마는 절대 무너지지 않을 것 같고.

게다가 친로마파와 유대 전통주의자 간에 갈등과 분리된 종파 간의 갈등도 여전했지.
사두개파가 진리야!
무슨 소리, 바리새파는 물로 보이냐?
대세는 로마야. 로마를 따라야 해.
우린 유대인의 전통을 지켜야지.

그런 혼란 가운데 모든 유대인은 구약의 예언에 의지하며 그들을 구원할 메시아를 기다리고 있었어.
다윗의 후손이 하나님의 군대와 함께 오셔서 로마를 몰아내고 다윗 왕조의 영광을 살릴 거야.
아, 메시아는 언제 오신단 말이냐.

유대인들이 절망 가운데 있던 B.C.5년, 어느 날…
응애
응애

※메시아(Messiah) : 히브리어 '마쉬아흐'의 영어식 표기.
그리스어로는 '그리스도'라고 한다.

마태복음

●마태 Matthew

갈릴리 출신으로 '알패오'의 아들이다. 마가복음과 누가복음에서는 '레위'라고 불린다. 마태는 가버나움 세관에서 세금을 걷는 '세리'였는데, 예수님의 부름을 받고 12제자 가운데 한 사람이 되었다. 마태는 A.D.70년 전후에 팔레스타인 주변 이방 지역에서 마태복음을 기록한 것으로 보인다.

드디어 4복음서를 시작하는구나.
만세!
마태
드디어 신약이다!
4복음서는 모두 예수님의 일생이라는 같은 사건을 기록하고 있어.
그럼 내용이 다 똑같아요?
다른 내용도 있고, 같은 내용도 있지. 같은 내용이라도 저자의 관점에 따라 차이가 나기도 하고.
아, 그렇구나.

근데 복음이
뭐예요?
별걸 다 귀찮게…
설명이 기니까
팁을 읽어 봐.
5년 만에 다음
책을 내는 주제에
불친절하기까지….

tip 복음 福音, Gospel

그리스어로 '기쁜, 좋은 소식'을 뜻하는 유앙겔리온Euaggelion에서 유래했다. 황제를 신성시하던 로마는 황제의 칙령을 라틴어로 에반겔리움Evangelium이라 하며 신적인 권위를 부여했다. 하지만 그리스도인들은 이를 인정하지 않고 하나님의 말씀을 에반겔리움이라 했는데 그것도 로마가 그리스도인들을 박해하게 된 원인이 되었을 것이다. 영어로는 가스펠Gospel인데 좋은Good + 글, 이야기Spell에서 유래된 것이다. 한편, 유대인뿐만 아니라 모든 이들에게 전하는 에반겔리움, 즉 기쁜, 좋은 소식이란 '예수님이 하나님의 아들이자 메시아로 오셨다.'는 의미이다.

유대인들은 나라를 잃고 로마의 지배 아래 신음하며 구약의 예언에 의지해 메시아를 기다렸어.
아, 살기
힘들어.
도대체
메시아는 언제
오시는 거야?
메시아가 오셔야
로마를 박살내고 우릴
구원해 주실 텐데.
하지만 유대인들은 예수께서 메시아라는 사실을 믿지 않았지.
이것들이 정말!
메시아는 오셨잖아!
예수님이
메시아라고!
늙은 마태
벌럭
뭔 헛소리야?
약 먹었냐?
예수가 메시아면
난 황제다!
꺼져!
어디서 약을
팔아, 엉?
아이고,
속 터져!
마태는 그런 유대인들에게 예수께서 메시아라는 사실을 알려주고자 했던 거야.
내가 직접
경험한 것을
저 무식한
유대인들에게
전해주자.
그래서 마태복음은 구약의 말씀을 인용한 경우가 많아.
유대인이 믿는
구약의 메시아,
곧 다윗의 자손이
예수님이라는 것을
증명해 주마.
난 유대인의 관점에서,
유대인을 설득하기 위해
마태복음을 작성했어.
유대인들은
애타게 메시아를
기다렸으면서
왜 예수님을 믿지
않았어요?
그건 직접 예수님의
행적을 보면 이해할 수
있을 거야.
정말
기대 만땅!
참, 나는 시간 순서가
아니라 주제별로 사건을
배치했어. 참고해.

1. 예수 그리스도는 누구인가?

1장 예수 그리스도의 족보 누가3:23

1 아브라함의 자손이자 다윗의 자손인 예수 그리스도의 족보는 아브
라함에서 다윗까지 14대,

※마태는 이방 여인들이 예수님의 족보에 있음을 강조하고 있다.

6 다윗부터 바벨론에 포로로 잡혀갈 때까지 14대,

※유다 왕의 족보와 비교해보면 4명의 왕이 생략되었다. Link 역대상 3:10~16
※우리아(Uriah): 다윗의 30용사 중 하나로 원래 밧세바의 남편. Link 사무엘하 11:3

12 바벨론에 포로로 잡혀간 후부터 예수 그리스도까지 14대.

족보의 마지막엔 요셉이 예수를 낳은 게 아니라, 마리아에게서 예수가 나셨다고 되어 있어.

※B.C.586년 유다 왕국이 바벨론에게 멸망한 후 많은 유대인이 포로로 끌려갔다가
B.C.537년 페르시아 고레스 왕 때부터 예루살렘으로 돌아오기 시작했다.

tip 마태는 왜 족보로 시작했을까?

이 족보는 아브라함으로부터 시작된 하나님의 구원의 역사가 예수님으로 이어진다는 것과 하나님이 다윗과 맺은 영원한 약속이 예수님을 통해 이루어진다는 것을 강조하고 있다. 또한 다윗만 '왕'으로 표기된 것은 하나님께서 직접 선택하고 유대인들이 가장 높이 받드는 다윗과 같은 왕으로 예수님이 오셨다는 것을 강조한다. 한편, 마태는 이스라엘 역사의 중요한 전환점을 기준으로 족보를 3부분으로 나누고 각각 다윗(D4+V6+D4=14)을 상징하는 숫자 14대에 맞췄다. 두 번째 족보에서는 몇몇 왕이 빠졌고, 세 번째 족보는 13대임에도 14대라고 한다. 마태는 예수님이 다윗의 후손으로 혈통으로나 법적으로나 정당한 왕으로 오신 메시아라고 말하고 있다.

※구원의 역사 : Link 창세기 12:1~3
※영원한 약속 : Link 사무엘하 7:8~16

예수 그리스도의 탄생

18

tip 그리스도 Christ

'기름부음을 받은 자'라는 뜻의 히브리어 '마쉬아흐'는 헬라어 크리스토스Christus, 라틴어로 크리스투스Christus, 영어로 크라이스트Christ로 표기되었고, 히브리어 '마쉬아흐'는 영어로 메시아Messiah라고 한다. 유대인들에게 기름 부어진 사람이란 국왕, 제사장 등 유력한 소수를 가리킨다. 한자어로는 구세주救世主로 번역되었다. 그리스도, 메시아, 구세주는 같은 뜻이며 곧 예수님을 가리킨다. '예수 그리스도'란 예수님이 하나님의 아들이자 메시아라는 뜻이다.

그들은 함께 살기 전에 마리아가 성령으로 잉태한 사실을 알았지.
음, 약혼 기간이라 난 잠자리도 같이 하지 않았는데.
19 남편 요셉은 의로운 사람이라 이 일을 드러내지 않고 몰래 파혼하려고 했어.
사람들이 알면 무슨 짓을 할지 몰라.

tip 부끄러움을 주지 않으려고

약혼한 여인이 간음한 경우 율법에서는 가정을 깨뜨린 죄를 물어 돌로 쳐 죽이도록 명령하고 있으며 로마법은 공개적인 절차에 의해 이혼하도록 되어 있다. 이에 요셉은 마리아를 보호하고자 남몰래 파혼하려 한 것이다.

※명령: Link 신명기 22:24

※함께 살기 전: 실제 결혼식까지 약혼 기간은 약 1년이었다.

20 그때 주의 천사가 요셉의 꿈에 나타났지.
다윗의 자손 요셉아, 두려워 말고 네 아내 마리아를 데려오라! 그녀가 가진 아기는 성령으로 잉태된 것이다!
으으음.
21
그녀가 아들을 낳을 것이니 이름을 예수라 해라! 그가 자기 백성을 죄에서 구원하실 것이다!
으으음.

※천사: 가브리엘. Link 누가복음 1:26
※다윗의 자손: 마태는 요셉이 다윗의 자손임을 강조하고 있다.

※죄: 히브리어 '하마르티아(hamartia)'로 '표적에서 빗나갔다'라는 뜻, 즉 하나님의 말씀에서 벗어난 상태를 말한다.

여기서 '백성을 죄에서 구원하실 것'이라고 예수께서 이 세상에 오신 목적을 분명히 밝히고 있어.

22 이 모든 일은 주께서 예언자를 통해 하신 말씀을 이루시려는 거야.
처녀가 잉태하여 아들을 낳을 것이니 그 이름을 임마누엘이라 할 것이다!

tip 구약성취1 임마누엘 Immanuel

히브리어로 '주께서 우리와 함께 하신다'라는 뜻으로 하나님께서 예언자 이사야를 통해, 유다 12대 왕 아하스에게 유다의 구원을 예언하신 말씀이다. 즉 처녀가 잉태하여 아들을 낳는 것은 하나님께서 함께 하신다는 사실과 하나님의 구원이 있을 것이라는 증거다. 마태는 유대인들에게 성령으로 잉태되어 처녀 마리아에게서 태어나신 예수님이 구약의 성취라는 것을 말하고 있다.

※예언자: 구약시대 예언자 이사야.
※말씀: Link 이사야 7:14

24 잠에서 깬 요셉은 주의 천사의 명령을 따라 그의 아내를 데려왔어.
25 그러나 아들을 낳을 때까지 마리아와 잠자리를 하지는 않았지.
게임이나 해야지.♬
요셉은 마리아가 아들을 낳자 그 이름을 '예수'라고 지었어.
하하, 이제 너는 법적으로 내 아들이다!
응애
응애

tip 예수Jesus

히브리어로 '여호와는 구원이시다'라는 뜻인 여호수아Jehoshua를 바벨론 포로기 이후에는 예수아Jeshua라고 했다. 이를 초기 그리스도교에서는 헬라어 이에수스Iesus로, 라틴어 예수스Iesus로 표기하고 영어로는 지저스Jesus라고 표기했다.

2장 베들레헴에서 나신 유대 왕 누가 2:1

1 헤롯 대왕 때 예수께서 유대 땅 베들레헴에서 태어나셨는데,
베들레헴(B.C.5년)
그 후, 동방에서 박사들이 예루살렘에 왔지!
유대인의 왕으로 태어나신 분이 어디에 계시죠?
우리가 동방에서 그의 별을 보고 경배하러 왔소.

※헤롯 대왕(Herod The Great) : 에돔 사람이며 B.C.37~4년까지 유대 땅을 통치했다.
※베들레헴(Bethlehem) : 예루살렘 남쪽 약 8km 지점. 다윗의 고향.

3 그런데 헤롯 대왕과 온 예루살렘 사람들은 그 말을 듣고 경악했어.
유대 왕?!
메시아께서 오셨다고?!
4 헤롯 대왕은 대제사장들과 서기관들에게 물었지.
그리스도가 어디서 태어나느냐?
그게….
어디더라?
5 아래 동네 베들레헴입니다!
예언자의 기록이 있네요!

※에돔 출신의 헤롯 대왕에게 유대 왕의 출현은 자신의 왕권을 위협하는 사건이다.
※서기관 : 구약의 율법에 능통한 율법교사들로 보인다.
※예언자의 기록 : 구약의 예언자 미가. Link 미가 5:2

6 유대 땅 베들레헴아, 너는 결코 작은 마을이 아니다. 네게서 통치자가 나와 내 백성 이스라엘의 목자가 될 것이다.
음!
7 헤롯 대왕은 박사들을 조용히 불렀어.
그 별이 언제 나타난 거요?
하나, 둘…
그러니까.

※이스라엘의 목자 : 다윗을 연상시키는 말로 다윗의 자손으로 오시는 메시아를 가리킨다. Link 사무엘하 5:2

tip 동방 박사들 Magi

동방이란 예루살렘의 동쪽, 메소포타미아와 바벨론이나 바사로 추정하며, 그들은 정치와 종교에 영향력 있는 고위급으로 추정한다. 한편, 그들이 아기 예수에게 3가지 예물을 드렸기 때문에 흔히 세 사람이라 추정하지만 정확한 인원은 알 수 없다. 다만 성경에서는 그들을 복수로만 표현하고 있을 뿐이다. 또한 동방에서 예루살렘까지 약 40일 정도가 걸린다는 사실과 별이 나타난 때를 기준으로 헤롯이 두 살부터 그 아래 사내아이를 죽이는 것을 봤을 때 그들이 예루살렘에 온 때는 아기 예수가 태어난 후 상당한 시간(약 1년)이 흐른 뒤일 것이라 추정한다.

8 알겠소. 아기를 찾거든 내게도 알려 주시오. 나도 가서 경배해야겠소.
그럼 저희는 베들레헴으로 가겠습니다.
9 박사들은 헤롯 대왕의 말을 듣고 베들레헴으로 떠났지.
찾으면 전화해요.
야곱에게서 한 별이 나와 에돔을 멸망시킨다고 했겠다?

※야곱(이스라엘)에게서 한 별(메시아)이 나와서 에돔(헤롯)을 멸망시킨다. Link 민수기 24:17~19
▶ Link 1권 23p tip '이두매'를 보라.

그런데 동방에서 본 그 별이 다시 나타나자 박사들은 크게 기뻐하고 기뻐했어.
앗, 그 별이다!
우릴 안내하는 것 같아!
따라가자!

그 별은 베들레헴의 아기가 있는 곳 위에서 멈췄지.
저 집이다!
저 집에 아기가 있을 거야!

tip 그 별

천문학 기록에 따르면 B.C.7년에 목성(왕을 상징)과 토성(이스라엘의 별을 상징)이 5개월 동안 물고기자리(유대 전통에서는 메시아를 상징)에서 일치했던 사건이 있었다. 고대 사람들은 이것을 위대한 왕의 출현을 예고하는 징조로 보았다. 또한 B.C.5년에 혜성의 긴 꼬리가 나타났는데 일부 학자들은 이것을 박사들이 본 별로 추정하고 있다.

11 그들은 그 집에 들어가 아기와 어머니 마리아가 함께 있는 것을 봤어.
여기 계신다!
오오!
누구…?

유대 왕께 경배드립니다.
??
!!

그리고 보물 상자를 열어서 황금, 유향, 몰약을 예물로 드렸지.
유대 왕께 작은 선물을 드립니다.
여기 딸랑이도….

tip 이방인들의 3가지 경배 예물

전혀 환영받지 못하며 초라하게 태어나신 아기 예수가 이방인인 동방 박사들의 경배를 받는다. 이는 예수님이 유대 왕일뿐만 아니라 세상 모든 민족의 경배를 받을 왕으로 오셨음을 보여준다. 동방 박사들은 아기 예수에게 3가지 예물을 드리는데….

① 황금 Gold : 왕에게 드리는 대표적인 예물로 메시아 왕권을 상징.
② 유향 Incense : 거룩하고 신성한 향료로 제사장을 상징.
③ 몰약 Myrrh : 장례에 필요한 것으로 예수님의 수난과 죽음을 상징.

12 그날 밤, 박사들은 꿈에서 헤롯 대왕에게 돌아가지 말라는 하나님의 경고를 받고,
으으음.

다음 날, 다른 길로 자기 나라로 돌아갔어.
예루살렘을 피해서 미꾸라지처럼 빠져나가자.

이집트로 피신하다

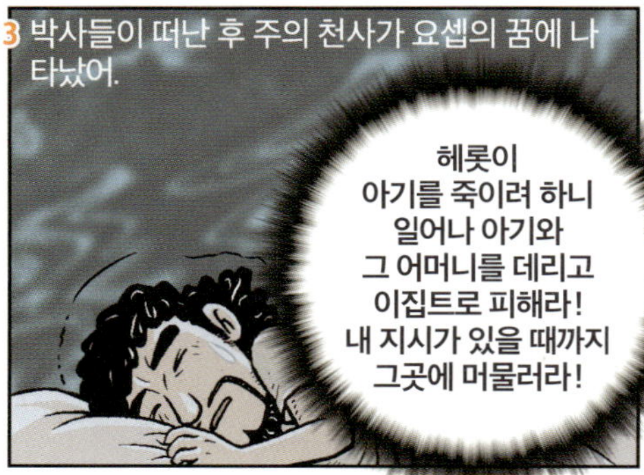
13 박사들이 떠난 후 주의 천사가 요셉의 꿈에 나타났어.
헤롯이 아기를 죽이려 하니 일어나 아기와 그 어머니를 데리고 이집트로 피해라! 내 지시가 있을 때까지 그곳에 머물러라!

빨리 일어 나시오.
야밤에 무슨 일로?
14 요셉은 한밤중에 아기와 그 어머니를 데리고 이집트로 떠났지.
빨리 갑시다.

15 그리고 헤롯 대왕이 죽을 때까지 그 곳에 있었어.
여기서 납작 엎드려 있자.
그것은 주께서 예언자를 통해 하신 말씀을 이루려 하신 거야.
내가 이집트에서 내 아들을 불러냈다!

※예언자 : 구약시대 예언자 호세아.
※말씀 : Link 호세아 11:1

tip 구약성취2 이집트에서 내 아들을 불러냈다

하나님께서 이집트에서 고통받던 이스라엘 백성을 불러내신 것은 그들로 하여금 모든 민족을 구원하려고 하신 것이었다. 하지만 그들이 죄악에 빠져 타락하면서 그 목적을 이루지 못했다. 하나님께서는 그런 이스라엘 백성을 책망하면서 이 말씀을 하셨다. 마태는 하나님께서 그때처럼 모든 민족을 구원하기 위해서 이집트에서 예수님을 불러내실 것이며 이스라엘의 실패로 좌절된 그 목적을 완성할 분이 예수님이라는 것을 강조하고, 그것이 구약의 성취임을 말하고 있다.

아기들을 학살한 헤롯

16 한편, 헤롯 대왕은 박사들에게 속은 것을 알고 몹시 화가 났어.
감히 날 속이다니!
별이 나타난 때를 기준으로 베들레헴과 그 근방의 두 살부터 그 아래 사내아이를 다 죽여라!

※두 살부터 그 아래 : 당시 베들레헴의 규모로 봤을 때 약 20명으로 추정한다.

17 이렇게 해서 예언자 예레미야를 통해 하신 말씀이 이루어졌지.
라마에서 슬퍼하며 크게 통곡하는 소리가 들리니 라헬이 자식을 잃고 울고 있구나! 그녀는 자식들이 없어졌으므로 그 어떤 위로도 받으려 하지 않았다!

※라마(Ramah) : 예루살렘 북쪽 8km 지점. 라헬의 무덤이 있는 곳.
※라헬(Rachel) : 야곱의 아내. 요셉과 베냐민의 어머니. 이스라엘의 어머니로 불렸다.

tip 구약성취3 라헬의 울음소리

유다 왕국이 무너지고 백성들이 포로로 끌려가는 것을 보며 하나님께서 하신 말씀이다. Link 예레미야 31:15 마태는 헤롯 대왕이 어린아이를 학살한 것을 이 예언의 성취로 보고, 구원이 필요한 이때 메시아께서 오셨음을 말한다. 한편, 앞서 구약성취에서는 '이루려 하셨다'면서 하나님의 의지를 나타냈지만 여기서는 '이루어졌다'면서 하나님의 의지가 아닌 사람의 의지로 이 악한 일이 이루어졌음을 강조하고 있다.

나사렛 사람 예수

19 헤롯 대왕이 죽은 뒤, 주의 천사가 이집트에 있던 요셉의 꿈에 나타났어.
일어나 아기와 그 어머니를 데리고 이스라엘 땅으로 가라! 아기의 목숨을 노리던 자들이 죽었다!

※죽은 뒤 : 헤롯 대왕은 B.C.4년, 70세의 나이로 여리고에서 죽었다.
※자들 : Link 출애굽기 4:19 를 인용했기 때문으로 보기도 한다.

21 요셉은 아기와 그 어머니를 데리고 이스라엘 땅으로 들어왔지.
헤롯 대왕의 뒤를 이어 그의 아들 아켈라오가 유대 왕이 되었소.

※헤롯 아켈라오(Herod Archelaus) : 헤롯 대왕의 아들, B.C.4년~A.D.6년까지 유대, 사마리아, 이두매 지역을 통치.

22 요셉은 그 소식을 듣고 유대 땅으로 가기를 두려워했어.
아켈라오도 헤롯 못지않게 포악하다던데….
요셉은 꿈에서 하나님의 경고를 받고,
으음, 또 오셨어요?
23 갈릴리 지방의 나사렛이라는 동네로 가서 살았지.
드디어 고향이다.
여긴 아켈라오의 영토가 아니니 안심이야.

※나사렛(Nazareth) : 갈릴리 바다 서쪽 약 24km 지점에 위치한 작은 마을. 헤롯 안티파스가 다스렸다.

이렇게 해서 주께서 예언자들을 통해 하신 말씀이 이루어졌어.
그는 나사렛 사람이라고 불릴 것이다!
딱
팅
꺼져!

※예언자들 : 구약시대에 '멸시받는 메시아'에 대한 예언을 했던 여러 예언자를 가리킨다.

tip 구약성취4 나사렛 사람

실제로 예수님이 나사렛 사람이라 불릴 것이라는 구약의 예언은 없다. 단지 구약의 여러 예언에서 메시아가 환영받지 못하고 멸시와 천대받을 것이라고 했을 뿐이다. 갈릴리 땅에 있는 나사렛은 이방 땅으로 취급받는 작고 보잘것없는 동네로 갈릴리 사람들에게도 무시당하던 곳이었다. 마태는 왕으로 오셨지만 보잘것없는 곳에서 태어나시고, 아무도 환영해주지 않았으며, 천대받는 나사렛에서 자란 예수님이 곧 구약 예언의 성취라고 보고 그 시대 유대인들이 쉽게 공감할 수 있는 표현인 '나사렛 사람'이라고 표현한 것이다.

※여러 예언 : Link 시편 22장 Link 이사야 53장 Link 스가랴 11:4~11

3장 광야에서 외치는 소리 마가1:2, 누가3:2, 요한1:19

1 그 무렵에 유대 광야에 세례자 요한이 나타났어.
회개하라! 하늘나라가 가까이 왔다!

4 그는 낙타털 옷에 가죽 허리띠를 매고, 메뚜기와 들꿀을 먹었지.
이게 예언자 패션이야.
난 나실인. 광야에서는 다른 음식을 구하기는 어려웠어.
3 그는 예언자 이사야가 말했던 그 사람이야.
광야에서 외치는 소리가 있다! 너희는 여호와의 길을 예비하고, 그의 길을 곧게 하라!

※그 무렵 : 아기 예수가 나사렛으로 간 후로 약 30년이 지난 때를 말한다.
※유대 광야(Desert of Judea) : 예루살렘, 헤브론과 사해 사이의 광야.
※나실인(Nazirite) : '구별된 자'라는 뜻으로 평생 하나님을 위해 헌신하는 자.
※말했던 : Link 이사야 40:3
※사람 : 예수 그리스도.

tip 세례 요한 John the Baptist

구약의 마지막 예언자 말라기는 메시아가 오시는 길을 준비하려고 엘리야가 먼저 올 것이라고 예언했다. Link 말라기 3:1,5 또한 구약의 예언자 이사야는 죄악에 빠진 백성들을 구원하는 하나님의 말씀을 '광야의 소리'로 표현했다. Link 이사야 40:3 마태는 광야에서 외치는 세례 요한이 주의 길을 준비하는 엘리야임을 말하고, 외적인 모습까지 닮았음을 강조한다. Link 열왕기하 1:8 또한 세례 요한도 스스로를 이사야가 말한 '광야의 소리'라고 밝히기도 했다. Link 요한복음 1:23 세례 요한은 율법과 선지자의 구약시대와 예수 그리스도의 신약시대를 연결하는 매우 중요한 역할을 한다.

들었어? 말라기 이후로 400년 만에 예언자가 나타났대!
정말?
그는 메시아의 길을 준비하는 사람이래.
메시아가 아니고?
빨리 가보자!

5 그 소식에 예루살렘과 온 유대 땅, 요단 강 부근 사람들이 모두 요한을 만나러 왔어.
회개하라! 하늘나라가 가까이 왔다!
회개해야 해.
곧 심판이 있을 거야.

6 그들은 자기의 죄를 자백하고, 요단 강에서 세례를 받았지.

※회개(repentance) : 단지 후회나 뉘우침이 아니라 죄에서 완전히 돌아서서 하나님께서 기뻐하시는 마음과 태도로 살아가는 것을 말한다.

7 그중에는 많은 바리새파 사람과 사두개파 사람도 있었어.
독사의 자식들아! 누가 너희에게 닥칠 진노를 피하라고 하더냐? 회개에 알맞은 열매를 맺어라!

※독사의 자식 : 하나님에게 대적하여 아담과 하와를 유혹한 뱀과 같은 짓으로 백성들을 죄악에 빠뜨리는 자들이라는 뜻.

9
너희는 아브라함이 우리 조상이라고 생각하지 마라! 하나님께서는 이 돌들도 아브라함의 자손이 되게 하실 수 있다! 도끼가 이미 나무뿌리에 놓였으니, 좋은 열매를 맺지 않는 나무는 다 찍어 불 속에 던져질 것이다!

※돌들 : 아주 하찮은 것.
※불 속 : 하나님의 마지막 심판.

tip 바리새파 Pharisees, 사두개파 Sadducees

당시 대표적인 유대교의 분파다. Link 1권 22p 종교적인 입장 차이로 서로 적대적인 두 분파가 화제의 인물을 살펴보려고 함께 나타난 것이다. 한편 요한이 든 비유는….

①회개에 알맞은 열매 : 죄의 뉘우침을 넘어 죄에서 완전히 돌아서서 하나님께서 기뻐하시는 마음과 태도로 살아가는 것을 말한다. Link 누가복음 3:10~14

②아브라함이 우리 조상이다 : 하나님께 선택받은 아브라함의 후손은 구원이 보장되어 있다는 생각을 말한다.

③도끼가 이미 나무뿌리에 놓였으니 : 심판이 곧 닥칠 것임을 말한다.

11
나는 너희를 회개하게 하려고 물로 세례를 주지만 내 뒤에 오시는 분은 나보다 능력이 크시니 나는 그의 신발을 들 자격도 없다! 그는 성령과 불로 세례를 주실 것이다!

※신발을 들다 : 당시엔 노예가 주인의 신발을 들고 다녔다.

12 그는 타작마당을 깨끗이 하려고, 키로 걸러 알곡은 곳간에 모으고, 쭉정이는 꺼지지 않는 불에 태우실 것이다!
저게 정말!
쌍욕을 해라.

※타작마당 : 온 세상. ※알곡 : 회개한 사람들. ※곳간 : 하나님의 나라.
※쭉정이 : 회개하지 않는 죄인들. ※불 : 죄인들에 대한 심판.

tip 성령과 물과 불의 세례

①물세례 : 죄를 고백하고 물에 들어가서 하나님 앞에 깨끗이 선다는 외적인 정결 의식.
②성령세례 : 예수님으로부터 시작된 새로운 죄 사함과 구원의 길인 내적인 정결 의식.
③불세례 : 회개하지 않고 하나님께 대적하는 사람들에 대한 심판.

세례를 받으시는 예수 마가1:9, 누가3:21

13 그즈음 예수께서는 갈릴리를 떠나….
슬슬 출동해 볼까?

요한에게 세례를 받으시려고 요단 강으로 오셨어.
아니?!

※갈릴리(Galilee) : 갈릴리 바다 서쪽 지방, 예수께서 살던 나사렛이 있는 곳.

14
제가 세례를 받아야 할 텐데 어떻게 제게 오셨습니까?

15
그렇게 하지요. 이렇게 해서 우리가 모든 의를 이루는 것이 옳습니다.
알겠습니다.

16 예수께서 세례를 받으시고,

※모든 의 : 예수님의 세례는 하나님의 의로운 뜻을 이루는 과정이며, 예수께서 죄인이 받을 세례를 대신 받는 것은 하나님의 구원을 완성할 메시아임을 상징한다.

물에서 올라오실 때 하늘이 열렸지.

그리고 하나님의 성령이 비둘기 같이 내리고, 하늘에서 소리가 났어.
그는 내 사랑하는 아들이요, 내가 기뻐하는 자다!

※비둘기 : 온유하고 겸손하신 평화의 왕을 상징.

tip 3가지 계시

①하늘이 열림 : 창조주 하나님의 개입과 중요한 계시가 있었음을 나타낸다.
②비둘기 같은 영 : 세상을 구원할 메시아에게 하나님의 영이 내린다는 예언의 성취를 보여준다. Link 이사야 11:2
③하늘의 소리 : 하나님의 음성으로 직접 예수님의 신분과 지위를 선포한 것이다. Link 시편 2:7 Link 이사야 42:1

4장 사탄의 시험에 들다 마가1:12, 누가4:1

1 그런 후, 예수께서 성령에 이끌려 광야로 가셨는데,
사탄의 시험을 받으셨어.
크크, 하나님의 구원 계획을 구경만 하면 사탄이 아니지.

※사탄(Satan) : 히브리어로 '고발하는 자'라는 뜻. 인간을 멸망시키려는 목적을 가진 어둠과 사망의 권세를 가진 자를 말한다. Link 에베소서 2:2

2 예수께서는 밤낮 40일을 금식한 후 배가 고프셨지.
40일을 굶어서 심신이 허약해진 이때가 기회지.
3 시험하는 자(사탄)가 예수께 말했어.
네가 하나님의 아들이거든 이 돌들에게 빵이 되라고 해봐라.
4 성경에서 '사람이 빵으로만 살 것이 아니라 하나님의 입에서 나오는 모든 말씀으로 살 것이다'라고 했다.
헉! 이것이?!

※금식 : 자신을 낮추고 회개하면서 하나님의 은혜를 구하는 경건 생활. 유대인들은 기념일과 속죄일 등 여러 형태의 금식을 했다.

5 사탄은 예수를 그 거룩한 도성의 성전 꼭대기에 데려갔지.
네가 하나님의 아들이거든, 여기서 뛰어내려 봐라.
성경에서 '하나님이 너를 위해 천사들에게 명령하셔서 그들이 손으로 너를 떠받쳐 발이 돌에 부딪치지 않게 할 것이다'라고 했으니 말이다.
7
또 성경에서 '너의 여호와 하나님을 시험하지 말라'고 했지.
우르릉
제… 제법 센데?
마지막도 이겨낼 수 있는지 보자.

※거룩한 도성 : 예루살렘.
※성경 : Link 시편 91:11~12

8 사탄은 예수를 아주 높은 산으로 데리고 가서 세상 모든 나라와 영광을 보여줬어.
내게 엎드려 절을 하면 이 모든 것을 네게 주겠다.

10
사탄아, 물러가라!
성경에서 '너의 여호와 하나님을 경배하고 그분만을 섬겨라'고 했다!
콰쾅
컥!!
이… 이건 3전 3KO패! 져… 졌다!

11 그러자 사탄이 떠나고 천사들이 예수께 시중을 들었지.
아우, 배고파. 40일을 굶었더니.
흑, 뭐 되는 게 없냐.
디저트는 뭐로 준비할까요?

tip 사탄의 시험

①하나님의 아들이라는 특권으로 하나님께 도전해보라는 뜻이다. 이에 예수님은 [신명기 8 : 3]을 들어 돌들을 빵으로 만들 능력은 있지만 하나님께서 허락할 때만 사용하겠다는 순종을 보이신다.
②하나님의 아들이라면 하나님의 보호가 있을 테니 확인해보라는 뜻이다. 이에 예수님은 [신명기 6 : 16]을 들어 하나님을 의심할 필요도 없고, 하나님은 믿고 신뢰하는 분이지 시험의 대상이 아니라고 하신다.
③어렵고 힘든 십자가의 죽음을 피하고, 사탄 자신에게 경배만 하면 편한 길로 갈 수 있다는 유혹이다. 이에 예수님은 [신명기 6 : 13]을 들어 사탄의 유혹을 거절하고 하나님에 대한 충성을 선언하신다.

2. 예수 그리스도의 갈릴리 사역

갈릴리 1차 사역 마가1:14, 누가4:14

12 예수께서는 세례 요한이 잡혔다는 소식을 듣고 갈릴리로 물러나셨어.
자, 이젠 내 차례구나.

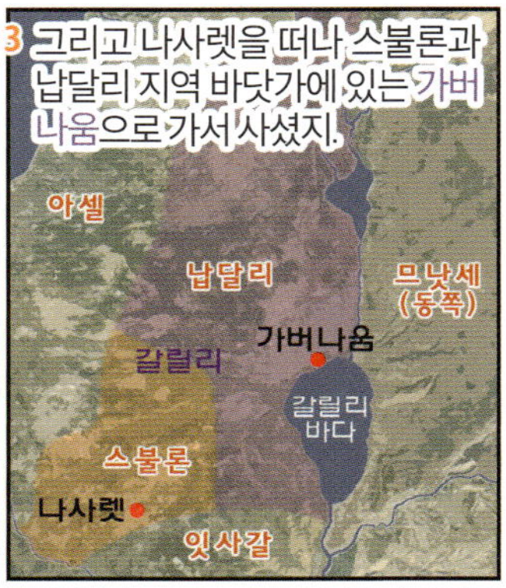
13 그리고 나사렛을 떠나 스불론과 납달리 지역 바닷가에 있는 가버나움으로 가서 사셨지.
아셀
납달리
므낫세 (동쪽)
가버나움
갈릴리
갈릴리 바다
스불론
나사렛
잇사갈

※갈릴리(Galilee) : 갈릴리 바다 서쪽 지방, 예수께서 살던 나사렛이 있는 지역.

※가버나움(Capernaum) : 갈릴리 바다 북쪽에 위치한 해안 성읍. 국경 지역으로 세관이 있고, 군대가 주둔한 도시. 예수님의 두 번째 고향이며 갈릴리 사역의 중심지.

tip 요한의 투옥과 예수님의 행적

요한은 갈릴리 분봉 왕Tetrarch 헤롯 안티파스Herod Antipas가 동생인 헤롯 빌립 1세Herod Philip I 의 아내 헤로디아Herodias와 결혼하자 이를 비판했다가 감옥에 갇혔다. 얼마 후 요한은 안티파스에게 죽임을 당하는데 그것은 예수님의 길을 준비했던 요한의 사역이 끝나고 예수님의 사역이 시작됨을 의미한다. 한편, 예수님이 가시는 길을, 마태복음에서는 '갈릴리-나사렛-가버나움', 요한복음에서는 '갈릴리-가나-가버나움'으로 기록하고 있다. 이는 강조하려는 목적에 따른 차이로 보인다. 마태에겐 예수님이 '나사렛 사람'이라는 것이 중요했기에 가나를 생략하고 나사렛을 언급했을 것이다.

14 그것은 예언자 이사야를 통해 하신 말씀을 이루시려는 것이었어.
스불론과 납달리 땅이여, 요단 강 건너편,
바다로 가는 길목, 이방인들의 갈릴리야!
어둠 속에 있는 백성이 큰 빛을 보았고,
그늘진 죽음의 땅에 앉은 자들에게 빛이 비쳤다!

※말씀 : Link 이사야9:1~2 ※스불론과 납달리 땅 : 12지파에 속한 지파이며 갈릴리 바다 서쪽이 그들의 땅이었다.
※어둠 속에 있는 백성, 죽음의 땅에 앉은 자들 : 하나님을 모른 채 죄를 짓고 살아가는 사람들.

tip 구약성취5 구원의 빛

마태는 예수께서 나사렛에 살다가 가버나움으로 가신 것을 들어 구원의 성취라고 했다. 왜냐하면 이사야의 예언대로 나사렛은 스불론 지역에 해당하고, 가버나움은 납달리 지역에 해당하며, 요단 강 건너편은 갈릴리를 뜻하기 때문이다. 그리고 이방인(헤롯 안티파스)의 통치 아래 어둠 속에, 죽음의 땅에 있는 백성들에게 구원의 빛(예수 그리스도)이 비칠 것이라는 이사야의 예언이 이루어졌다고 말하는 것이다.

17 그때부터 예수께서는 하나님 말씀을 선포하기 시작하셨지.
자, 이제부터 예수님의 사역이 본격적으로 시작돼.

첫 제자들을 부르시다 마가1:16, 누가5:1

18 어느 날, 예수께서는 갈릴리 바닷가에서 두 형제, 시몬과 그의 동생 안드레를 보셨어.

그들은 어부였지.
횟감으로 좀 떠드릴까요?
됐거덩.

※시몬(Simon) : 히브리어로 시몬인데 예수님이 아람어로 '게바(Cephas)'라는 이름을 주셨고 헬라어로는 '베드로(Peter)'다.

19 나를 따라오너라.
너희를 사람을 낚는 어부가 되게 하겠다.
정말요?
오!

20 그들은 곧 그물을 버리고 예수를 따라갔어.
여기 물고기는?
아저씨 가지세요.

21 잠시 후, 예수께서 다른 두 형제인 세베대의 아들 야고보와 그의 동생 요한을 보셨지.

※사람을 낚는 어부 : 죄악에 빠져있는 사람들을 구해낸다는 뜻.

※야고보(James) : 히브리어 야곱의 헬라어 표현. 예수님과 사촌 형제, 최초의 순교자가 된다.
※요한(John) : 예수님과 사촌 형제이며 요한복음, 요한1~3서, 요한계시록의 저자다.

그들은 아버지 세베대와 함께 그물을 손질하고 있었어.
매운탕 끓여 드릴까요?
됐거덩.

나를 따라 오너라.
저희도?
와우, 당첨!

22 그들은 곧 배와 아버지를 두고 따라갔지.
아버지 여기 사표. 퇴직금은 계좌로 쏴주세요.

tip 예수님을 따른 제자들

①시몬과 안드레 : 이 둘은 세례 요한의 제자로 있다가 예수님이 요한에게 세례를 받으러 가셨을 때 예수님을 만났었다. 거기서 시몬은 예수님에게서 '게바'라는 이름을 받았다. 그들은 그때 이미 예수님이 메시아임을 알고 있었다. Link 요한복음 1:40

②야고보와 요한 : 이 둘은 예수님의 사촌 형제들로 이미 서로 알고 있었다. 이들을 부르기 전에 예수님은 많은 사람들을 두고 시몬의 배에서 설교하셨다. 설교를 마친 후, 그날 물고기를 잡지 못한 시몬이 예수님의 말씀에 따라 그물을 쳤는데 많은 물고기가 잡혔다. 이때 시몬의 동료 어부들이 도와줬는데 그중에 야고보와 요한이 있었다. 이들은 시몬을 통해 예수님이 메시아임을 알아보고 따른 것이다. Link 누가복음 5:10 한편, 마태는 이와 같은 이야기를 생략하고 결과만 얘기한 것이다.

갈릴리 1차 사역의 결과 마가3:7, 누가6:17

23 예수께서는 갈릴리 곳곳을 다니시면서
다음 회당은 어디냐?
차로 5분, 걸어서 1시간 정도네요.

※갈릴리 곳곳 : 제1차 갈릴리 전도.
※회당(Synagogue) : 유대인 생활의 중심이 되는 종교, 집회, 교육 장소. Link 1권 17p

회당에서 가르치고 하늘나라의 복음을 전파했으며,
여긴 어둠의 땅, 여긴 하늘나라. 이걸 미적분으로 계산하면….
왜 여기서 미적분이?
쉿, 원래 하나님 말씀은 어려운 거여.

백성들의 모든 질병과 모든 아픔을 고쳐주셨어.
어때? 괜찮아?
몸의 질병이 다 나았어.
난 마음의 아픔이 다 나았어.
예수님 짱이야.

※하늘나라의 복음 : 하나님이 왕이시며 모든 백성을 구원하러 오셨다는 기쁜 소식. Link 1권 16p

24 예수의 소문은 온 시리아에 퍼졌지.

유대 왕의 소문 들었어?
하늘나라가 세워졌다는데?
유대 왕인데 이방인도 다 보살펴 준대.

여러 질병과 고통을 겪는 사람들과 귀신 들린 사람들과 간질병자들과 중풍병자들이 찾아왔고 예수께서는 그들을 고쳐주셨고,

번호표 뽑아요.
의료보험 적용돼요?

※시리아(Syria): 다마스쿠스와 지중해 사이, 갈릴리 북쪽 이방 지역.

25 갈릴리, 데가볼리, 예루살렘, 유대, 요단 강 건너편에서 온 많은 사람들이 예수를 따랐어.

난 데가볼리 중에 거라사에서 왔어.
난 카나타.
난 거머리처럼 예수님께 붙어서 안 떨어질 거야.
난 꼭 사인을 받아야지.
유대인들은 자기들만 선택된 민족이라는데 이분은 이방인들도 차별하지 않아.

tip 치유 사역의 의미

이것은 단지 기적의 능력을 보여주는 것이 아니다.
①낮은 곳에서 소외되고 고통당하는 사람을 향한 하나님의 사랑과 자비를 나타낸 것이다.
②하나님의 형상으로 지어진 인간이 죄로 인해 병이 들고 결국 죽음에 이르게 되었다. 즉, 인간의 병을 낫게 한다는 것은 처음 창조되었던 하나님의 형상을 회복한다는 의미이다.
③병은 죄로부터 시작되고 죄는 사탄이 지배한 결과다. 즉, 병을 고친다는 것은 사탄의 지배를 물리치고 하나님의 통치가 이루어진다는 의미이기도 하다.
④위와 같은 이유로 예수님이 사람들의 질병과 아픔을 고치는 것은 그가 하나님께서 약속한 메시아라는 증거이기도 하다. Link 이사야 35:4~6

▶ Link 1권 157p tip '사역의 중심지'를 보라.

이게 예수님의 대표적인 3대 사역이야.
①회당에서 가르치시고.
②하늘나라의 복음을 전하시고.
③모든 질병과 아픔을 치유하시고

※데가볼리(Decapolis): 요단 강 동쪽에 위치한 10개의 헬라인 도시 연맹체로 헬라 문화와 이방인의 중심지.
※요단 강 건너편: 요단 강 동쪽 이방인 지역 전체.

5장 산상 설교 1: 여덟 가지 복 누가6:20

1 예수께서 산에 올라가 앉으시니 제자들이 다가왔어.

마음이 가난한 자는 복이 있다. 하늘나라가 그들의 것이다.
슬퍼하는 자는 복이 있다. 그들이 위로를 받을 것이다.
온유한 자는 복이 있다. 그들이 땅을 상속받을 것이다.
의를 위해 굶주리고 목마른 자는 복이 있다. 그들이 배부를 것이다.
자비로운 자는 복이 있다. 그들이 자비를 받을 것이다.
마음이 깨끗한 자는 복이 있다.
그들이 하나님을 볼 것이다.
평화를 이루는 자는 복이 있다.
그들이 하나님의 아들이라고 불릴 것이다.
의를 위해 박해받는 자는 복이 있다.
하늘나라가 그들의 것이다.

※산: 마태는 이곳을 '산'이라 했지만 누가는 '평지'라 했다. 마태는 유대인이 흔히 계시의 장소로 생각하는 산을 중요하게 생각했다.
※제자: 예수님의 가르침을 배우고 따르는 사람들.

tip 8가지 복

①마음이 가난한 자 : 자신의 부족함을 알고 하나님 앞에 모든 것을 내려놓는 사람.
②슬퍼하는 자 : 죄악에 가득 찬 세상을 보고 아파하는 사람.
③온유한 자 : 억압과 착취로 힘들어도 하나님의 구원을 기다리며 오래 인내하는 사람.
④의를 위해 굶주리고 목마른 자 : 세상의 쾌락과 욕망을 버리고 하나님의 의에 순종하는 사람.
⑤자비로운 자 : 힘들고 고통받는 자들을 불쌍히 여기고 사랑하는 마음을 가진 사람.
⑥마음이 깨끗한 자 : 하나님 앞에 말과 행동과 마음이 진실된 사람.
⑦평화를 이루는 자 : 하나님과 사람, 사람과 사람 간의 관계 회복을 위해 노력하는 사람.
⑧의를 위해 박해받는 자 : 하나님의 의를 위해 고난에 처한 사람.

11

'나 때문에 모욕당하고 박해받고 온갖 비난을 받는 너희에게 복이 있다.
기뻐하고 즐거워하라. 하늘에서 받을 너희의 상이 크기 때문이다.
너희보다 먼저 왔던 예언자들도 그런 박해를 받았다.'

※이 말씀은 그 자리에 있던 사람들에게 한 말씀이라 8복에 해당하지 않는다.

너희는 세상의 소금과 빛이다 마가9:50, 누가11:33, 14:34

13

'너희는 세상의 소금이다.
소금이 그 맛을 잃으면 무엇으로
짠맛을 내겠느냐? 맛을 잃은 소금은
아무 쓸모없이 밖에 버려져
사람들에게 밟힐 것이다.'
교만해지더니 꼴좋구나.
짠맛을 잃은 소금

※소금 : 성경에서는 정결함이나 지혜를 뜻한다.

tip 세상의 소금과 빛이다

세상의 소금은 죄악으로 세상이 부패하는 것을 막는 것, 세상의 빛은 어두워진 세상을 밝게 비추는 것을 말한다. 여기서 보면 '~이 되어라'가 아니다. '~이다'라고 말씀하신다. 예수님의 제자들은 이미 세상의 소금이자 빛이기 때문에 당연히 짠맛을 내고, 빛을 비춰야 한다는 것이다.

14

너희는 세상의 빛이다.
산 위에 세운 마을은 숨겨질 수 없다.
등불은 그릇으로 덮지 않고 등잔대 위에 놓는다.
그래야 집 안 모든 사람에게 비출 것이다.
이처럼 너희 빛을 사람들에게 비춰서,
그들이 너희의 선한 행동을 보고
하늘에 계신 너희 아버지께 영광을 돌리게 하라.
이렇게 큰 도움을 줘서 고맙습니다.
그런데 어디서 나오셨소?
저희 하나님이 보내서 왔죠.
이웃을 사랑하라고 하셨거든요.

율법을 완성하러 왔다

17

나는 모세의 율법이나 예언자들의 말씀을
없애러 온 것이 아니라 완성하러 왔다.
내가 진실로 너희에게 말한다.
하늘과 땅이 사라지기 전에는 율법의
작은 한 점이라도 없어지지 않고 다 이루어질 것이다.
그러므로 누구든 이 계명 가운데
아주 작은 것이라도 버리고 그렇게 가르치는 자는
하늘나라에서 아주 작게 될 것이며,
누구든 이를 지키고 가르치면 하늘나라에서 크게 될 것이다.
한 조각이라도 빠지지 않게….
1000

※진실로 말한다 : 예수님 말씀의 권위와 반드시 이루어질 것을 강조한 표현.

20 '너희가 율법교사들이나 바리새인보다 더 의롭지 않으면 하늘나라에 들어가지 못할 것이다.'

의로움 대결
C.M.스포츠
제자들
율법교사,
바리새인

※율법교사(Rabbi) : 율법을 해석하고 가르치는 유대 지도자를 부르는 존칭.

tip 구약의 말씀을 완성하러 왔다

바리새인은 철저히 율법을 지켰고, 율법교사들은 대부분 바리새인이었다. 예수께서는 율법을 두고 바리새인과 갈등이 있었는데 이에 대한 입장을 밝히신 것이다. 당시 그들은 율법을 613개로 구분하고, 긍정적인(~하라) 248개와 부정적인(~하지 말라) 365개로 나누고 문자 그대로 철저히 지켰다. 이에 예수께서는 율법의 작은 부분이라도 중요하다고 강조하시고, 문자적으로 율법을 지키기보다 하나님의 뜻에 맞게 사는 것이 더 중요하다고 강조하신다. 즉 예수님은 구약의 말씀을 훼손하거나, 새로운 율법을 주시는 게 아니라 율법에 있는 하나님의 뜻을 더 온전하게 드러내고 완성하기 위해 오신 것이다.

그렇다면
어떻게 해야 세상의
소금과 빛이 될 수 있는지,
어떻게 해야 율법교사나
바리새인보다 의로울 수
있는지 예를 볼까?

분노에 대하여 누가12:58

21 너희는 '살인하지 마라. 누구든지 살인을 하면 심판을 받을 것이다'라는 옛말을 들었을 것이다.
자기 형제에게 분노하는 자도 심판을 받을 것이며,
자기 형제에게 욕하는 자도 법정에 설 것이다.
자기 형제에게 멍청이라고 하는 자도 지옥 불에 던져질 것이다.

아이고,
내가 왜 살인자와
같은 벌을…?!
형제를
무시한 자
살인자

23 그러므로 네가 제단에 예물을 드릴 때
네 형제가 널 원망하는 것이 생각나면,
먼저 네 형제와 화해한 후 다시 예물을 바쳐라.
너를 고소하는 사람과 함께 법정에 간다면 빨리 화해해라.
그렇지 않으면 그가 너를 재판관에게 넘기고,
재판관은 너를 간수에게 넘겨 감옥에 던질 것이다.
그렇게 되면 네가 마지막 한 푼까지 다 갚기 전에는
결코 감옥에서 나오지 못할 것이다.

동생아,
내가 잘못했다.
우리가 조금씩
양보해서
해결해 보자.
이건 선물.
이 인간이 왜
갑자기 안 하던
짓을…?
CM
라면

※먼저 : 하나님을 경배하기 전에 사람과 사람 사이의 평화가 먼저 있어야 한다는 의미이다.

tip 살인 Link 출애굽기 20:13

예수님은 분노, 미움, 공격적인 언어까지도 살인과 같은 죄로 규정하고 하나님의 심판을 받게 될 것이라고 말씀하신다. 즉, 살인하지 말라는 하나님의 뜻은 문자 그대로 사람을 죽이는 것만을 금지한 것이 아니라 살인을 할 마음도 가지지 말라는 것이다. 더 나아가 다른 사람에게도 그런 마음이 들지 않도록 하라는 것이다. 그러기 위해서는 먼저 상대에게 다가가 화해해야 한다고 가르치신다.

간음에 대하여 마가10:11, 누가16:18

27 '간음하지 마라'는 옛말을 너희가 들었을 것이다.
음란한 생각으로 여자를 보는 자도
이미 마음으로 간음한 것이다.
만일 네 오른쪽 눈이 죄를 짓거든 그 눈을 빼서 버려라.
만일 네 오른쪽 손이 죄를 짓거든, 그 손을 잘라 버려라.
온몸이 지옥에 던져지는 것보다
몸의 한 부분을 잃는 것이 낫다.

그냥 지옥으로 갈래?
죄악을 자르고
집으로 갈래?
지옥문

※오른쪽 : 강력하거나 중요한 것을 상징.
※빼서 : 실제로 신체를 훼손하라는 것이 아니라 단호하게 죄악을 없애라는 뜻.

31 '아내와 이혼하는 사람은 이혼 증서를 줘야 한다.'라고 했다. 하지만
음행한 경우 외에 아내를 버리는 자는 그 아내를 간음하게 하는 것이며,
그 여자와 결혼하는 남자도 간음하는 것이다.'

이혼하자는 이유가 뭔데?
요즘 이혼이 유행이잖아.
나도 세상가 한 번 가보자.

※이혼 증서 : 이혼한 여자의 재혼할 권리를 부여한 문서.

tip 간음하지 마라 Link 출애굽기 20:14

예수님은 율법에 정해진 부적절한 육체관계뿐만 아니라 부적절한 욕망까지도 간음이라 규정하신다. 여기서 '눈'은 유혹받는 원인이며, '손'은 부적절한 행동을 가리킨다.
율법은 여자가 '수치스러운 일'을 했을 때 이혼 증서를 써주고 이혼하도록 했다. 이는 무분별한 이혼으로부터 여자들을 보호하기 위한 것이었지만 당시 유대인들은 '수치스러운 일'을 지나치게 확대해석해서 사소한 것도 트집 잡아 이혼 증서를 악용하는 경우가 많았다. 이에 예수님은 음행한 경우 이외의 어떠한 이혼도 하나님의 뜻이 아님을 말씀하신다. 한편 이성에게 자연스럽게 끌리는 것까지 죄악시하는 것은 아니다.

맹세에 대하여

33 '너희는 '거짓 맹세를 하지 말고, 주께 한 맹세는
꼭 지켜야 한다.'는 옛말을 들었을 것이다.'

tip 거짓 맹세를 하지 마라 Link 레위기 19:12

당시엔 자신의 진실을 증명하기 위해 하나님의 이름으로 맹세를 했다. 하지만 유대인들은 하나님의 이름을 직접 부르지 않았기 때문에 그를 대신할 하늘, 땅, 예루살렘 등을 두고 맹세했다. 그러나 이런 맹세가 사람을 속이는 수단으로 사용되거나 지키지도 못할 맹세를 남발해서 하나님의 이름을 더럽혔다. 이에 예수님은 거짓 맹세를 하지 말라는 것이다. '예', '아니오'만 말하라는 것은 쓸데없는 거짓 맹세를 하지 말고, 맹세가 필요 없는 진실된 말을 하라는 것이다.

34
아예 맹세하지 마라.
하늘을 두고도 맹세하지 마라. 하늘은 하나님이 앉아 계신 곳이다.
땅을 두고도 맹세하지 마라. 땅은 하나님의 발을 두시는 곳이다.
예루살렘을 두고도 맹세하지 마라. 예루살렘은 위대한 왕의 성이다.
네 머리를 두고도 맹세하지 마라.
너희는 머리카락 하나도 희게 하거나, 검게 할 수 없다.
너희는 '예' 하고 '아니오'라고만 말해라.
그 이상의 말은 악한 생각에서 나오는 것이다.

거짓
위선
기만
교만
불의
허세
죄악
속임수

※그 이상의 말 : 거짓 맹세.

보복에 대하여 누가 6:29, 30

38 '너희는 '눈에는 눈, 이에는 이'라는 말을 들었을 것이다.
내가 너희에게 말한다. 악한 자와 맞서지 마라. 누가
오른빰을 때리거든 다른 빰도 대줘라.'

양말도 줄까요?
필요 없어.
팬티는요?

※맞서지 마라 : 대항을 하지 말라는 것이 아니라 똑같은 방법으로 복수하지 말라는 것이다.

39 '누가 너를 고소해서 네 속옷을 가지려고 하거든 겉옷까지 내줘라. 누가
네게 억지로 오 리를 가자고 하거든 십 리를 같이 가줘라. 네게 구하는
사람에게 주고, 네게 빌리려는 사람을 피하지 마라.'

어디까지 가요? 짜장면이나 한 그릇 할까요?
아, 좀! 저리 가!

※겉옷 : 이불 대용으로 사용하기도 해서 속옷보다 중요하게 생각했다.

tip 눈에는 눈, 이에는 이 Link 출애굽기 21:24

이 내용은 재판관이 범죄를 대할 때 공정하게 판결을 해야 한다는 뜻으로 한 말씀이다. 그런데 당시 유대인들은 이 율법을 개인적인 복수를 정당화하는 데 이용했다. 이에 예수님은 범죄를 저지른 자에게 그에 합당한 죗값을 치르게 하고 정의를 실현하는 것뿐만 아니라 악한 행동을 한 사람에게 오히려 선행으로 대하는 것이 하나님의 뜻이라는 것을 말씀하신다.

원수를 사랑하라 누가6:27,32

43 '너희가 '네 이웃을 사랑하고 원수를 미워하라'는 말을 들었을 것이다. 너희는
원수를 사랑하고, 너희를 핍박하는 자들을 위해 기도하라. 그러면 너희가 하늘에
계신 아버지의 아들이 될 것이다.'
죽기 싫으면 다 내놔!
우린 인정사정 없는 악당이다!
어서 와.
강도 짓 하느라 배고프지?

하나님께서는 악한 자나 선한 자나
똑같이 햇빛을 비추시고, 의인이나
죄인이나 똑같이 비를 내려주신다.
너희를 사랑하는 사람만 사랑하면
무슨 상을 받을 수 있겠느냐?
세리도 그 정도는 하지 않느냐?
너희가 형제에게만 인사한다면
남들보다 나을 게 뭐가 있느냐?
이방인도 그만큼은 하지 않느냐?
엄마는 네가 강도 짓 하는 거 아시나?
우리 엄마는 예루살렘에서 좋은 데 취직한 줄 아시죠.
이거 맛있네요.

tip 네 이웃을 사랑하고 원수를 미워하라 Link 레위기 19:18

성경의 어디에도 '원수를 미워하라'는 말씀은 없다. 그런데도 예수님이 이 말씀을 하신 이유는 당시 유대인들이 악한 사람을 하나님의 원수로 규정하고 미워하는 것을 당연시했기 때문이다. 이에 예수님은 뒤따른 말씀을 통해 '이웃을 사랑하라'는 것은 원수까지 사랑하는 것이며 그것이 진정한 하나님의 뜻이라고 말씀하신다.

tip 너희도 완전해라 (율법의 목적)

이것이 결론이다. 철저하게 완벽해져야 한다는 것이 아니라 하나님의 완전하심을 닮아가라는 것이다. 율법에 기록된 문자적인 순종을 넘어 그 안에 담긴 하나님의 참뜻을 바라보고 하나님이 원하시는 삶을 살아갈 수 있도록 해야 한다는 의미이다. 그것이 하늘나라에 들어갈 수 있는 '의'이다.

48
그러므로 하늘에 계신
아버지가 완전하신 것처럼
너희도 완전해라!
예루살렘

※세리(Tax Collector) : 세금을 징수하는 관리. 그들은 로마의 권력에 빌붙어 유대인들을 지나치게 착취했기 때문에 대표적인 악인(죄인)으로 취급받았다.

6장 산상 설교 2 : 구제에 대하여

1 '너희는 남에게 보여주려고 의로운 일을 하지 않도록 조심하라. 그렇지 않으면, 하늘에 계신 아버지께 상을 받지 못할 것이다. 자선을
베풀 때, 위선자들처럼 사람들의 칭찬을 받으려고 회당과 거리에서 나팔을 불지 마라. 그들은 이미 상을 다 받았다.'
불우이웃돕기 1억 기부, 올해의 영웅

※나팔을 불지 마라 : 당시엔 누가 얼마나 자선기금을 냈는지 공공연하게 발표하고 사람들 앞에서 높이 세웠다.
※상 : 하나님이 주시는 상과 반대되는 것으로 사람들의 칭찬을 말한다.

3 '너는 자선을 베풀 때 오른손이 하는 일을 왼손이 모르게 숨겨라.
그러면, 은밀한 일을 보시는 네 아버지께서 네게 갚으실 것이다.'

이것 봐. 누가
이걸 놓고 갔어!

기도에 대하여 누가11:2

5 '기도할 때 위선자처럼 떠들지 마라. 그들은 회당과 큰길 모퉁이에 서서 다들
볼 수 있게 기도하기를 좋아한다. 그들은 이미 상을 다 받았다.'

@#$%$#%#3@#$%!!
아따,
목청 좋다.
온 동네가
다 듣겠네.

※위선자 : 예수님은 주로 바리새인들에게 이 칭호를 사용하셨다.

6 기도할 때 골방에서 문을 닫고 보이지 않는
네 아버지께 기도하라. 그러면 은밀한 일을 보시는
네 아버지께서 너에게 갚으실 것이다.
기도할 때 이방인들처럼 빈말을 되풀이하지 마라.
그들은 말을 많이 해야 들어주실 거라 생각한다.
그러니 그들을 본받지 마라.
하나님 아버지께서는 너희가 구하기 전에
너희에게 필요한 것이 무엇인지 알고 계신다.

※빈말 : 잘 알지도 못하는 말을 주문처럼 반복하는 기도 행위.

9 '그러므로 너희는 이렇게 기도해라.'

하늘에 계신 우리 아버지,
그 이름을 거룩하게 하시며,
주의 나라가 오게 하시며,
그 뜻이 하늘에서와 같이
땅에서도 이루어지게 하소서.
오늘 우리에게 필요한 양식을 주시고,
우리가 우리에게 죄 지은 자를
용서해준 것 같이 우리의 죄를
용서하여 주시고,
우리를 시험에 들지 않게 하시고
악에서 구해 주소서.
나라와 권세와 영광이 아버지께
영원히 있사옵니다. 아멘.

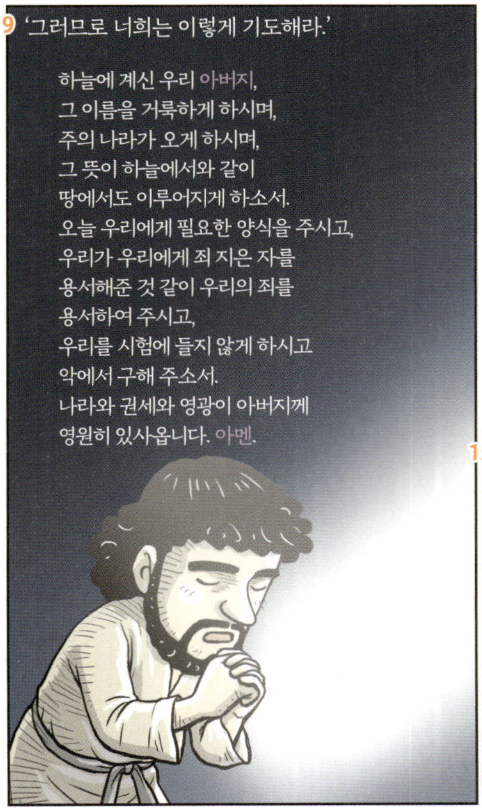

tip 주기도문

예수님은 기도할 때의 자세, 마음, 순서에 대한 가장 모범적인 표준을 말씀하신다. 이것을 주님이 가르쳐주신 기도라는 뜻으로 '주기도문'이라 한다. 예수님의 핵심적인 메시지를 요약하고 있으며, 초기 그리스도인들도 공통적으로 사용해 온 만큼 그 가치가 매우 높다.

14 '너희가 남의 죄를 용서하면 하늘의 아버지
께서도 너희를 용서해 주실 것이다.'

1688-0000
제목: [하나님의 용서 쿠폰 발급 안내]
[Web 발신]
- 내용 : 하나님으로부터 '용서 쿠폰'이 발급되었습니다.
- 수신거부: 080-870-0000
답장 삭제
띵동

15 '그러나 너희가 남의 죄를 용서하지 않으면 너희 아버지께서도 너희의 죄를
용서하지 않으실 것이다.'

여긴
지옥이야.
네 죄는
38가지나 되는구나.
용서 쿠폰 있지?
아… 저…
그게….

※아버지 : 예수님처럼 하나님을 아버지로 부를 수 있는 특권이자 제자들이 한 가족이라는 뜻.
※아멘(Amen) : '정말 그렇게 되길 믿는다.'라는 뜻.

금식에 대하여

16 금식할 때 위선자들처럼 침울한 표정을 하지 마라.
그들은 금식하는 것을 남에게 보이려고 얼굴을 흉하게 한다.
내가 진실로 너희에게 말한다.
그들은 이미 상을 다 받았다.

오, 금식 2주 차래.
정말 대단한걸.
금식 2주 차
신앙심이 엄청나네.

※흉하게 : 머리를 헝클어뜨리고 얼굴에 재를 뿌려 보기 언짢게 만든 것.

17 금식할 때 머리에 기름을 바르고 얼굴을 씻어라.
그래서 금식하는 것을 사람들에게 드러내지 말고,
보이지 않는 네 아버지께서 보시게 해라.
그러면 은밀한 일을 보시는 네 아버지께서
너희에게 갚아주실 것이다.

당신은 왜 금식을 하지 않는 거요? 믿음이 있기는 한 거요?
그러게. 난 이자가 금식하는 걸 못 봤어.
금식 2시간째
금식 3일째

tip 의로운 일

유대인들에게 자선, 기도, 금식은 반드시 실천해야 하는 의무였다. 예수님은 바리새인들이 자신들의 의로움을 증명하려고 내세웠던 이 3가지 의무를 언급하시면서, 그들의 위선적인 행동을 나무라신다. 바리새인들의 행위는 순수한 동기가 아니라 사람들을 의식하고, 자신을 과시하고, 스스로를 높이려는 목적이었다. 이에 예수님은 겉으로 보이는 형식적인 행위가 아닌 내면의 의로움이 더 중요하다고 말씀하신다.

19 '너희를 위하여 땅에 보물을 쌓아두지 마라. 거기는 좀먹고 녹슬며 도둑이 들어와 훔쳐
간다. 그러니 너희를 위한 보물을 하늘에 쌓아 두어라. 그곳은 좀먹고 녹스는 일도 없고,
도둑이 들어와 훔쳐 가지도 못한다.'

이 많은 재물을 모았는데 이제 어쩌지?

※하늘에 쌓아 : 하나님이 기뻐하시는 곳에 재물을 사용하라는 말씀.

21 '너희 보물이 있는 곳에 너희 마음도 있다. 눈은 몸의 등불이다.
눈이 성하면 온몸이 밝고, 눈이 성하지 못하면 온몸이 어둡다. 네
안의 빛이 사라지면 어둠이 얼마나 심하겠느냐?'

하늘에 쌓자. 내 마음은 하늘에 있다.

24 '한 사람이 두 주인을 섬길 수 없다. 한 쪽을 미워하고 다른 쪽을
사랑하거나, 한 쪽을 귀하게 여기고 다른 쪽을 무시해야 한다.
너희는 하나님과 재물을 함께 섬길 수 없다.'

띵동
1688-0000
제목: [하늘나라 KoH은행 입고 안내]
[Web 발신]
- 내용 : 하늘나라에 귀하의 보물이 입고되었습니다.
- 수신거부: ☞ 080-870-0000

※눈이 성하면 : 하나님을 바라본다는 뜻.
※눈이 성하지 못하면 : 세상의 욕심을 바라보고 탐낸다는 뜻.

하나님의 의를 구하라 누가12:22

25
그럼 뭘 먹고, 뭘 입고 살아야 합니까?
살기 위해서 무엇을 먹고, 마실까. 몸을 감싸려고 무엇을 입을까 걱정하지 마라.
생명이 음식보다 소중하고, 몸이 옷보다 소중하지 않느냐?
26 '공중의 새를 보라. 씨를 뿌리지도 않고, 거두지도 않고, 곳간에 모으지도 않지만 하늘의 아버지께서 먹이신다. 너희는 새보다 귀하지 않더냐?'
27 '너희 중에 누가 걱정한다고 해서 자기 키를 조금이라도 늘릴 수 있느냐?'
닥치는 대로 먹다 보면 크지 않을까?
SG쿠키
28 '어째서 너희는 옷 걱정을 하느냐? 들판의 백합이 어떻게 자라는지 보라. 수고도 하지 않고, 옷감도 짜지 않는다.'
29 '온갖 영광으로 차려입었던 솔로몬도 이 꽃 하나만큼 잘 입지 못했다.'
솔로몬 의문의 1패
털썩

※솔로몬(Solomon) : 다윗의 아들이자 이스라엘 3대 왕으로 최고의 부귀영화를 누렸다.

30 '믿음이 적은 자들아! 오늘이 지나면 내일 아궁이에 들어갈 들풀도 하나님께서 그렇게 입히시는데 하물며 너희를 입히지 않으시겠느냐?'
31 '그러니 무엇을 먹을까, 무엇을 마실까, 무엇을 입을까 걱정하지 마라. 그 모든 것은 이방인들이나 구하는 것이다.'
??
이방인
32 하늘의 아버지께서는 그 모든 것이 너희에게 필요하다는 것을 아신다. 그러니 너희는 먼저 하나님의 나라와 그분의 의를 구하라. 그러면 그 모든 것을 더해 주실 것이다. 내일을 걱정하지 마라. 내일은 내일 걱정할 것이고, 오늘 문제는 오늘로 충분하다.
하나님의 의
모든 건 하나님께 맡기고 여기로 가자.
7장 산상 설교 3 : 심판하지 마라 누가6:37,41
1 심판을 받지 않으려면 남을 심판하지 마라. 남을 심판한 것과 같은 방법으로 하나님께서 너를 심판하실 것이요, 남을 판단한 그대로 하나님께서 너를 판단하실 것이다.
네가 이런 걸로 다른 사람을 심판했으니 넌 어떤 걸로 맞을래? 하나만 골라.
아이고!

3 어째서 너는 남의 눈 속에 있는 티끌은 보면서,
네 눈 속에 있는 대들보는 보지 못하느냐?
네 눈 속에는 대들보가 있는데,
어떻게 남에게 눈 속의 티끌을 빼준다고 할 수 있느냐?
위선자야, 먼저 네 눈에서 대들보를 빼내라.
그래야 네 눈이 잘 보여서 남의 눈 속에 있는
티끌을 빼줄 수 있을 것이다.
위험하게 권총은 왜 가지고 다녀?

※빼줄 수 : 남의 잘못을 심판하는 것이 아니라 위하는 마음으로 도움을 줄 수 있다는 뜻.

6 '거룩한 것을 개에게 주지 말고, 진주를 돼지에게 던지지 마라. 그것들이 발로 짓밟고 돌아서서 너희를 물어뜯을 것이다.'
복음

※거룩한 것, 진주 : 하늘나라의 복음.
※개, 돼지 : 부정한 짐승들, 복음에 적대적인 사람들을 가리킨다.

구하라, 찾아라, 두드려라 누가11:9

7 '구하라, 그러면 너희에게 주실 것이다. 찾아라, 그러면 너희가 찾을 것이다. 문을 두드려라, 그러면 너희에게 열릴 것이다.'
열어줄 때까지 두드려야 해!!
쾅쾅쾅쾅쾅!
포기하면 안 돼!!

8 '구하는 자마다 얻을 것이요,'
집요함의 극치를 보여 주자!!
쾅쾅쾅쾅쾅!
'찾는 자는 찾을 것이요,'
여기서 죽자!
쾅쾅쾅쾅쾅!
두드려라!
'두드리는 자에게는 열릴 것이다.'
뭐 이런 것들이?!
여… 열렸다.
부서졌나?

9 '너희 중에 자녀가 빵을 달라는데 돌을 줄 사람이 어디 있으며, 생선을 달라고 하는데 뱀을 줄 사람이 어디 있겠느냐?'
원하는 게 뭐냐?
일단 물 좀 주시고.
전 아이스커피.
11 '악한 너희도 자녀에게 좋은 것을 줄 줄 아는데, 하물며 하늘에 계신 아버지께서 구하는 자에게 좋은 것을 주시지 않겠느냐?'
기다려. 곱빼기로 줄게.
빨리 줘서 쫓아버려야지.
헤….

tip 구하라, 찾아라, 두드려라

이 말씀은 기도에 대한 중요성과 늘 하나님께 기도하는 것이 필요하다고 강조하는 것이다. 이는 지금까지 말씀하신, 바리새인보다 더 나은 '하늘나라의 의'는 인간의 능력으로 이루어지는 것이 아니라 모든 것을 베풀어주시는 하나님을 통해서만 가능하다는 의미다.

12 그러니 모든 일에서
'너희가 남에게 대접받고 싶으면
너희도 남을 대접하라.'
이것이 율법과 예언서의
핵심적인 가르침이다.

The Bible
빨간 줄
긋고.

tip 황금률

마태복음 [7 : 12]을 '황금률'이라 부른다. 왜냐하면 구약의 율법서와 예언서의 모든 내용을 요약하여, 하나님의 뜻을 가장 정확하게 보여주는 것이기 때문이다. 또한 예수님의 산상 설교의 핵심이기도 하다. 즉 내가 하나님과 남들에게 대접받고자 하는 그대로 남들을 대하라는 것이다. 그것이 하나님을 사랑하고 이웃을 사랑하는 것이며, 하늘나라를 바라보는 제자들이 적극적으로 실천해야 하는 '더 나은 의'이다.

자, 이제 예수께서
산상 설교를 마무리하시고 몇 가지
경고와 당부를 하시지.

산상 설교의 결론 누가6 : 43, 13 : 24

13 좁은 문으로 들어가라.
멸망으로 이끄는 문은 크고, 그 길이
넓어 그곳으로 들어가는 사람이 많다.
생명으로 이끄는 문은 작고, 그 길이
험해서 그곳을 찾는 사람이 적다.

헉헉!
힘들어도
포기해선
안 돼.
생명의 문

※좁은 문 : 예수 그리스도.
※험해서 : 예수님의 말씀에 순종하는 삶은 고난과 어려움이 따른다는 말이다.

15 '거짓 예언자를 조심해라. 그들은 양의
탈을 쓰고 오지만 속은 사나운 늑대다.'

흐흐, 가면을
쓰면 내 정체를
모르겠지?

16 '너희는 그들의 열매를 보고 알 수 있을 것이다. 가시나무에 어떻게 포도가 열리며,
엉겅퀴에 어떻게 무화과가 열리겠느냐? 좋은 나무는 좋은 열매를 맺고, 나쁜 나무는
나쁜 열매를 맺는다. 좋은 나무가 나쁜 열매를 맺을 수 없고, 나쁜 나무가 좋은 열매를
맺을 수 없다.'

저자는 말은
그럴싸하지만 행동은
하나님 말씀과 달라.
저런 사람이
나쁜 나무네요.

※열매를 보고 : 예수님이 말씀하신 '하늘나라의 의'와 말과 행동이 일치하는지 보고 거짓 예언자를 분별한다는 뜻.

19 '좋은 열매를 맺지 않는 나무는 찍어서 불 속에
던져야 한다. 그러니 너희는 그 열매를 보고 알 수
있을 것이다.'

저자에게
이 도끼를
선물로 줘.
??

21 '나에게 '주님, 주님' 하는 사람이 모두 하늘나라에 들어가는 것은 아니다. 하늘에
계신 내 아버지의 뜻대로 사는 사람이라야 들어갈 것이다.'

주님,
주님.
주님,
사랑합니다.
우리 주님은
메시아.
누구셔?

22 '그날에 많은 사람이 내게 이렇게 말할 것이다.'

주님, 우리가
주님의 이름으로
예언하고,
주님의 이름으로
귀신을 쫓아내고,
주님의
이름으로
많은 기적을
일으켰지요.

※그날 : 하나님의 마지막 심판의 때.
※많은 사람 : 불신자가 아니라 거짓 제자들.

23 '그때 나는 분명히 말할 것이다.'

나는 너희를 결코 알지 못한다!
악한 짓을 하는 자들아!
내게서 물러가라!

※그때 : 심판의 날.

24 '내 말을 듣고 따르는 사람은 바위 위에 집을 지은 지혜로운 사람과 같다. 비가 내리고,
홍수가 나고, 바람이 몰아쳐도 그 집은 무너지지 않을 것이다. 그 집은 바위 위에
세워졌기 때문이다.'

힘들게 왜
이런 단단한 곳에
집을 지어?
예수님이
이곳에 지으라고
하셨으니까.

26 '그러나 내 말을 듣고도 따르지 않는 사람은 모래 위에 집을 지은 어리석은 사람과
갈다. 비가 내리고, 홍수가 나고, 바람이 몰아치면 그 집은 크게 무너질 것이다.'

콰 콰 콰 콰
거봐. 내가
뭐랬어.
끌끌, 말
안 듣더니.
꺄오오오

tip 산상 설교의 결론

①고난과 어려움이 있더라도 좁은 문으로 들어가라. : 영원한 생명을 얻을 것이다.
②'하늘나라의 의'가 아닌 거짓 예언자들을 조심하라. : 그들은 심판을 받게 될 것이다.
③거짓 믿음을 가진 악한 제자들을 경계하라. : 그들도 심판을 받게 될 것이다.
④말씀대로 따르는 제자는 결코 무너지지 않는다. : 말씀을 따르지 않는 사람들은 크게 무너질 것이다.

28 예수께서 이 말씀을 마치시자 사람들이 그의 가르침에 놀랐어. 예수
께서는 율법교사들과는 달리 권위 있게 가르쳤기 때문이야.

율법만 강조하던
것들이랑 달라.
속이
후련해.
뻥 뚫렸어.

※율법교사(Rabbi) : 율법을 해석하고 가르치는 유대 지도자를 부르는 존칭.

8장 10가지 기적 : ①나병환자 치유 마가1:40, 누가5:12

1 예수께서 산에서 내려오시자 많은 사람이 뒤따랐어. 그때 한
나병환자가 나왔지.

주님께서 원하시면
저를 깨끗하게
하실 수 있습니다!
!!
나병환자가?
재수 없게.

3 예수께서 그에게 손을 대시자
내가 원한다. 깨끗해져라.
어? 부정한 자를 만지시다니.
즉시 그의 나병이 나았어.
아자, 주님 만세!
헉!
어떻게?!
4 아무에게 말하지 말고, 제사장에게 몸을 보이고 모세가 명령한 예물을 드려 네가 깨끗해진 것을 증명해라.
넵. 제 별명이 종로 자물통 입니다요.

※제사장 : 율법에 따라 나병환자는 제사장이 살펴보고 병을 판정했다. Link 레위기 13:17
※예물 : Link 레위기 14장

tip 나병환자를 만지시다

유대인들은 나병환자를 단순한 환자가 아니라 부정한 죄인으로 여겨 공동체에서 격리하고 경멸하며 최악의 재앙으로 생각했다. 그래서 예수께서는 그를 고치면서 '나아라'가 아니라 '깨끗해져라'라고 하셨다. 또한 율법에는 부정한 것과 접촉한 사람도 부정해진다고 했지만 예수님은 그를 만져서 깨끗하게 하셨다. 나병환자를 만져서 예수님이 부정해진 것이 아니라 오히려 나병환자가 거룩해졌다. 이것은 예수님이 율법을 뛰어넘는 분이며, 공동체에서 격리되어 하나님과 단절된 죄인인 나병환자와 같은 백성들을 구원하러 오신 메시아라는 것을 보여준다.

※부정한 죄인 : Link 레위기 13:46 ※율법에는 : Link 레위기 5:3

②백부장의 종 치유 누가7:1, 요한4:43

5 예수께서 가버나움에 가셨을 때 한 백부장이 도움을 청했어.
주여, 제 종이 중풍에 걸려 몹시 고통받고 있습니다.
내가 가서 고쳐주겠다.
저자는 이방인 장교잖아.
그런 자가 주님이라 부르다니?

※가버나움(Capernaum) : 갈릴리 바다 북쪽에 위치한 해안 성읍. 국경 지역으로 세관이 있고, 군대가 주둔한 도시. 예수님의 두 번째 고향이며 갈릴리 사역의 중심지.

8 주께서 제 집에 오시는 것을 제가 감당할 수 없습니다. 그저 나으라는 말씀만 해주시면 제 종이 나을 것입니다.
저자가 하나님이야? 말씀만으로 되게?
!!
9 저도 윗사람을 모시고 아래 부하들도 있습니다. 제가 부하에게 '가라' 하면 가고, '오라' 하면 오고, 제 종에게 '이 일을 하라' 하면 합니다.
이방인에게 이만한 믿음이 있다니 정말 놀랍구나.

10 예수께서 놀라시며 따라오던 사람들에게 말씀하셨지.
내가 진실로 너희에게 말한다. 이스라엘 사람 중에서도 이만한 믿음을 가진 사람을 만나보지 못했다.

11 '동서 사방에서 온 많은 이방인들이 아브라함과 이삭과 야곱과 함께 하늘나라의 잔치 자리를 차지할 것이다. 그러나 유대인들은 쫓겨나 바깥 어둠 속에서 통곡하며 고통스러워할 것이다.'
흑, 우린 선택받았다고 생각했는데.
우리가 교만했어.
13
가라. 네가 믿는 대로 될 것이다.
주님. 감사합니다.

그러자 바로 그 시각에 그의 종이 나았어.
음, 그래? 벌써 다 나았다고?
헉, 진짜?!
직접 내 눈으로 확인해야겠어.
말도 안 돼!

tip 백부장의 믿음

갈릴리 지방의 가버나움은 헤롯 대왕의 아들 안티파스(B.C.4~39년)가 다스리던 곳이다. 안티파스는 국경 지역인 가버나움에 이방인들로 구성된 수비대를 주둔시켰는데 그 부대에서 100명의 부하를 거느린 장교가 백부장이다. 그들은 안티파스에게 충성했고 유대인들과는 사이가 좋지 않았기 때문에 그가 예수님께 나오고, 믿음이 깊은 것은 놀라운 일이었다. 이에 예수께서는 이방인들이 믿음으로 하늘나라의 잔치에 참여할 것이라고, 선택된 민족이라는 교만함에 빠져있던 유대인들에게 경고하신다.

③베드로의 장모와 ④사람들 치유 마가1:29, 누가4:38

14 예수께서 베드로의 집에서 그의 장모가 열병으로 누워있는 것을 보셨어.
열병은 하나님의 형벌인데.

15 예수께서 그녀의 손을 만지시자 열병이 떠나고
오오!
그녀는 일어나 시중을 들었지.
이제부터 제가 보디가드를 맡겠습니다.
됐거든.

※베드로(Peter) : 예수님의 12제자 중 1인, 벳새다 출신의 어부로 가버나움에서 살았다. 시몬(Simon), 게바(Cephas)라고도 불렸다.
※하나님의 형벌 : Link 레위기 26:16

16 저녁 무렵, 사람들이 귀신 들린 많은 사람을 데려왔어.
멍멍!
크르르…
주님아, 덤벼!
어디서 이렇게 많은…?
예수께서는 말씀으로 귀신들을 내쫓고 병자들을 고쳐주셨지.
어? 내가 왜 여기에?
주님, 감사합니다.
단지 말씀 만으로?
이분이 하나님이야?

※저녁 무렵 : Link 마가복음 1:21 의 안식일이 끝나자 사람들이 몰려온 것이다. 유대인들의 하루는 저녁부터 시작된다.

17 그것은 예언자 이사야를 통해 하신 말씀을 이루려는 것이었어.
그는 우리의 연약함을 맡으시고, 우리의 질병을 짊어지셨다!

※말씀 : Link 이사야 53:4
※인간의 육체적인 연약함과 질병은 아담과 하와가 죄를 지으면서부터 세상에 들어왔다.

tip 구약성취6 인간의 죄를 대신 짊어질 메시아

마태는 예수님의 치유 사역을 구약의 성취로 말하고 있다. [이사야 53장]은 죄를 지은 인간의 연약함과 아픔을 메시아가 대신 짊어진다는 내용이다. 마태는 인간의 연약함과 아픔이 질병 때문이며, 질병은 인간의 죄에서 비롯된다는 유대인의 생각을 반영한다. 예수님이 인간의 질병을 치유하는 것은 곧 인간의 죄를 해결하는 것이며, 이는 예수님이 인간의 죄를 대신 짊어지는 고난을 받으시고 인간의 근본적인 문제(죄)를 해결해서 구원할 메시아라는 것이다.

18 예수께서는 사람들이 모여드는 것을 보시고,
바다 저편으로 건너가자.

※저편 : 갈릴리 바다 남동쪽 거라사(Gerasa), 게르게사(Gerasenes)를 가리킨다.

19 그때 한 율법교사가 말했지.
저는 선생님이 어디로 가시든 따라가겠습니다.
여우도 굴이 있고, 하늘의 새도 보금자리가 있지만 인자는 머리 둘 곳도 없다.

※인자(The Son of Man) : 다니엘이 사람으로 오실 메시아를 가리켜 사용한 말. Link 다니엘 7:13 이다. 예수님이 자신을 칭할 때 자주 사용하셨다.

tip 주님과 선생님

앞서 나병환자와 백부장은 '주님'이라고 했는데, 율법교사는 '선생님'이라 부른다. 그는 단지 예수님의 기적을 보고 호기심으로 따르는 사람이다. 이에 예수께서는 '머리 둘 곳조차도 없는 어려움을 각오하고 따를 수 있겠는가?'라는 질문으로 답하신다. 예수님은 그와 같은 사람이 아닌 '제자'가 필요하셨다.

21 또 제자 중에 한 사람이 말했어.
주여, 먼저 제 아버지의 장례를 치르게 해주십시오
죽은 사람은 죽은 사람들이 묻게 놔두고 너는 나를 따르라.

tip 죽은 사람은 죽은 사람들이

유대인들에게 장례는 엄격한 율법의 의무까지 면제될 만큼 중요한 일이었다. 그들은 시신을 동굴 무덤에 넣고 7일의 애도 기간, 30일의 추도 기간을 지내고 1년 후 시신의 뼈를 모아 2차 장례를 치렀다. 예수님은 죽은 자를 위해 1년이나 이어지는 그들의 풍습을 비판하신 것이다. 여기서 '죽은 사람'은 실제로 죽은 사람을, '죽은 사람들'은 하나님을 떠나 영적으로 죽은 사람이다. 예수님은 죽은 사람을 위하기 보다 영적으로 죽어있는 사람을 구원할 길을 따르라는 것이다.

⑤폭풍을 다스리시다 마가4:35, 누가8:22

23 그런 후, 예수께서 배에 오르자 제자들도 뒤따랐어.
뱃놀이해요?
와, 신난다!
모두 집으로 가세요!
우린 뱃놀이 가요!

※제자들 : 예수님의 가르침을 배우고 따르는 모든 사람들.

24 그런데 갑자기 큰 폭풍이 휘몰아쳐 파도가 배를 덮쳤지.
꺄아악, 무슨 뱃놀이가?!
콰아아아아아
엄청난 폭풍이야!

25
주님, 살려 주십시오! 우리가 죽겠습니다!
아이고, 이런 데서 잠이 오십니까?
예수께서 일어나 바람과 바다를 꾸짖으시자
쿠르르르릉
고요하고, 잠잠하라!
26
믿음이 적은 자들아. 왜 무서워하느냐?!
콰아아아아
그럼 저게 귀여워요?!
바다가 아주 잔잔해졌어.
휘이이이
바… 바람이…?
27 제자들은 놀라서 말했지.
근데 이분이 누구시기에 바람과 바다도 복종하는가?
아, 살 떨려, 사람은 할 수 없는 일인데?

tip 믿음이 적은 자들아

예수님의 제자들은 갈릴리 바다의 어부 출신이 많았다. 그럼에도 그들이 두려움을 느낄 정도의 큰 폭풍우가 몰아친 것이다. 그들은 예수님에 대한 믿음이 불완전했으며 결정적인 순간에 그 믿음이 깨어지고 말았다. 한편, 바다는 유대인에게 두려움, 공포, 혼돈을 상징한다. 다니엘은 바다에서 악을 상징하는 4마리의 짐승이 올라오지만 메시아가 이를 물리치고 영원한 하나님의 나라를 이룬다고 예언했다. Link 다니엘 7장 마태는 이 사건을 통해 바다(악의 세력)를 제압하시고 백성들을 구원하시는 하나님의 아들이시며, 다니엘이 예언한 메시아가 곧 예수님이라고 말하고 있다.

⑥군대 귀신 마가5:1, 누가8:26

28 예수께서 바다 건너편 가다라 지방에 도착했을 때,

※가다라(Gadarenes) 지방 : 갈릴리 바다 남동쪽 이방 지역. 실제 도착한 곳은 거라사(Gerasa), 게르게사(Gerasenes)라고 불리는 곳이다.

무덤 사이에서 나온 귀신 들린 두 사람과 마주쳤어.
크르르르
헉, 저게 뭐야?!
그들이 너무 사나워 아무도 지나갈 수 없었지.
헉, 살벌하네!
크아아아!
배고파서 저러나?
29 그런데 귀신 들린 사람들이 갑자기 외쳤어.
하나님의 아들, 예수여, 우리와 무슨 상관입니까?!
때가 되기도 전에 우리를 괴롭히려고 오셨습니까?!
30 마침 멀리서 많은 돼지가 먹고 있었지.
우리를 내쫓으려면 저 돼지 떼 속에라도 넣어주십시오!
좋다. 가라.
그러자 귀신들이 나와서 돼지 떼 속으로 들어갔어.
크아아아아
엄마야!
귀신이 얼마나 많기에 저 많은 돼지에게?!
스스스스
크르르르
그리고 갑자기 모든 돼지가 가파른 비탈을 내달려 바다에 빠져 죽었지.
으아아, 귀염둥이들아 돌아와!
안 돼!
쿠애애액
두두두두
맙소사!
헉!!

※때 : 악의 세력이 심판받는 마지막 날.

2000마리나
되는 돼지들이
몽땅…?
엄청난 귀신들을
주님 혼자서….

33 돼지를 치던 자들이 마을에 가서 이 모든 일을 말하자

으아아, 돼지가
다 죽으면 우린
어떻게 하라고?!
다 일러줄
거야!

34 온 마을 사람들이 뛰어나와 예수께 그곳을 떠나달라고 간청했어.

당신은
우리에게
재앙을
가져왔소!
주님께선 율법에서
금지한 돼지 사육을
없애려고 오신 건가?
귀신들이 주님의
일을 방해하려고
돼지들을 죽였나?
저들이 주님을
미워하도록?
수군
수군

tip 예수님의 10가지 기적

마태복음 [8~9장]은 예수님의 대표적인 기적 10가지를 소개하고 있다. 마태는 모세가 이스라엘 백성을 이집트에서 데리고 나오기 전에 10가지 재앙을 일으킨 것이 연상될 수 있도록 예수님의 기적 10가지를 이어서 보여준다. 이것은 유대인들에게 하나님이 모세를 통해서 이스라엘 백성을 구원하신 것처럼 이번엔 메시아인 예수님을 통해서 구원이 이루어질 것을 강조한다. 한편 마태는 10가지의 기적을 시간 순서가 아니라 주제별로 나눠 소개하고 있다.

9장 ⑦죄를 용서하는 권세 마가2:1, 누가5:17

1 예수께서 배에 오르셔서 바다를 건너 마을
에 돌아오시자,

※마을 : 예수님의 갈릴리 사역 중심지인 가버나움.

2 사람들이 중풍병자 한 명을 예수께로 날라
왔지.
뭐야?
남의 집을
다 부수네.

예수께서 그들의 믿음을 보시고 말씀하셨어.
아들아, 용기를 내라.
네 죄가 용서받았다.

※유대인들은 '병'이란 죄를 지었기 때문에 생기는 것으로, 병이 낫기 위해선 죄가 없어져야 한다고 생각했다.

3 그런데 몇몇 율법교사가 생각했지.
저자가 하나님을 모독하는구나.
4 예수께서 그들의 생각을 아셨어.
왜 너희가 악한 생각을 품고 있느냐?
이자가 속마음을 어찌 알고?
헉!
내가 누군지도 모르면서?
5 '네 죄가 용서받았다'와 '일어나서 걸어라'라는 것 중에 어느 쪽이 말하기 쉽겠느냐?
그야 '죄가 용서받았다'가 쉽죠.
죄를 용서받았는지는 알 수 없으니까.

※하나님을 모독 : 유대인들은 하나님만이 사람의 죄를 용서하실 수 있다고 생각했다.

6 인자가 이 세상에서 죄를 용서하는 권세가 있다는 것을 너희가 알게 하겠다.

tip 죄를 용서하는 권세

'죄가 용서받았다'는 그 결과를 증명할 방법이 없다. 하지만 '일어나서 걸어라'는 바로 결과를 보여줘야 한다. 그래서 결과를 증명할 필요가 없는 것이 말하기 쉬워 보인다. 하지만 이것은 하나님만이 하실 수 있는 일이다. 이에 예수님은 하나님만이 가진 '죄를 용서하는 권세'가 자신에게도 있다는 것과 예수님이 자기 백성을 죄로부터 구원하기 위해 오신 메시아라는 것을 나타내신다.

일어나 네 침상을 들고 집으로 가라.
감히 하나님만 할 수 있는 일을?
아, 웃겨.
ㅋㅋㅋ

※유대인들은 모든 질병의 원인이 죄에서 비롯되었다고 보기 때문에, 질병이 나은 것은 곧 죄를 용서받았음을 뜻한다.

7 그러자 그가 일어나 자기 집으로 돌아갔어.
헉!
이런 일은 난생처음이다!
할렐루야! 하나님 만세!
8 사람들은 이 일을 보고 두려워하며 이런 권세를 사람에게 주신 하나님을 찬양했지.
오, 주여!
메시아께서 오셨다!
할렐루야!

※사람 : 예수님을 가리킨다. 마태는 '사람들'이라고 기록했는데 다양한 해석이 있기 때문에 여기서는 '사람'이라고 표기했다.

마태를 부르시다 마가2:13, 누가5:27

9 예수께서 그곳을 떠나 길을 가시다가 마태라는 사람이 세관에 앉아있는 것을 보셨어.
나를 따라 오너라.
네?
제가 기념으로 한턱낼게요.
뭐야? 세리잖아.
세리 따위를 왜?

tip 세리 Tax Collector

로마는 거대한 제국의 모든 식민지에 감찰관을 파견해서 세금을 걷었다. 감찰관은 유대 고위층에게 돈을 받고 세금 징수의 권리를 위탁했는데 유대 고위층은 감찰관에게 바친 돈보다 더 많은 돈을 걷기 위해 '세리'라고 불리는 조세 징수원을 고용했다. 유대인들에게 세리는 로마의 권력을 이용해서 동족의 고혈을 빠는 매국노라 여겨졌고 창기, 죄인과 함께 대표적인 악인이자 경멸의 대상이었다.

※그곳 : 예수님의 갈릴리 사역의 중심지인 가버나움.
※마태(Matthew) : 12제자 중에 한 명이며 마태복음의 저자, 본명은 '레위'.

10 예수와 그 제자들이 마태의 집에서 저녁 식사를 할 때 많은 세리와 죄인이 함께 했지.
여긴 세리2.
세리3.
세리1은 너냐?
전 죄인1
전 죄인2

11 바리새인들이 예수의 제자들에게 말했어.
어째서 당신들 선생은 세리, 죄인들과 함께 먹는 것이오?
트집을 잡자.
부정한 죄인과 함께 있으면 그도 부정해지는 법이오.

※선생 : 랍비(Rabbi), 유대인들에게 최고의 존경을 받는 명예로운 호칭.

12 예수께서 그 말을 듣고 말씀하셨지.
건강한 사람에겐 의사가 필요 없지만 병든 사람에게는 필요하다.
너희는 '내가 원하는 것은 자비요, 제사가 아니다.'라는 말씀이 무슨 뜻인지 배워라.
나는 의인을 부르러 온 것이 아니라, 죄인을 부르러 왔다.

※건강한 사람, 의인 : 스스로 의롭다고 하는 율법교사들과 종교 지도자와 바리새인 등.
※병든 사람, 죄인 : 구원이 필요한 세리와 같은 죄인들. ※의사 : 예수 그리스도.

tip 내가 원하는 것은 자비요, 제사가 아니다

이 말씀은 B.C.7세기 이스라엘 왕 여로보암 때 호세아를 통해 하신 말씀이다. Link 호세아 6:6
당시 타락한 이스라엘 백성들에게, 하나님이 원하시는 것은 형식적인 종교 의식이 아니라 하나님의 뜻으로 자비를 베푸는 것이었다. 예수님은 이 예를 들어서 율법과 전통만 중시하는 바리새인이, 하나님의 뜻을 잃고 형식적인 종교 의식에 치우친 그때의 이스라엘과 다를 바가 없다는 걸 말씀하신다. 하나님의 뜻은 세리와 죄인들에게도 자비를 실천하는 것이며, 그것이 예수께서 이 땅에 오신 목적(메시아의 사명)이다.

▶ Link 1권 154p tip '죄인을 부르러 왔다'를 보라.

금식 논쟁 마가2:18, 누가5:33

14 그때 세례 요한의 제자들이 예수께 물었어.
우리와 바리새인들은 자주 금식을 하는데 왜 당신의 제자들은 금식하지 않습니까?
제자들의 트집이라도 잡자.
응?!
엉?!

※금식 : 자신을 낮추고 회개하면서 하나님의 은혜를 구하는 경건 생활이다. 유대인들은 기념일과 속죄일 등 여러 형태의 금식을 했다.

15 '결혼식에 온 손님들이 신랑과 함께 있는데 왜 슬퍼하겠느냐? 그러나 신랑을 빼앗길 날이 오면 그때는 금식할 것이다.'

※손님들 : 예수님의 제자들. ※신랑 : 예수 그리스도.
※빼앗길 날 : 예수께서 십자가에서 죽게 되는 날.

16 '새 천 조각을 낡은 옷에 붙이는 사람은 없다. 그러면 새로 댄 조각이 낡은 옷을 당겨 더 크게 찢어질 것이다.'
꺼져!
니들은 낡은 옷이야!
율법교사들과 바리새인들
켁!
어이쿠!

17 '또 새 포도주를 낡은 가죽 부대에 넣지 않는다. 그렇게 하면 낡은 가죽 부대가 터져 포도주는 쏟아지고 가죽 부대는 못 쓰게 된다. 새 포도주는 새 가죽 부대에 넣어야 둘 다 보존된다.'
율법과 전통만으로 고집하지 말고 하나님의 뜻이 뭔지 보라고.
저 갈릴리 촌 놈이.
쿵!
어이구, 우리 똑똑이.

※새 천, 새 포도주 : 예수 그리스도로부터 새롭게 시작된 하나님의 복음. ※낡은 옷, 낡은 가죽 부대 : 유대인의 전통과 율법.
※새 가죽 부대 : 예수 그리스도와 하나님의 복음을 담을 새로운 마음. ※둘 다 : 율법과 복음.

tip 3가지 비유

이 비유는 율법 시대를 지나 새로운 시대가 왔다는 것으로 하나님의 구원이 예수 그리스도로 인해 새롭게 열렸다는 것이다. 즉, 지금은 슬퍼하며 금식할 때가 아니라 기뻐해야 할 때(결혼 잔치)이며, 예수 그리스도의 구원(새 것)은 율법과 전통(옛 것)에 담을 게 아니라 새 마음(새 가죽 부대)에 담아야 한다는 것이다.

⑧회당장의 딸과 혈루증 여인 마가5:21, 누가8:40

18 그때 한 지도자가 예수께 엎드리며 말했어.
방금 제 딸이 죽었습니다. 그러나 오셔서 손을 얹어 주시면 살아날 것입니다.
19 예수께서 그를 따라가셨고 제자들도 뒤따라갔지.

※지도자 : 마가와 누가는 회당장 '야이로'라고 밝힌다. Link 마가복음 5:22 Link 누가복음 8:41

20 그런데 12년 동안 혈루증을 앓던 여인이 뒤에서 다가와서
저 옷깃만 만져도 내가 나을 거야.
예수의 옷깃을 만졌어.
!!
?

※혈루증 : 하혈이 멈추지 않고 흐르는 증상으로 율법에서는 부정한 것으로 여겼다. Link 레위기15:19

22 예수께서 돌아서서
누가 내게 손을 대었느냐?
난 아님.
나도 아님.
사람이 너무 많아서….
그 여인을 보셨지.
딸아 안심해라. 네 믿음이 너를 낫게 했다.
바로 그 순간 그 여인이 나았어.
아, 주여!
부정한 여자잖아.
병이 나았다고?
정말이야?

※네 믿음이 : 예수 그리스도를 믿는 자는 죄로부터 구원받을 것이라는 뜻.

23 예수께서 지도자의 집에서 피리를 부는 사람들과 떠드는 무리를 보시고, (피리=플룻)
물러가라. 이 소녀는 죽은 것이 아니라 자고 있다.
뭐래?
내가 죽은 걸 봤는데?
뭔 헛소리를.

※사람들, 무리 : 슬픔을 애도하기 위해 연주하는 사람과 곡하는 사람들.

tip 죽은 것이 아니다

이것은 죽었지만 잠에서 깨듯 일어날 것이라는 말씀이며 부활을 상징한다. 인간의 육체적 죽음이 영원한 죽음이 아니며, 부활하신 예수님이 모든 죽은 자를 살리시고 믿는 자들에게 영원한 생명을 주실 것을 나타내고 있다.

25 사람들을 내보내고 예수께서 집에 들어가셔서,
상갓집에서 농담하는 거야?
뭐하는 사람이야?

소녀의 손을 잡으시니,
소녀야, 일어나라.
그녀가 일어났지.
주… 죽은 애가?!
맙소사!
허억!!

※소녀 : 누가는 회당장 야이로의 외동딸로 12세라고 했다. Link 누가복음 8:42

26 이 소문이 모든 지방에 퍼졌어.
혈루증이 낫고, 죽은 사람이 살아났다면 더 이상 부정한 게 아니지.
그분이 손을 대니 부정한 게 거룩해진 거야.
그가 율법을 넘어서신다는 거잖아.

※죽은 사람 : 율법에서는 죽은 사람을 만지면 부정해진다고 했다.

tip 새로운 복음의 시대

율법에는 부정한 자와 접촉한 모든 것이 부정해진다고 했으며, 죽은 사람을 만진 사람도 부정해진다고 했다. 하지만 이 사건에서 두 사람과의 접촉을 통해 예수님이 부정해지신 게 아니라 오히려 부정한 그들이 깨끗해졌다. 이는 율법으로는 설명할 수 없는 사건이다. 두 사건으로 알 수 있는 것은 ①예수님을 통해 율법의 시대가 지나고 하나님의 구원이 새롭게 열렸다는 것, ②예수 그리스도를 믿는 사람은 구원받는다는 것, ③육체적 죽음이 영원한 죽음이 아니며 예수께서 믿는 자들에게 영원한 생명을 주신다는 것이다.

※율법 : Link 레위기 15장 Link 민수기 19:11

⑨눈먼 두 사람

27 예수께서 그곳을 떠나가시는데 눈먼 두 사람이 뒤따라왔어.
다윗의 자손이여, 우리를 불쌍히 여겨주십시오!
28 예수께서 집 안으로 들어가셔서 눈먼 사람들에게 물으셨지.
너희는 내가 이 일을 할 수 있다고 믿느냐?
주여, 그렇습니다!
29 예수께서는 그들의 눈을 만지셨어.
너희 믿음대로 될 것이다.

※집 : 어떤 집인지 알 수 없다.

30 그러자 그들의 눈이 밝아졌지.
어…!!
보인다!!
예수께서 그들에게 단단히 주의를 주셨어.
아무에게도 이 일을 알리지 마라.
넵!
제 별명이 마포 자물통입니다.
넌 마포냐?
31 그러나 그들은 나가서 사방에 이 소문을 퍼뜨렸지.
우리 눈이 보인다!!
주께서 우리 눈이 열리게 하셨다!!
앞을 못 보던 자들이?!
할렐루야!

tip 다윗의 자손이여

유대인들은 이사야의 예언대로 메시아가 다윗의 자손으로 오신다는 것과 메시아께서는 눈먼 자를 눈뜨게 하신다는 것을 믿었다. 즉 마태는 눈먼 두 사람이 예수께서 구약에서 약속한 메시아이며 눈먼 사람을 눈뜨게 해주실 분이라는 걸 확신하고 있었다는 걸 말하고 있다.

※예언 : Link 이사야 11:1 Link 이사야 35:5

⑩귀신 들려 말 못하는 사람

32 그런 뒤 사람들이 귀신 들려 말 못하는 한 사람을 예수께 데려왔어.

33 귀신이 쫓겨나자 말 못하는 사람이 말을 했지.
@#@$%&$#
$#!@#@$!
헉!
말을?!

이스라엘에서 이런 일은 본 적이 없다.
하나님처럼 말씀만으로 다 이루어져.
그러게.

34 그러나 바리새인들은
그는 귀신 왕의 힘을 빌려 귀신을 쫓아낸 거야.
수상해.

※예수님은 이전에 이방 지역인 가다라와 베드로의 집에서 말씀으로 귀신을 쫓아낸 적이 있다. Link 마태복음 8:16, 28

tip 사람들의 2가지 반응

마태는 [8, 9장]에서 예수님의 10가지 이적을 보여줌으로 그분이 백성을 죄에서 구원하시기 위해 오신 메시아라는 사실과 이제는 율법이 아니라 예수님을 통해 새로운 구원의 길이 열렸다는 것을 보여줬다. 그리고 10가지 이적을 마무리하면서 예수님의 권위에 놀라는 사람들이 있는 반면 예수님을 부정하고 비난하는 사람들도 있었다는 것을 보여준다. 그리고 마태는 [11장]부터는 사람들이 예수님을 어떻게 받아들이는지 다양한 견해를 보여줄 것이다.

목자 없는 양

35 예수께서는 모든 성과 마을의 회당에서 가르치시고, 하늘나라의 복음을 전하셨으며, 많은 질병과 아픔을 고치셨어.

※회당(Synagogue) : 유대인 생활의 중심이 되는 종교, 집회, 교육 장소. Link 1권 17p

tip 예수님의 3가지 사역

마태는 [1~4 : 22]까지 예수님이 누구신가를 밝히고 [4 : 23]에서 크게 3가지 사역을 하셨다고 요약했다. 그리고 [4 : 24~9 : 34]에서 3가지 사역을 구체적으로 설명하고 다시 여기서 3가지 사역, 즉 회당에서 가르침, 하늘나라의 복음 전파, 질병과 아픔을 치유하셨다고 정리하고 있다.

36 예수께서는 마치 목자 없는 양처럼 힘없이 시달리는 사람들을 불쌍히 여기셨지.

※목자 없는 양 : 하나님께로 인도할 영적 지도자가 없는 이스라엘의 상태를 말한다.

37 그래서 예수께서 제자들에게 말씀하셨어.
추수할 것은 많은데 일꾼이 적다.
너희는 주인에게 추수할 일꾼들을 보내달라고 청해라.
e메일을 보내야 하나?
기도를 해야지.

※추수할 것 : 하나님을 떠나 있는 사람들.
※일꾼 : 하나님께로 인도할 제자들. ※주인 : 하나님.

10장 12사도를 부르시다 마가3:13, 누가6:12

1 예수께서 12제자를 불러 귀신을 쫓아내고, 온갖 질병과 허약함을 고칠 권한을 주셨어.
추수할 것이 많으니 너희 중에 12명의 일꾼을 따로 뽑겠다.

2 12사도의 이름은….
우린 예수님의 사촌이야.
열심당원에게 세리는 1차 제거 대상인데.
나도 알패오의 아들인데.
우린 아빠 이름이 똑같네.
베드로라고 부르는 시몬
베드로의 동생 안드레
세베대의 아들 야고보
야고보의 동생 요한
빌립
도마
가나나 사람 시몬
세리 마태
알패오의 아들 야고보
바돌로매
예수를 판 가룟 유다
다대오

tip 12사도 apostle

사도는 '보냄 받은 자'라는 뜻으로 특별한 사명(복음 전파)을 받아 파견된 사람을 가리킨다. 그들은 대부분 여러 가지 이름과 별명이 있었는데 아래와 같다.

베드로 - 시몬, 게바	도마 - 디두모
안드레 - 베드로의 동생	마태 - 레위, 알패오의 아들
큰 야고보 - 세베대의 아들	작은 야고보 - 알패오의 아들
요한 - 큰 야고보의 동생	다대오 - 유다, 야고보의 아들
빌립 - 세례 요한의 제자	시몬 - 열심당원
바돌로매 - 나다니엘	유다 - 가룟, 열심당원

파송의 설교 : 사명 마가6:7, 누가9:1, 10:4

5 예수께서 이들 12명을 보내면서 말씀하셨어.
이방인의 길로도 가지 말고, 사마리아인의 마을에도 가지 말라.
길 잃은 양 떼 같은 이스라엘 백성에게 하늘나라가 가까이 왔다고 전해라.

※사마리아(Samaria) : 예전 북이스라엘의 수도, 유대 지역과 갈릴리 지역 사이의 북이스라엘 땅을 가리킨다.

8 '병자를 고쳐주며, 죽은 사람을 살리며, 나병환자를 깨끗이 하며, 귀신을 쫓아내라. 너희가 거저 받았으니, 거저 주어라.'
사례는…?
공짜입니다.
↑입원실
배고파.

※거저 : 예수님께 받은 은혜를 자신의 욕심을 채우기 위한 수단으로 사용하지 말라는 뜻.

tip 이스라엘 백성에게로 가라

이 말씀은 예수님이 다른 지역을 하찮게 여기신다는 뜻이 아니다. 이스라엘은 하나님이 선택한 백성이면서 오랫동안 메시아를 기다렸지만 길 잃은 양 떼처럼 방치되었기에 우선적으로 챙기라는 말씀이다. 즉 예수님은 먼저 이스라엘에 복음을 전파하고 그 다음에 전 세계로 나가라고 하신 것이다.

9 '금화, 은화, 가방과 여분의 옷, 신발, 지팡이도 지니지 마라. 다만 일꾼이 자기 먹을 것을 받는 것은 마땅하다.'
배고픈데 정말 아무것도 없어? 신용카드도?

※지니지 마라 : 복음을 전하는 데만 집중하면 나머지는 다 하나님께서 주신다는 뜻.
※마땅하다 : 사람들이 복음을 듣고 자발적으로 도움을 준다면 마땅히 받으라는 것이다.

11 '어떤 마을이든 마땅한 사람을 찾아 머물러라. 그 집에 들어갈 때는 평안을 빌어라. 그 집이 평안을 받을 만하면 평안이 그 집에 있고, 그렇지 않다면 평안이 너희에게 돌아올 것이다.'
샬롬.
어서 와. 우리 집은 처음이지?

※평안(Shalom) : 하나님의 평안이 함께하길 바란다는 유대인의 인사다.
※받을 만하면 : '복음을 받아들인다면'이란 뜻.

14 '누구든 너희를 반기지 않거나, 말을 듣지 않거든, 그 집이나 그 마을을 떠날 때 발에 묻은 먼지를 털어라. 심판의 날에 소돔과 고모라보다 그 마을이 견디기 어려울 것이다.'
꺼져!
웬 먼지가….
주님께 고발장을 접수해야지.
툭
툭
룰루랄라

※먼지를 털어라 : 유대인들은 이방 땅을 부정하게 여겨 유대 땅으로 돌아올 때 옷과 신의 먼지를 털었다.
※소돔(Sodom)과 고모라(Gomorrah) : 아브라함 때 불과 유황으로 멸망한 도시들. Link 창세기 19:24

박해가 있을 것이다 마가13:9, 누가10:3, 12:11, 21:12

16

'내가 너희를 보내는 것이 이리 떼 속으로 양을 보내는 것 같으니
너희는 뱀 같이 슬기롭고 비둘기 같이 순결해라.'
이 형이
술 한잔 살게.
사양하겠….

17

'사람들을 조심해라. 그들이 너희를 법정에 넘기고, 회당에서
매질을 할 것이다. 너희는 나 때문에 총독들과 왕들과 이방인들
앞에서 증언할 것이다.'
이것들이
호의를
무시해?!
아이고 말로
해요. 말로!

※뱀, 비둘기 : 위험과 방해에 슬기롭게 대처하고, 유혹과 압박에 타협하지 말고 복음의 순수함을 지키라는 뜻.

※법정(Sanhedrin) : 유대인의 최고 의결 기구인 산헤드린 공회. Link 1권 29p

19

'그들이 너희를 체포할 때 무엇을 어떻게
말할지 걱정하지 마라. 때가 되면 너희가 할
말을 알려주실 것이다.'
미리 입을
맞춰야 하지
않아?
너, 주님이
말씀하실 때
졸았지?

20

'이는 너희가 말하는 것이 아니라 네 아버지의
영이 너희를 통해 말씀하실 것이기 때문이다.'
거참,
천하태평이군.
♫♪

tip 제자들의 고난을 예고하다

당시 유대인들은 다윗의 자손으로 오는 메시아가 정치적, 군사적으로 자신들을 해방시켜줄 것이라고 잘못 생각하고 있었다. 그로 인해 예수님은 제자들이 많은 고난에 처할 것을 염려하신다. 이는 유대 사회에 큰 영향력을 가진 바리새인이 앞서 예수님에게 '귀신 왕의 힘을 빌렸다'라고 했던 것에서도 짐작할 수 있다.

Link 마태복음 9:34

21

'형제가 형제를 죽이고, 아버지가 자식을 배신하며, 자식이
부모를 거역하고 죽일 것이다. 모든 사람이 나 때문에 너희를
미워하겠지만 끝까지 견디는 사람은 구원을 받을 것이다.'
예수를 버리면
살려준다.
버텨! 질긴 놈이
이기는 거다!

23

'한 곳에서 박해를 받으면 다른 곳으로 피해라. 너희가 이스라엘의
마을들을 다 돌기 전에 인자가 올 것이다.'
이놈들이
어디 있지?
잡히기만
해봐라.
뱀같이, 비둘기같이,
주님이 오실 때까지.

※예수 그리스도의 복음으로 인해 가장 가까운 가족까지 박해를 받게 될 것이라는 뜻.

24

'제자는 스승보다 높지 않고, 주인보다 높은
종도 없다.'
스승님은 좀
분발하세요.
♪

25

'제자가 스승만큼 되고, 종이 주인만큼 된다면 더 바랄 것이 없겠지만 그들이 집주인을
바알세불이라 불렀는데 그 집 사람들에게는 얼마나 더 심하게 대하겠느냐!'
우리가 스승님보다
높거나 그만큼이라도
될 리가 없잖아.
그러니까 우리는
주님보다 더 심한
박해를 받을 거라는
말씀이야.

※집주인 : 예수 그리스도. ※그 집 사람들 : 예수님의 제자들.
※바알세불(Beelzebub) : 블레셋의 도시 에그론의 우상, 여기서는 귀신의 왕 사탄을 가리킨다.

하나님을 두려워해라 누가12:2

26

'그들을 두려워하지 마라. 덮어 둔 것은
드러나고, 숨긴 것은 알려질 것이다.'
휘 이 이 잉
GOSPEL

27

'내가 어둠 속에서 한 말은 밝은 곳에서
말하고, 귓속말로 속삭인 말은 지붕
위에서 외쳐라.'
하늘나라가
가까이 왔다!

'몸은 죽일지라도 영혼은 죽일 수 없는
자를 두려워하지 말고, 영혼도 몸도
지옥에 던져 멸망시킬 분을 두려워하라.'
뭐야?
난 죽었으니
그만해!
Welcome
to Hell
흥, 넌 이제
시작이야.

※복음(Gospel)을 전하는 제자들의 의로움과 제자들을 박해하는 자들의 악함이 다 밝혀질 것이라는 뜻.

※한 말 : 복음

29

'참새 2마리가 동전 한 개에 팔리지만 너희 아버지께서 허락하지
않으시면 그중에 1마리도 땅에 떨어지지 않는다.'
하나님은 저 하찮은
참새조차도 일일이
챙기신다고.

30

'아버지께서는 너희의 머리카락도 다 세고 계신다. 그러니 두려워
하지 마라. 너희는 많은 참새보다 더 귀하다.'
그런 하나님이
우리는 얼마나 더
귀하게 여기시겠냐.
밥은 언제
주시려나.

※참새 : 가장 하찮은 것을 상징적으로 표현한 것.

32

'누구든 사람들 앞에서 나를 안다고 하면,
나도 하늘에 계신 내 아버지 앞에서 그를
안다고 하겠지만.'
네, 아버지.
잘 알죠. 제
친구들입니다.
헤헤.

33

'누구든 사람들 앞에서 나를 모른다고
하면, 나도 하늘에 계신 내 아버지 앞에서
그를 모른다고 할 것이다.'
네? 걔들이
누구죠?
전 모릅니다.
아이고,
주님!
저 몰라요?

칼을 주러 왔다 누가12:49, 14:26

34

'너희는 내가 세상에 평화를 주러 왔다고
생각하지 말라. 난 평화가 아니라 칼을
주러 왔다.'
자, 선물.

※평화가 아니라 칼 : 미가의 한 구절을 인용한 말씀.

Link 미가 7:6

35

'나는 아들이 아버지와, 딸이 어머니와, 며느리가 시어머니와 맞서게
하려고 왔다. 집안의 가족이 원수가 될 것이다.'
예수님은
메시아라고!
무슨 소리,
그는 사탄입니다!
그는 하나님의
아들이 분명해!
사기꾼이잖아!

37

'나보다 부모를 더 사랑하는 사람은 내게 맞지 않고,
나보다 자녀를 더 사랑하는 사람도 내게 맞지 않다. 또
십자가를 지고 나를 따르지 않는 사람도 내게 맞지 않다.'
십자가의 길
-최종 합격자-
아자,
합격이다!
크흑, 난
불합격이야.
흑, 난 왜
떨어졌지?

※십자가 : 복음을 전하기 위해서 겪는 고난과 죽음을 뜻한다.

39 '자기 목숨을 아끼는 사람은 잃을 것이요, 자기 목숨을 버리는 사람은 얻을 것이다.'
내 목숨은 하나님 거니까 맘대로 해.
죽이든가 말든가. 흥.

※얻을 : 영원한 생명을 얻을 것이라는 뜻.

하나님이 보낸 자들 마가9:41

40 '너희를 받아들이는 자는 나를 받아들이는 것이요, 나를 받아들이는 자는 나를 보내신 분을 받아들이는 것이다.'
재들 뭐야?
건들지 마. 재들 형이 태권도 5단이래.
형보다 아버지가 훨씬 무시무시하대.

※보내신 분 : 하나님.

41 '예언자를 받아들이는 자는 예언자가 받을 상을 받을 것이요, 의인을 받아들이는 자는 의인이 받을 상을 받을 것이다.'
절 도와주셨으니 제가 받을 상을 드릴게요.
그럴 필요가….

42 '이 보잘것없는 사람들 중 하나를 내 제자라고 해서 냉수 한 그릇이라도 주는 사람은 반드시 상을 받을 것이다.'
목이라도 축이시오.
나도….

11장 세례 요한의 질문 누가7:18

1 예수께서는 12제자에게 지시하신 후, 여러 마을을 다니시며 복음을 전하셨어.

※여러 마을 : 갈릴리 지역.

2 세례 요한은 감옥에서 그리스도의 소식을 듣고 제자들을 예수께 보냈지.
당신이 오실 그분입니까? 아니면, 다른 분을 기다려야 합니까?
가서 너희가 듣고 본 것을 요한에게 전해라.
요한의 제자들

※감옥 : 요한은 갈릴리의 분봉 왕 헤롯 안티파스를 비난했다가 투옥됐다. Link 마태복음 4:12

5 눈먼 사람이 보고, 못 걷는 자가 걷고, 나병환자가 깨끗해지고, 못 듣는 사람이 듣고, 죽은 자가 살아나며, 가난한 자가 복음을 듣는다.

6 날 의심하지 않는 사람에게 복이 있다.
그대로 전하겠습니다.

tip 질문에 대한 답

세례 요한은 당시 유대인들이 기대했던 메시아, 즉 성령과 불로 회개하는 자들을 구원하고 회개하지 않는 자들은 심판하며, 다윗 왕처럼 로마와 적을 물리치고 다윗의 왕국을 재건할 메시아가 당신이냐고 질문한 것이다. 이에 예수님은 심판보다 구원이 우선이며, 자신이 했던 일들이 곧 이사야의 예언에서 말하는 메시아와 같다고 말씀하신다.

①눈먼 사람, 걷지 못하는 사람, 나병환자, 못 듣는 사람 : Link 이사야 35:5~6

②죽은 자가 살아남 : Link 이사야 26:19

③가난한 사람이 복음을 듣다 : Link 이사야 61:1

예수님은 세례 요한과 유대인들이 생각했던 메시아는 아니었다. 예수님은 감옥에 갇혀 목숨이 위태로웠던 요한에게 '날 의심하지 않는 사람에게 영원한 생명과 하나님의 나라의 복이 있을 것이다.'라며 죽음을 두려워하지 말라고 위로하신다.

세례 요한을 높이시다 누가7:24

7 세례 요한의 제자들이 떠난 뒤 예수께서 요한에 대해 말씀하셨어.
너희는 무엇을 보러 광야에 나갔더냐? 바람에 흔들리는 갈대를 보러 나갔더냐?
네?

※광야 : 세례 요한이 있던 유대 광야.
※갈대 : 변덕이 심한 사람.

마태복음

8

아니면 비단옷을 입은 사람을 보러 나갔더냐? 아, 그런 사람은 왕궁에 있지.
그… 그렇죠.

9

아니면 예언자를 보러 나갔더냐?
네.
하나님의 말씀을 들으러 갔죠.
그래. 요한은 예언자보다 뛰어난 인물이다.

10

요한을 두고 성경에 기록하기를, '내가 내 사자를 먼저 보내니 그는 네 앞길을 예비할 자'라고 했다.
요한이 예비하는 자라면 예수님이 메시아?
그렇네.

※기록 : Link 말라기 3:1 ※내 : 여호와 하나님 ※네 : 예수 그리스도.
※사자 : 엘리야 즉 세례 요한을 가리킨다.

11

여자가 낳은 사람 중에 세례 요한보다 큰 인물은 없다.
그는 메시아의 길을 준비하고, 직접 메시아를 알렸기 때문이다.
그러나 하늘나라에서는 아무리 작은 사람이라도 요한보다 크다.
근데 우리 같은 찌질이들이 요한보다 크다고?
예수님을 통해서 하늘나라로 갈 수 있게 됐잖아.

12

하지만 세례 요한 시대부터 지금까지 하늘나라는 침략을 당해 왔으며 침략자들이 하늘나라를 빼앗으려고 한다.
응?
무슨 침략?
스타워즈?
팁을 보자.

tip 난해한 구절

마태복음 [11 : 12]의 이 구절은 한글 성경뿐만 아니라 영어 성경에서도 다양하게 해석되고, 그 의미도 서로 완전히 다르다. 이에 성경2.0은 한 가지 해석만 선택해서 쉽게 풀어쓴다.

①세례 요한 시대부터 : 세례 요한은 마지막 구약의 예언자이며 구약과 예수 그리스도를 이어주는 역할이기도 했다. 즉 '요한시대'란 '율법에 의지하던 구약시대'를 말한다.

②지금까지 : 예수 그리스도의 복음이 전해지는 지금 이 시대를 말한다.(현재를 포함)

③침략 : 구약 때부터 지금까지 하나님의 나라를 무너뜨리려는 많은 박해들을 말한다.

13

모든 예언자와 율법의 예언은 요한까지 되어 있다. 너희가 그 예언을 기꺼이 받아들인다면 요한이 바로 오기로 한 그 엘리야다.
그가 바알 숭배자들과 대결했던 엘리야구나.
구약시대는 요한으로 끝나고 이제 새로운 시대라는 거지.

※예언 : 구약성경을 가리킨다.
※엘리야 : Link 말라기 4:5 ※대결 : Link 열왕기상 18:39

16

'지금 이 세대를 무엇에 비교할까? 그들은 장터에 앉은 아이들이 이렇게 말하는 것과 같다.'
우리가 피리를 불어도 너희는 춤을 추지 않고, 우리가 곡을 해도 너희는 울지 않았어!

tip 피리와 곡

아이들이 장터에서 노는 것에 비유했다. 피리를 부는 것은 결혼식 놀이로 기쁜 소식, 즉 복음을 선포한 예수님을 가리키고, 곡을 하는 것은 장례식 놀이로 금욕 생활을 하며 회개를 촉구한 세례 요한을 가리킨다. '춤을 추지 않았고, 울지 않았다.'는 예수님의 기적과 세례 요한의 회개 촉구에도 고집스럽게 믿지 않았던 유대인들과 종교 지도자들을 가리킨다.

18

'요한이 먹지도 마시지도 않자.'
귀신이 들렸어.

※이 세대 : 세례 요한과 예수님을 배척한 유대인들과 종교 지도자들.
※장터 : 많은 사람들이 모이는 공적인 장소라는 뜻.

회개하지 않는 마을에 경고 누가10:13

모두 내게로 오라 누가10:21

19 '인자가 먹기도 하고 마시기도 하니.'
봐라. 엄청 먹어대고, 술꾼이자 세리와 죄인의 친구다.
'그러나 하나님의 지혜는 그분의 자녀로 인해 옳다는 것이 증명될 것이다.'
어떤 고난이 있어도 우리가 잘하면 돼.
20 예수께서는 기적을 보여준 마을들이 회개하지 않은 것을 꾸짖기 시작하셨어.
고라신아, 벳새다야, 너희에게 화가 있을 것이다. 내가 너희들에게 보여준 기적을 두로와 시돈에서 보여줬더라면 그들은 벌써 굵은 베옷을 입고, 재를 뒤집어쓰고 회개했을 것이다!
22 '심판 날에는 두로와 시돈이 너희보다 견디기 쉬울 것이다!'
콜럭 콜럭
켁켁
두로
시돈
23 '가버나움아, 네가 하늘에까지 높아졌으니 이제 지옥까지 떨어질 것이다!'
하루아침에 폭삭 망했어.
흑, 한때 잘 나갔는데.
'네게 보여준 기적을 소돔에서 보여줬더라면 그들은 오늘까지도 남았을 것이다!'
한심한 것들. 우린 경고도 없이 한 방에 끝났다고.
소돔
흑흑.
24 '심판 날에 소돔이 너보다 견디기 쉬울 것이다!'
킥킥, 심심한 위로를.
힝.
소돔
25 '하늘과 땅의 크고 높으신 주 아버지, 이 일을 지혜롭고 배운 사람들에게는 감추시고, 어린아이들에게는 보여주시니 감사합니다. 그것이 아버지께서 기뻐하시는 뜻입니다.'
27 '내 아버지께서 모든 것을 제게 주셨습니다. 아버지 외에는 아무도 아들을 알지 못하며, 아들과 아들이 선택한 사람 외에는 아버지를 알지 못합니다.'
하늘나라 티켓 1인 1매 한정
예수님을 통하지 않고는 하나님께 갈 수 없어.
암표는 안 파나?
예수님 외에 다른 곳에선 구할 수 없다니까.

※두로(Tyre), 시돈(Sidon): 하나님의 심판을 받은 지중해 항구 도시. Link 에스겔 28장

※하나님의 지혜: 예수 그리스도를 통한 구원 계획.
※자녀: 하나님의 지혜를 믿고 따르는 제자들.

※고라신(Korazin), 벳새다(Bethsaida): 갈릴리 바다 북쪽에 있는 성읍들.
※이것은 예수님이 하신 일을 보고도 회개하지 않는 모든 사람에 대한 경고로 볼 수 있다.

※소돔(Sodom): 고모라와 함께 불과 유황으로 멸망한 곳. Link 창세기 19:24

※이 일: 복음을 전하기 위한 예수님의 모든 기적과 활동.
※배운 사람들: 세상의 지혜로 복음을 거부하고 회개하지 않는 사람들.
※어린아이들: 순수하게 복음을 믿고 회개한 사람들.

※모든 것: 하늘과 땅의 모든 권세.

28
'수고하며 무거운 짐을 진 자는
모두 내게로 오라!
내가 너희를 쉬게 하겠다!'

29 '나는 마음이 온유하고 겸손하니 내 멍에를 메고 배워라. 그러면 너희의 마음이 안식을 얻을 것이다. 내 멍에는 편하고 내 짐은 가볍다.'
내가 같이 들어 주니 한결 낫지?
트럭이라도 가져오시는 줄….

※멍에: 수레나 쟁기를 끌기 위해 소나 말의 목에 씌우는 구부러진 나무. 구속, 억압, 짐, 책임을 상징.

tip 너희를 쉬게 하겠다

당시 율법교사들과 바리새인들은 백성들에게 엄격한 율법에 순종할 것을 요구했고, 또 다른 수많은 규칙들까지 만들어 이를 지키지 못하면 죄인 취급을 했다. 그로 인해 율법은 백성들에게 무거운 짐이 되어 버렸다. 이에 예수님은 율법의 무거운 짐을 진 자들을 부르신다. 예수님의 멍에가 결코 가벼운 것이 아님에도 가볍다고 하신 것은, 율법주의로 무장하고 백성들을 정죄하던 바리새인들과 달리 예수님은 백성들을 구원하러 오셨기에 온유하고 겸손하시다는 것이며, 우리의 멍에를 그런 예수님이 함께 지고 가니 감당하기 수월하다는 뜻이다. 또한 예수님과 함께 멍에를 지기 위해서는 어떻게 해야 할지 배워야 한다는 것이다.

그럼 율법이 왜 유대인들에게 무거운 짐이 된 건지 예를 들어볼까?

12장 안식일 논쟁 1: 이삭 마가2:23, 누가6:1

1 그즈음 안식일에 예수께서 밀밭을 지나시는데 배고픈 제자들이 이삭을 잘라 먹었어.

※안식일: 유대인의 하루는 저녁부터 시작되며, 안식일은 금요일 저녁부터 토요일 저녁까지였다.

2
당신의 제자들이 안식일에 금지된 일을 합니다.
니들 딱 걸렸다.
바리새인들
?!

3 '다윗과 그 일행이 굶주렸을 때 어떻게 했더냐? 다윗은 하나님의 집에 들어가서 제사장 외에는 먹을 수 없는 거룩한 빵을 먹었다.'
거룩한 빵?
오, 꿀맛!
제사장들이 숨겨놓고 몰래 자기들끼리만 먹는 거래.
치사하게.

※굶주렸을 때: Link 사무엘상 21:6 ※하나님의 집: 성전.
※거룩한 빵: 이스라엘 12지파를 상징하는 12개의 진설병으로 항상 성소에 있어야 한다.

5
또 안식일에 제사장들이 성전 안에서 안식을 범해도 죄가 없다는 것을 율법에서 읽지 못했느냐?
그건 성전에서 하나님의 일을 하는 건데?
근데 그게 뭐?

※율법: 제사장들은 안식일이라도 성전 안에서 제사 의식을 지내기 위한 여러 가지 일을 했다. Link 레위기 24:8 Link 민수기 28:9~10

6
성전보다 더 큰 이가 여기 있다.
그런 나와 함께 하나님의 일을 하는 제자들은 죄가 없다.
감히?!
당신 안에서는 안식일을 범해도 죄가 되지 않는다고?!

7
'내가 원하는 것은 자비요, 제사가 아니다.'라고 하신 뜻을 너희가 안다면 죄 없는 사람들을 정죄하지 않을 것이다.
죄가 없긴 왜 없소?!
율법을 어겼잖아. 율법을?!
답답한 양반이네.

※하신 뜻 : Link 호세아 6:6

8
인자는 안식일의 주인이다.
안식일의 진정한 의미를 찾고 모든 사람을 쉬게 하고 구원하러 왔으니까.
당신이 하나님의 권위를 가졌어?!
이런 발칙한?! 이노노노옴!!

※인자(The Son of Man) : 다니엘이 사람으로 오실 메시아를 가리켜 사용한 말 Link 다니엘 7:13 이다. 예수님이 자신을 칭할 때 자주 사용하셨다.

tip 안식일

안식일은 십계명 중의 하나로 하나님의 백성과 이방인을 구분해주는 중요한 계명이다. 유대인은 금요일 해질 때부터 토요일 해질 때까지를 안식일로 지켰다. 이날은 구약의 출애굽을 기념하고, 하나님 안에서 쉬며 더 깊은 교제를 하기 위한 날이다. 하지만 바리새인들은 안식일의 본뜻보다는 '아무것도 하지 말라.'는 것만 지키기 위해 39개씩이나 되는 안식일 규칙을 만들어 강요했다. 그로 인해 안식일은 유대인들에게 또 하나의 무거운 짐이 되었다. 이에 예수님은 율법에 담긴 하나님의 뜻을 올바로 이해해야 한다는 것과 안식일뿐 아니라 율법주의에 대한 예수님의 입장을 밝히고 있다.

※계명 : Link 출애굽기 20:8

안식일 논쟁 2 : 손 마른 자 마가3:1, 누가6:6

9 예수께서 그곳을 떠나 한 회당에 들어가셨어.

※누가는 '또 다른 안식일'이라고 했다. Link 누가복음 6:6

10 그곳에는 한 손이 오그라든 사람이 있었는데 사람들은 예수를 트집 잡으려고 물었지.
안식일에 병을 고쳐도 됩니까?

※사람들 : 누가는 '율법교사와 바리새인들'이라고 했다. Link 누가복음 6:7

11
너라면 양이 구덩이에 빠졌는데 안식일이라고 해서 끌어 올리지 않겠느냐? 사람이 양보다 얼마나 더 귀하냐? 그러므로 안식일에 선행을 하는 것은 괜찮다.
으음!!

13
네 손을 펴라.

그가 손을 내보였는데 다른 손처럼 멀쩡해져 있었어.
헉!!
오오!!
두… 두고 보자.

※선행 : 도덕적으로 착한 행동이 아니라 하나님을 기쁘게 하는 선한 행동을 말한다.

14 바리새인들은 나가서 예수를 없앨 음모를 꾸몄어.
저자를 그냥 두어선 안 돼.
우리의 안식일 규칙 39개를 다 무시할 거야.
저자 때문에 우리에 대한 백성들의 존경심이 박살나고 있어.
존경심이 곧 밥그릇이라고.

15 그러나 예수께서는 그것을 아시고 거기서 물러나셨지.
일단 튀자~♬♪
후다닥

하나님이 택한 종

많은 사람들이 예수를 따라왔고 예수께서는 병든 자들을 고쳐주셨어.
내가 누구인지 알리지 마라. 꼭이다.
왜요?

17 그것은 예언자 이사야를 통해 하신 말씀을 이루시려는 것이었지.
보라, 내가 선택한 나의 종, 내가 사랑하고 기뻐하는 자가 여기 있다. 내 영을 그에게 줄 것이다! 그는 온 세상에 정의를 선포하겠지만 다투거나 외치지도 않을 것이니 아무도 그의 목소리를 들을 수 없을 것이다!
바람이 참 상쾌하네.
은근하게 향기도 나고.

※말씀: Link 이사야 42장

20 그는 정의가 이길 때까지 상한 갈대도 꺾지 않고, 꺼져가는 심지도 끄지 않을 것이다! 온 세상이 그 이름에 희망을 걸 것이다!
저길 봐!
오오!

※상한 갈대: 약하고 몸과 마음이 부서져 있는 사람들.
※꺼져가는 심지: 마지막 희망까지 사라져 절망에 찬 사람들.

tip 구약성취7 여호와의 종

마태는 이사야 [42장]에서 예언한 하나님의 종이 가진 성품, 권위, 임무에 합당한 분이 예수님이라고 말한다. '내가 사랑하고 기뻐하는 자'는 예수께서 세례 요한에게 세례를 받을 때 들었던 하나님의 음성이었고, Link 마태복음 3:17 그때 하나님의 영이 비둘기처럼 내려왔었다. 또한 예수님은 온유하고 겸손하셔서 바리새인들과 다투지도 않으셨다. Link 마태복음 11:29 그리고 로마의 압제와 율법의 무거운 짐으로 인해 힘든 자들과 죄인들을 위로하시고 구원하시며 빛이 되셨다. 마태는 당시 유대인이 바라던 정복자로서의 메시아가 아니라 하나님의 종으로 오신 겸손한 메시아가 예수님이라고 말한다.

성령모독 죄 마가3:20, 누가11:14, 12:10

22 그때 사람들이 귀신이 들려 눈멀고 말 못하는 한 사람을 데리고 왔어.

예수께서 그를 고쳐주시니 그가 말을 하고 보게 되었지.
누… 눈이 보인다! 마… 말도 나오고!!
오오!!
할렐루야!
이 사람이 다윗의 자손인가?

※다윗의 자손: 다윗의 혈통에서 나오기로 약속된 메시아. Link 이사야 11:1

24
저자는 귀신의 왕 바알세불의 힘을 빌려 귀신을 쫓아낸 거야.
율법교사와 바리새인
25 예수께서 그들의 생각을 아시고 말씀하셨어.
분열되어 싸우는 나라는 망하고, 분열되어 싸우는 마을이나 가정은 바로 설 수 없다.
그래? 안 그래?
그… 그런데요?
26
그럼, 사탄이 사탄을 내쫓는 것은 스스로 분열된 것이니 그 나라가 어떻게 되겠냐?
망…하겠죠.

※바알세불(Beelzebub) : 블레셋의 도시 에그론의 우상, 여기서는 귀신의 왕 사탄.

※그 나라 : 사탄의 나라, 특별한 나라가 아니라 사탄의 통치를 나타낸 표현.

27
또 내가 바알세불의 힘으로 귀신을 쫓아낸다면 너희 아들들은 누구의 힘으로 귀신을 쫓아내는 거냐?
우린 하나님의 힘인데…?
그러므로 그들이 너희의 재판관이 될 것이다.
왜 주님만 바알세불의 힘이야?
하나님을 부정하는 거지.
28
그리고 내가 하나님의 영으로 귀신을 쫓아낸다면 하늘나라가 이미 너희에게 온 것이다.
그런데 바알세불이 어쩌고 어째?
사람이 실수 할 수도 있지.

※아들들 : 바리새인의 제자들, 당시 유대교에서도 귀신을 쫓아내는 행위가 있었음을 알 수 있다.

※그들 : 바리새인의 제자들.

tip 이미 온 하늘나라

예수님이 하나님의 영으로 귀신을 내쫓으셨다는 것은 병에 걸려 사탄의 통치를 받고 있던 사람을 구원한 것이다. 그리고 그것은 사탄의 통치가 끝나고 하나님의 통치가 시작되었다는 것을 의미한다. 즉 하나님 나라의 통치가 시작된 것이다.

29 '먼저 힘센 사람을 묶지 않고 어떻게 그의 집에서 재물을 털겠냐? 그를 묶어야 그 집을 약탈할 수 있다.'
♫~
30 '그러니 나와 함께 하지 않으면 나를 반대하는 사람이요, 나와 함께 모으지 않으면 나를 흩어버리는 사람이다.'
흩어져!
저자는 사탄이다!
저들의 이름을 적어놔.
넵.

※힘센 사람 : 사탄. ※집 : 사탄이 통치하는 세상.
※약탈 : 사탄의 통치를 받던 사람을 구원함.

31 '모든 죄와 모독은 용서받겠지만 성령을 모독하는 것만은 용서받지 못할 것이다.'
재판관
너희는 성령을 모독했으니 게임 끝이네.
아… 아니 그게….
32 '또 인자를 거역하는 사람은 용서받겠지만, 성령을 거역하는 사람은 이 세상에서도 오는 세상에서도 용서받지 못할 것이다.'
뒷감당을 어떻게 하려고. 끌끌.
콰르르릉

※오는 세상 : 예수님이 재림하시고 심판 후 오게 될 새로운 세상. Link 요한계시록 22:1

마음에 가득 찬 것이 입으로 누가6:43

33 '나무가 좋으면 열매도 좋고, 나무가 나쁘면 열매도 나쁘다. 열매로 그 나무를 알 수 있다.'

34 '독사의 자식들아! 너희가 악한데 어떻게 선한 말을 할 수 있느냐? 마음에 가득 찬 것이 입으로 나오는 법이다.'

TNT

35 '선한 것을 쌓은 사람은 선한 것을 내고, 악한 것을 쌓은 사람은 악한 것을 낸다.'

※독사의 자식 : 하나님에게 대적하여 아담과 하와를 유혹한 뱀과 같은 짓으로 백성들을 죄악에 빠뜨리는 자들이라는 뜻.

36

심판의 날에 너희가 함부로 지껄인 말을 해명하고, 너희가 한 말로 무죄와 유죄를 선고받을 것이다.
괜히 쓸데없는 얘기를 해서.
으그, 원수야.

※심판의 날 : 마지막 심판의 날. Link 요한계시록 20:12

요나의 증거 누가11:29

38 그때 율법교사들과 바리새인들 중에 몇 사람이 말했어.

우리는 선생님의 증거를 보고 싶습니다.
증거를 보여주면 믿겠습니다.
너희는 지금까지 수많은 증거를 보고도 깨닫지 못했으니 어떤 걸 보아도 마찬가지일 것이다.

39 '악하고, 음란한 이 세대가 증거를 요구하지만, 예언자 요나의 증거 외엔 아무것도 보여줄 것이 없다.'

나야 나, 요나.
난 3일 동안 물고기 배 속에 있다가 벗어났지.

※요나의 증거 : 예수께서 죽은 지 3일 만에 부활하는 것. Link 요나 1:17

40 '요나가 사흘 밤낮을 큰 물고기 배 속에 있었던 것처럼 인자도 사흘 밤낮을 땅속에 있을 것이다.'

내가 하나님한테 까불다가 고생 좀 했지.

41 '심판 때 니느웨 사람들이 일어나 이 세대를 정죄할 것이다. 그들은 요나의 선포를 듣고 회개했기 때문이다. 보라, 요나보다 더 큰 이가 여기에 있다.'

헤헤, 안…녕하세요.
니느웨의 민주시민들께서 어쩐 일로?!

42 '심판 때 남쪽 여왕이 일어나 이 세대를 정죄할 것이다. 그녀는 솔로몬의 지혜를 들으려고 땅끝에서 왔기 때문이다. 보라, 솔로몬보다 더 큰 이가 여기에 있다.'

이 멍청이들은 수많은 증거를 보고도 몰라.
요나보다 크고, 솔로몬보다 크신 분을 보고도 몰랐으니 혼나야지.
크흐흑!
난 친구를 잘못 만나서.

※니느웨(Nineveh) : 앗시리아의 수도로 죄악을 상징하는 대표적인 이방 도시.
※요나의 선포 : Link 요나 3:4

※남쪽 여왕 : Link 열왕기상 10:1
※이 세대 : 세례 요한과 예수님을 배척한 유대인들과 종교 지도자들.
※큰 이 : 예수 그리스도.

더러운 귀신 누가11:24

43

'더러운 귀신이 어떤 사람에게서 나와 쉴 곳을 찾느라 삭막한 곳을 헤맸지만 찾지 못했다.'
집 나오면 고생이라더니.
내가 나온 집으로 돌아가야겠다.

'그가 돌아가서 보니 그 집은 비어있고, 깨끗이 잘 정돈되어 있었다.'
어라? 텅 비었네?

45

'그래서 귀신은 자기보다 더 악한 귀신 일곱을 데려와 그 집에 자리 잡았다.'
부어라!
이 집이 무너질 때까지 놀아보자!
마셔라!

※나온 집 : 귀신이 들려 있던 사람을 집으로 표현했다.

※일곱 : '7'은 유대인들에게 완전한 수. 여기서는 악한 영에게 완전히 지배되었다는 표현.

'그러자 그 사람은 처음보다 더 비참한 형편이 되었다. 이 악한 세대도 그렇게 될 것이다.'
난 이렇게 지저분하고 냄새나는 곳이 좋아.
우리 같은 악한 영이 서식하기에 최적의 장소지.
아, 아름다운 세상이야!

tip 비어 있는 집을 차지한 악한 영

이 비유는 타락한 유대인들이 신앙을 회복하지만 하나님의 뜻을 중심에 두지 못하고 다시 타락하는 상황을 표현한 것이다. 여기서 '비어서 깨끗이 정돈된 집'이란 바벨론 포로에서 돌아온 유대인들이 성전을 재건하고 신앙을 회복한 모습, 또는 로마의 위협 속에서도 신앙을 지킨 유대인들을 나타낸다. '일곱 귀신이 장악한 집'이란 바리새인과 사두개인을 중심으로 하나님의 뜻을 거슬러 다시 타락한 유대인들을 나타낸다. 게다가 하나님의 아들이자 메시아로 오신 예수 그리스도를 거부해서 더 큰 위험에 처하게 되었다는 것이다. 즉, 하나님의 뜻을 거부한 악한 세대는 사탄의 통치를 받게 될 것이라는 유대인들을 향한 경고라고 할 수 있다.

예수님의 가족 마가3:31, 누가8:19

46

예수께서 말씀하고 계실 때, 예수의 어머니와 동생들이 밖에 찾아왔어.
사람이 너무 많아 들어갈 수가 없네.

47

당신의 어머니와 동생들이 말하려고 밖에 왔습니다.
누가 내 어머니이며, 누가 내 동생들이냐?

※어머니 : 요셉의 아내이자 예수님의 어머니 마리아.

※동생들 : 예수님의 친동생들인 야고보, 요셉, 시몬, 유다.

49

보라. 너희가 내 어머니고, 동생들이다.
하늘에 계신 내 아버지의 뜻대로 사는 사람이 곧 내 형제요, 자매요, 어머니다.

tip 예수님의 가족

이것은 예수님의 육신의 가족에 대한 부정이 아니라 하늘나라의 가족에 대한 말씀이다. 즉, 하늘나라의 가족은 하늘에 계신 아버지의 뜻을 따르는 사람으로, 예수님이 전하는 하나님의 말씀을 듣고 순종하는 제자들을 가리킨다. 또한 이 말씀은 많은 비난과 공격에도 불구하고 함께하는 제자들을 격려하는 한편, 예수님을 믿지 않고 의도적으로 반대한 유대인들을 새로운 가족으로 초대하는 말씀이기도 하다.

마가4:1, 누가8:4

13장 하늘나라 비유 : 씨 뿌리는 사람

1 예수께서 집을 나와 바닷가의 배에 앉으셨고 많은 사람이 해변에 섰어.
3 '한 농부가 나가서 씨를 뿌렸다.'
4 '그런데 어떤 씨는 길가에 떨어져 새들이 쪼아먹었다.'

※집 : 베드로의 집으로 추정. ※농부 : 예수님. ※씨 : 하나님의 말씀.

5 '또 어떤 씨는 흙이 적은 돌밭에 떨어져 곧 싹이 났지만 흙이 깊지 않고 뿌리가 없어서 해가 뜨자 타버렸다.'
7 '또 어떤 씨는 가시덤불에 떨어져 가시가 자라 기운을 막았다.'
8 '또 어떤 씨는 좋은 땅에 떨어져 100배, 60배, 30배가 되는 열매를 맺었다.'

비유의 목적 마가4:10, 누가8:9, 10:23

10
왜 저들에게 비유로 말씀하십니까?
11
너희에겐 하늘나라의 비밀을 아는 것이 허락되었지만, 저들에게는 허락되지 않았기 때문이다.
??
12 '가진 자는 더 받아 넉넉하겠지만 없는 자는 있는 것도 빼앗길 것이다.'
와우, 하나를 찾았더니 줄줄이.

※저들 : 일반 백성들을 가리키며 예수님의 제자들과는 구분된다.

13 '내가 비유로 말하는 이유는, 저들은 보아도 보지 못하고, 들어도 듣지 못하고, 깨닫지도 못하기 때문이다.'
그가 무슨 말을 하는지 보자.
흥, 얼마나 잘났나 보자.
뻥치기만 해 봐라.
우리의 고집스러움을 증명해주마.
14 너희가 듣기는 들어도 깨닫지 못하고, 보기는 보아도 알지 못할 것이다! 그것은 너희의 마음이 둔해져 귀가 먹고 눈이 감겼기 때문이다! 난 너희가 보고 듣고 깨달아서 내게 돌아와 고쳐질까 걱정이다!
이것은 이사야의 예언을 이루려는 거야.
하나님은 우리가 돌이키는 걸 원하지 않으시나?
백성들이 고집스럽다는 걸 강조하시는 거야.

※예언 : Link 이사야 6:9~10

마태복음

16 '그러나 너희는 지금 눈으로 보고, 귀로
듣고 있으니 복이 있다.'
예수님을 보고, 그 말씀을 듣고, 완전 대박이지.
고집부리는 사람들이 안 됐어.

17 '내가 진실로 너희에게 말한다. 많은 예언자와 의인이 너희가 보는 것을 보고 싶어
했으나 보지 못했고, 너희가 듣는 것을 듣고 싶어 했으나 듣지 못했다.'
다니엘
요나
스가랴
다윗
말라기
아모스
학개
하박국
이사야
너희는 로또를 맞은 거야.
시대를 잘 타고난 거지.
징그럽게 부럽다야.
그 엄청난 행운을 알아?

※진실로 말한다 : 예수님 말씀의 권위와 반드시 이루어질 것을 강조한 표현.

씨 뿌리는 사람 설명 마가4:14, 누가8:11

18
씨 뿌리는 사람의 비유가 무슨 뜻인지 들어라.
집중하자. 집중.

19 '하늘나라의 말씀을 듣고도 깨닫지 못하면
악한 자가 그 마음에 뿌려진 말씀을
빼앗아 간다. 길가에 떨어진 씨는 그런
사람을 말한다.'

20 '돌밭에 떨어진 씨는 말씀을 기쁘게
받지만 마음속에 뿌리를 내리지 못해
오래가지 못하고, 어려움이나 박해를
받으면 넘어지는 사람이다.'

22 '가시덤불 사이에 떨어진 씨는 말씀을
듣긴 하지만 세상의 걱정과 재물의 유혹이
말씀을 막아 열매를 맺지 못하는 사람이다.'
THE BIBLE
휴지통

23 '좋은 땅에 떨어진 씨는 말씀을 듣고
깨닫는 사람이다. 그 사람이야말로 100배,
60배, 30배의 열매를 맺는다.'
THE BIBLE

독보리 비유

24 '하늘나라는 자기 밭에 좋은 씨를 뿌린
사람과 같다.'

25 '사람들이 잠자는 동안, 원수가 밀밭에
독보리를 뿌렸다.'

26 '밀이 자라서 이삭을 맺을 때 독보리도
보였다.'
주인님은 좋은 씨를 뿌렸는데 왜 독보리가 생겼죠?

28
원수의 짓이지 뭐.
그러면 우리가 독보리를 뽑아버릴까요?

29 아니다. 독보리를 뽑다가 밀까지 뽑힐라. 그냥 뒀다가 추수할 때 독보리는 먼저 뽑아서 단으로 묶어 불태우고, 밀은 곳간에 거두면 돼.

tip 독보리 Tares

성경에 따라 '가라지', '잡초'라고도 표기되어 있다. 독보리는 거친 땅이나 밀밭에서 자라며 초기에는 밀과 비슷해서 구별하기 힘들다. 열매는 독성이 강해서 구토와 설사를 일으킨다. 독보리가 뿌리를 내리면 밀의 뿌리와 얽히게 되어 독보리만 뽑아내기 어렵다. 그래서 그냥 두었다가 수확 때 밀과 독보리를 함께 뽑아서 독보리는 불태운다.

겨자씨 비유 마가4:30, 누가13:18

31 '하늘나라는 자기 밭에 겨자씨를 심은 것과 같다.'
겨자씨를 심는다고?
멍청이 아냐?

32 '겨자씨는 그 어떤 씨보다 작다. 하지만 자라면 어떤 식물보다도 큰 나무가 되어 하늘의 새들이 그 가지에 깃든다.'

※새들 : 하늘나라에 속하게 될 모든 사람.

tip 겨자 Mustard

겨자는 갈릴리 지방에서 흔한 식물이다. 그래서 겨자를 자기 밭에 심는 것은 아주 어리석음을 뜻한다. 예수께서 이처럼 표현하신 것은 당시 유대인들이 예수님과 하늘나라의 복음을 어리석게 생각하고 있음을 지적하신 것이다. 또한 겨자씨는 눈에 보이지 않을 만큼 작아서 유대인들은 가장 작은 것을 의미하는 대명사처럼 사용했다. 하지만 다 자라면 높이가 4m를 넘기도 한다. 예수님의 겨자씨 비유는 하늘나라가 지금은 작고 초라하지만 그 결과는 겨자 나무처럼 크게 성장할 것임을 말씀하신 것이다.

누룩 비유 누가13:20

33 '하늘나라는 한 여자가 많은 밀가루에 몰래 넣어 온통 부풀게 한 누룩과 같다.'
적은 양의 누룩이라도 밀가루를 크게 부풀게 해.
복음도 지금은 미미하지만 세상에 큰 변화를 가져올 거야.
먹으면서 하죠?

비유로 말씀하시는 이유

34 예수께서 이 모든 것을 비유로만 말씀하시고 비유가 아닌 말씀은 하지 않으셨지.
뭐야, 이상한 말만 하는군.
그럼 그렇지. 순 엉터리야.
난 처음부터 수상하더라고.

35 그것은 예언자를 통해 하신 말씀을 이루시려는 것이었어.
내 입으로 비유를 말할 것이니 천지창조 때부터 감춰진 것들을 드러낼 것이다!

※예언자 : 다윗과 솔로몬 때 찬송을 책임졌던 왕의 선견자 '아삽'.
※말씀 : Link 시편 78:2

tip 구약성취8 비유로 하신 말씀

마태는 예수께서 비유로 말씀하시는 것을 구약의 성취로 보고 있다. [시편 78편]은 죄지은 이스라엘 백성을 구원하신 하나님의 능력과 그분이 하신 놀라운 일을 비유로 노래했다. 마태는 예수님의 비유로 하신 말씀과 이 시편 78편을 연결한다. 이는 예수님으로부터 시작된 하늘나라의 구원이 창세로부터 숨겨두었던 하나님의 비밀이며, 그 비밀을 예수님이 비유를 통해 확실하게 드러낸 것이라고 봤다.

독보리 설명

저희에게
독보리 비유를
설명해주세요.
36 그 뒤에 예수께서 사람들을 떠나 집으로 들어가시자,

※집 : 갈릴리 가버나움에 있는 베드로의 집으로 추정.

37 '좋은 씨를 뿌린 이는 인자요, 밭은 세상이다. 좋은 씨는 그 나라의 자녀들이요, 독보리는 악한 자의 자녀들이다.'

나의
귀여운 씨앗.
39 '독보리를 뿌린 원수는 사탄이요, 추수 때는 세상 끝날이요, 일꾼은 천사들이다.'

독보리는
태워야 해.
40 '독보리를 모아 불에 태운 것처럼 세상 끝날에도 그렇게 할 것이다.'

41 '세상 끝날에 인자가 천사들을 보내 죄를 짓고, 악행을 하는 모든 사람을 추려 불구덩이에 처넣을 것이니 그들이 통곡하며 고통스러워 할 것이다.'

43 '그때 의인들은 아버지의 나라에서 해처럼 빛날 것이다.'

보물과 진주 비유

헉!
44 '하늘나라는 밭에 묻어둔 보물과 같다.'

※밭에 묻어둔 : 당시 유대인들은 빈번한 약탈에서 귀중품을 지키기 위해 땅속에 감추는 경우가 많았다.

이제 이 밭은
내 것이오.
'보물을 발견한 사람은 그것을 제자리에 숨겨두고 기뻐하며 돌아가서 가진 것을 다 팔아 그 밭을 산다.'

헉헉, 반드시
찾고야 말겠어.
45 '또 하늘나라는 좋은 진주를 구하는 상인과 같다.'

※진주 : 당시 로마 왕족만 착용할 정도로 귀한 보석이었다.

이게 나의
전 재산이오.
46 '값진 진주 하나를 발견한 상인은 가진 것을 다 팔아 그것을 산다.'

※하나 : 많은 것 중에 '하나'가 아니라 '오직 하나'를 의미한다.

tip 보물과 진주

이 비유는 하늘나라의 가치가 어느 정도이며 그것에 대해 어떻게 반응해야 하는지를 나타낸다. 보물 비유는 하늘나라를 우연히 발견한 것이고, 진주 비유는 하늘나라를 열심히 찾아서 발견한 것이다. 어떤 경우든 하늘나라는 무엇과도 비교할 수 없는 최고의 가치가 있기 때문에 모든 것을 포기해서라도 얻어야 한다는 것이다. 이 비유는 예수님을 따르는 제자들을 격려하는 말씀이기도 하다.

그물 비유

47 '또 하늘나라는 바다에 그물을 던져 온갖 물고기를 잡는 것과 같다.'

48 '그물이 가득 차면 해변에 끌어올려 좋은 것은 바구니에 담고, 나쁜 것은 버린다.'

49 '세상 끝날에도 그럴 것이다. 천사들이 의인들 사이에서 악인을 가려내어 불구덩이에 처넣을 것이니 그들이 통곡하며 고통스러워 할 것이다.'

※세상 끝날 : 하나님의 마지막 심판의 날.

새것과 낡은 것 비유

51 너희가 이 모든 비유를 다 깨달았느냐?
네, 주님.

52 하늘나라의 가르침을 받은 율법교사는 자기 곳간에서 새것과 낡은 것을 꺼내는 집주인과 같다.
즉 너희는 유대의 율법교사들과는 달리 구약의 말씀과 복음을 함께 가진 것이다.
히히, 신무기를 탑재했으니 전투력이 엄청 높아지겠네.
오, 그렇네.

※하늘나라의 가르침 : 예수님께 가르침을 받은 제자들로 유대 율법교사와 비교하신 말씀이다.
※새것 : 하늘나라의 복음. ※낡은 것 : 구약의 율법과 언약.

고향에서 두 번째 배척 마가6:1

53 예수께서 이 모든 비유를 마치시고 그곳을 떠나셨어.

54 예수께서 고향으로 가셔서 회당에서 가르치시자 사람들은 놀랐지.
그는 이런 지혜와 능력을 어디서 얻었을까?
하나님의 아들인가?
바알세불 이라던데?

55 그는 목수의 아들이잖아?
그의 어머니는 마리아, 형제들은 야고보, 요셉, 시몬, 유다가 아닌가?
그의 누이들은 모두 우리와 함께 살고.
목수 따위가 어떻게?
그런데 그는 이 모든 것을 어디에서 얻었을까?

57 그들은 예수를 믿으려 하지 않았어.
존경받는 예언자도 제 고향과 제 집에서만은 존경받지 못한다.
뭐래?
예언자가 고향을 존경한다고?

58 예수께서는 그들이 믿지 않으니 그곳에서는 많은 기적을 베풀지 않으셨지.
믿음이 없는데 뭘 할 수 있겠나.

※고향 : 예수님이 성장하신 갈릴리 지방의 나사렛.

※고향인 나사렛에서의 첫 번째 배척은 Link 누가복음 4:16 이다.

tip 예수님의 형제들

①야고보James : 예수님의 친동생, 후에 예루살렘 교회의 감독이자 야고보서의 저자가 된다.
②유다Judas : 예수님의 친동생, 후에 유다서의 저자로 추정된다.
그 외 요셉, 시몬, 누이들에 대해서는 알려진 것이 없다. 다만 누이들은 예수님의 동생이며, 복수로 표현된 것으로 보아 2명 이상으로 추정할 뿐이다.

14장 세례 요한의 죽음 마가6:14, 누가3:18, 9:7

1 그 무렵, 분봉 왕 헤롯이 예수의 소문을 듣고 신하들에게 말했어.
그자는 세례 요한이다. 그가 죽은 자 중에 살아나서 놀라운 능력을 베푸는 것이다.
어쩐지 회개를 촉구하고 종교 지도자들을 까는 게 요한과 비슷했어.
목이 잘렸는데 어떻게?
신통하네.

※분봉 왕(Tetrarch) : 점령지 전체를 다스리던 왕(Ethnarch)보다 한 단계 아래 등급으로 점령지의 영토를 나누어 다스리던 왕. 영주와 비슷한 개념이다.

3 예전에 헤롯은 동생 빌립 1세의 아내 헤로디아의 일로 요한을 감옥에 가둔 적이 있었지.
4 그것은 요한이 헤롯을 비난했기 때문이야.
헤롯이 헤로디아를 차지하는 것은 옳지 않다!
동생의 아내를 빼앗는 건 율법을 어긴 것이다!
5 헤롯은 요한을 죽이려 했지만 요한을 예언자로 여기던 백성들이 두려워서 그렇게 할 수 없었지.
콱 죽여 버릴까?
그랬다간 난리납니다요.

※예전 : Link 마태복음 4:12 ※빌립 1세(Philip Ⅰ) : 헤롯 대왕과 대제사장 시몬의 딸 마리암네의 아들, 헤롯 안티파스의 이복동생. 공직은 맡지 않았다. ※율법 : Link 레위기 18:16

6 그런데 마침, 헤롯의 생일에 헤로디아의 딸이 춤을 추어 헤롯을 기쁘게 해주었어.
살로메
하하, 네 소원을 말해봐라. 내가 들어주마!

7 헤롯은 그녀가 요구하는 것은 무엇이든지 주겠다고 약속했지.
정말요?
왕의 이름으로 맹세하마.

※헤롯(Herod) : B.C.4~39년까지 갈릴리와 베레아 지역을 다스린 분봉 왕. 헤롯 대왕의 아들인 헤롯 안티파스를 말한다.

어머니, 뭘 달라고 할까요?
세례 요한의 머리를 달라고 해.
8 그녀는 어머니가 시키는 대로 말했어.
세례 요한의 머리를 쟁반에 담아주세요.
푸웃!
9 헤롯은 괴로웠지만 스스로 맹세한 것과 함께 있던 사람들도 보고 있어서 어쩔 수 없었지.
감옥에 가서 요한의 목을 베어 갖다줘.
유대인들이 알면 골치 아픈데.
왕이란 게. 끌끌.

11 그리고 요한의 머리를 쟁반에 담아 소녀에게 주니,
소녀는 그것을 자기 어머니에게 가져갔어.
호호호, 드디어 발칙한 요한의 머리를 땄구나.
12 요한의 제자들이 와서 그 시체를 거두어 장사 지내고
예수께 알려드렸지.
저희 스승님께서….
이 장면은 세례 요한과 예수님의 긴밀한 관계와 앞으로 예수님에게도 닥칠 고난과 죽음을 암시하고 있어.
오병이어 마가6:30, 누가9:10, 요한6:1
13 예수께서 그 말을 들으시고
헤롯은 주님이 죽은 요한이 살아난 것이라고 합니다.
그게 아니라는 걸 보여주자.
그곳에서 배를 타고 외딴곳으로 가셨어.
분위기가 안 좋으니 헤롯의 영토도 잠시 뜨고.
그 소식을 들은 여러 마을의 사람들이 걸어서 예수를 따라갔지.
뛰어! 우릴 떼어놓을 순 없다!
거머리처럼 달라붙자!
14 배에서 내린 예수께서는 많은 사람을 불쌍히 여겨 병자들을 고쳐주셨어.
흐흐, 어딜 가시려고.
가버나움에서 여기까지 5km는 되는데, 징한 것들.
헉 헉

※그곳: 헤롯 안티파스가 다스리던 가버나움.
※외딴곳: 헤롯 빌립 2세가 다스리던 '벳새다'. Link 누가복음 9:10

15 저녁 무렵,
여긴 외딴곳이고 날도 저물었으니 사람들을 마을로 보내 각자 음식을 사 먹게 하시죠.
그러지 말고 너희가 먹을 것을 줘라.
17 네? 저희에게는 빵 5개와 물고기 2마리뿐입니다.
그걸 가져와라.
19 예수께서는 사람들을 풀밭에 앉게 하시고
자자, 앉아요.
서서 먹는 게 아냐.

※빵과 물고기: 서민들이 먹던 보리빵과 작은 민물정어리. 빵 5개와 물고기 2마리는 한 사람의 한 끼 정도 양이다.

빵 5개와 물고기 2마리를 들고 하늘을 우러러 감사 기도를 드린 후,
20 사람들은 모두 배불리 먹었고,
분명히 빵 다섯 개랑 물고기 두 마리였는데?
계속 나오잖아.
빵을 떼어 제자들에게 주시니 제자들이 사람들에게 나누어주었어.
골고루 나눠줘라.
남은 걸 모으니 12바구니에 가득 찼지.
맙소사, 말도 안 돼!
어떻게 이런 일이?!
21 이때 먹은 사람은 여자들과 아이들 외에 남자만 5000명이나 되었어.
누가 이런 기적을 보인단 말이냐?
분명히 약속된 그 예언자야.
우리의 왕으로 세우자!
다윗의 자손이신 유대 왕이시다!

tip 오병이어의 의미

①백성을 돌보는 참 목자는 누구인가? : 이 기적은 유월절 즈음에 외딴곳(광야)에서 일어난 사건이다. 이스라엘 백성들이 출애굽 이후 40년 동안 광야에 있을 때 하나님께서 만나를 내려주신 것과 비슷하다. Link 출애굽 16:12 하나님께서는 만나를 통해, 예수께서는 오병이어를 통해 참 목자임을 나타내신 것이다. Link 에스겔 34:23

②제자들의 역할과 사명은 무엇인가? : 제자들이 가진 것은 예수님께 드리고, 예수님께 받은 것은 사람들에게 나눠줬다. 이처럼 예수님께 받은 하늘나라의 복음을 나눠줘야 한다는 것이다.

③이곳의 사람들은 하늘나라의 가족으로 초대되었다. : 당시 유대인의 문화에서 음식을 함께 먹는다는 것은 '하나됨'을 의미했다. 죄인과 세리와의 식사처럼, 이곳에서 함께 식사를 한 이들도 하늘나라의 가족으로 초대된 것이다. 이 사건은 궁극적으로 하늘나라에서 있을 잔치의 예표로 볼 수 있다.

물 위를 걸으시다 마가6:45, 요한6:15

22 예수께서 사람들을 돌려보내는 동안,
자, 해산!
우리의 왕이 되어 로마를 박살내줘요!
왕이시여!

제자들을 재촉해서 배를 타고 바다 건너편으로 먼저 가게 하셨지.
너희는 허황된 말에 흔들리지 말고 빨리 가라.
23 예수께서는 사람들을 보내신 뒤, 기도하러 혼자 산에 올라가셨고,
유대 지도자들은 날 바알세불이라 하고, 헤롯은 심상치 않고, 기적을 본 백성들조차 복음보다 로마에서의 해방만 바라고.
날이 저물 때까지 홀로 그곳에 계셨어.
기도밖에 없구나.

※건너편 : 갈릴리 바다 서북쪽 게네사렛.

24 그동안 제자들이 탄 배는 이미 바다 가운데서 풍랑에 시달리고 있었지.
역풍이다!
꺄오오오오오
쏴아아아아
사람 살려!
25 새벽 3~4시쯤, 예수께서 물 위를 걸어 제자들에게 오셨어.
헉!
아니, 저… 저기?!
꺄아아아아악!
26 제자들은 예수께서 물 위로 걸어오시는 것을 보고 두려워하며 놀랐지.
컥, 유령이다!
맙소사, 우리가 이미 죽었나보다!
쏴아아아아아아
안심해라. 나다. 두려워하지 마라.
주님!
메시아시다!
28
주여! 정말 주님이시면 저에게 물 위로 걸어 오라고 하십시오!
오너라.

마태복음

베드로는 배에서 내려,
이 인간이 미쳤나?
쏴아아아아
물 위를 걸어서 예수께로 갔어.
쏴아아아아아
30 그러나 베드로는 거센 바람을 보자 두려운 생각이 들었고
콰르르르

헉!
그만 물에 빠지고 말았지.
주님, 살려주십시오!
31 예수께서 곧 그를 잡으시며 말씀하셨어.
믿음이 적은 사람아, 왜 의심했느냐?
아이고, 베드로 죽네.
쏴아아아아아

32 그들이 함께 배에 오르자 바람이 그쳤지.
바… 바람이?
갑자기 그쳤어.
33 배에 있던 사람들이 엎드려 절하며 말했어.
주님은 진실로 하나님의 아들이십니다!

tip 베드로가 물 위를 걷다

4복음서 중에서 마태복음에서만 베드로가 물 위를 걸었던 사건을 말하고 있다. 이는 베드로의 무모함을 말하려는 것이 아니라 예수님에 대한 믿음과 의심이 뒤섞여있는 제자들을 대변한다. 예수님의 말씀에 순종하며 따른다는 것은 때때로 두려움과 어려움이 닥칠 때 흔들릴 수 있으며, 예수님에 대한 온전한 믿음만이 그런 상황을 극복할 수 있음을 나타낸다. 이것은 현재의 성도들에게 해당하는 말이기도 하다.

게네사렛 병자 치유 마가6:53

34 그들은 바다를 건너 게네사렛에 닿았지.

휴, 살았다.

※게네사렛(Gennesaret): 갈릴리 바다 서북쪽에 위치, 구약에서는 긴네렛(Kinnereth)이라 했다.

35 예수를 알아본 사람들이 그 지역 곳곳에 알려 병자를 모두 데려왔어.
그분이 오셨다!
병든 자들은 나와라!
36 사람들은 예수께 옷자락이라도 만지게 해달라고 간청했고 손을 댄 사람은 모두 나았지.
주여!
제발 저도!

예수께서
병자들을 고치신 의미들은
[44p 팁]에
깨알처럼 설명해 놨어.

15장 정결법 논쟁 마가7:1

1 그때 예루살렘에서 온 바리새인들과 율법교사들이 예수께 왔어.
당신의 제자들이 손을 씻지 않고 빵을 먹는데, 왜 조상의 전통을 어깁니까?

tip 예루살렘에서 온 사람들

이들은 모세의 율법과 조상의 전통을 엄격하게 지키는, 유대교를 대표하는 종교 지도자이기도 하다. 여기서 예루살렘이란 유대인의 최고 의결기구인 산헤드린 공회를 가리킨다. 이들이 왔다는 것은 예수님과 산헤드린이 대적하고 있으며, 이들은 예수님을 고발할 단서를 찾기 위해 온 것이다. 당시 유대 종교 지도자들은 예수님을 철저히 부정하고 죽이기 위해 힘을 모았다는 것을 보여준다.

3 그러면 너희는 왜 전통을 지킨다는 핑계로 하나님의 명령을 어기냐?
전통이 중요하냐? 하나님의 말씀이 중요하냐?
무슨 소리요?
우리가 뭐?

4 '하나님께서 '네 부모를 공경해라' '네 부모를 비난하는 자는 반드시 죽여라.'라고 하셨다. 그런데 너희는 부모에게 드려야 할 것을 하나님께 바쳤다고 하면서 제 부모를 봉양하지 않는다.'
전 재산을 하나님께 드렸으니 이제 월세방으로 옮겨야 해요.
월세 정도는 알아서 해결하실 수 있죠? 호호!

※공경해라, 죽여라: Link 출애굽기 20:12 Link 레위기 20:9

▶ Link 1권 172p tip '네 부모를 공경하라'를 보라.

그렇게 너희는 전통을 핑계로 하나님의 명령을 짓밟았다.
감히 조상의 전통을 무시하는 거냐?!
넌 부모도 없어?!

7 '위선자들아! 이사야가 너희 같은 자를 두고 이렇게 예언했다.'
그들이 입으로 나를 가까이 하고, 입술로 나를 공경해도 마음은 내게서 멀리 있다! 그들은 사람의 법을 나의 계명처럼 가르치며 나를 헛되이 경배한다!
하나님의 말씀으로 쌓아온 조상의 전통
-왜 전통인가?-

※예언: Link 이사야 29:13

※사람의 법: 유대인 조상의 전통.

10 예수께서 사람들을 가까이 부르셨지.
너희는 잘 듣고 깨달아라. 입으로 들어가는 것이 사람을 더럽히는 게 아니라, 입에서 나오는 것이 사람을 더럽힌다.

12 바리새인들이 지금 하신 말씀에 분개하고 있는 걸 아세요?
하늘의 아버지께서 심지 않은 나무는 모두 뽑힐 것이다. 그대로 둬라.
그들은 눈먼 길잡이다. 맹인이 맹인을 인도하면 둘 다 구덩이에 빠질 뿐이다.

※심지 않은 나무, 눈먼 길잡이: 바리새인과 율법교사. ※뽑힐 것: 하나님의 심판을 말한다.

15
그 비유를 설명해 주세요.
아직 깨닫지 못하느냐? 입으로 들어가는 것은 뭐든지 배 속을 거쳐 뒤로 버려질 뿐이다.
그러나 입에서 나오는 것들은 마음에서 나오며 그게 사람을 더럽힌다.

19 '마음에서 나오는 악한 생각들이 사람을 더럽히는 것이지 손을 씻지 않고 먹는 것이 사람을 더럽히는 게 아니다.'
간음
살인
거짓 증언
도둑질
비방
음행

tip 유대인의 전통이란?

바벨론 포로 시대 이후 유대인들은 모세의 율법을 더 잘 지키기 위해 입으로 전해지던 규범을 정리해서 모세의 율법과 동일시하고 엄격하게 지키도록 했다. 이를 '구전 율법'이라 한다. 예를 들어 '자신을 부정하게 하지 말라'는 율법을 지키기 위해서, 일상에서 부정한 것에 접촉될 수 있으므로 '먹기 전에 손을 씻어라'는 전통까지 추가한 것이다. 또 자신의 재산을 하나님께 드리기로 맹세하면 그것은 하나님의 것으로 구별되어 개인적으로 사용할 수 없다. 그런데 유대인들은 이 율법을 이용해서 재산을 하나님께 드렸다고 하고서 부모를 봉양해야 하는 의무를 저버리는 경우가 많았다. 이에 예수님은 전통이 하나님의 율법을 무시하고 있으며, 하나님을 섬긴다고 말하지만 실상은 하나님의 뜻을 떠나있는 모순됨을 지적하신 것이다.

가나안 여인의 믿음 마가7:24

21 예수께서 그곳을 떠나 두로와 시돈 지방으로 가셨어.
시돈
페니키아
두로
단
가이사랴빌립보
바산
가버나움
벳새다
게네사렛
갈릴리

※두로(Tyre), 시돈(Sidon) : 이스라엘 북쪽, 페니키아 지중해 해안의 이방 도시들.

22 마침, 그곳에 살던 가나안 여자 한 사람이 외쳤지.
주여, 다윗의 자손이여, 절 불쌍히 여겨주세요. 제 딸이 귀신에 들려 고통받고 있습니다.

※가나안 여자 : 마가는 페니키아인. 마태는 부정한 이방인임을 강조하고자 '가나안 여자'라고 했다.

23 예수께서 한 마디도 대답하지 않으시자 제자들이 간청했어.
저 여자가 뒤에서 소리를 지르니 달래서 보내시죠?
나는 이스라엘의 길을 잃은 양들에게만 보내졌다.

25
주님, 저를 도와주세요.
내 자녀들의 빵을 개들에게 던지는 것은 옳지 않다.

※자녀들 : 하나님께 선택받은 유대인들.
※개들 : 이방인을 뜻하는 모욕적인 말.

27
주님, 그렇지만 개들도 주인의 상에서 떨어지는 부스러기는 얻어먹습니다.
!!

여인아, 네 믿음이 크다. 네 소원대로 될 것이다.
아아, 주여!

바로 그때, 그 여자의 딸은 나았지.
아, 네가 말씀으로 나았구나!

tip 거절과 구원

예수께서 이방 여인을 개라고 표현하면서 구원을 냉정하게 거절하셨다. 예수님은 여인이 자신을 유대인의 메시아(다윗의 자손)로 인정하는 동시에 이방인에게도 구원을 주시는 메시아로 믿고 있는지 시험하신 것이다. 이에 예수님은 여인의 굳건한 믿음을 보시고 구원을 베푸셨다. 한편, 마태는 정결법 논쟁에 이어 하나님을 대적했던 가나안 백성의 부정한 여인이 예수님을 다윗의 자손이라 부르면서 믿음으로 구원받았음을 보여준다. 마태는 정결함과 부정함의 기준이 예수님에 대한 믿음에 있음을 강조한 것이다.

이 가나안 여인을 보면
예수님이 유대인만을 위한
메시아로 보인다고?
그래서 여기에 이방인
이야기를 배치했지.

이방인들을 치유하시다 마가7:31

29 예수께서 그곳을 떠나 갈릴리 바닷가에 가셨어.
두로
단
가이사랴 빌립보
바산
가버나움
게네사렛
벳새다
갈릴리
막달라
나사렛
가다라
데가볼리

※마가는 예수님이 갈릴리 바다 남동쪽 데가볼리 지역을 지나서 갈릴리 바다로 가셨다고 기록했다.

그리고 산에 올라가서 앉으셨지. 사람들이 많은 병자를 데려왔고, 예수께서는 그들을 고쳐주셨어.

31 사람들은 병자들이 나은 것을 보고 크게 놀라며 이스라엘의 하나님께 영광을 돌렸지.
그의 모든 일은 훌륭하다!
듣지 못하는 자도 듣게 하시고,
말 못하는 자도 말하게 하신다!

※산 : 마태는 다른 복음서의 저자들과 달리 유대인이 흔히 계시의 장소로 생각하는 산을 강조했다.

tip 이방인들의 찬양

예수께서는 두로와 시돈 지역을 지나 갈릴리 바다 남동쪽의 데가볼리 땅을 거쳐 갈릴리 바다로 가셨다. 데가볼리Decapolis는 헬라화된 10개 도시 연합으로 대부분 요단 강 동쪽에 위치했다. 대표적인 이방인들의 땅이었다. 그런데 예수님의 기적을 보고도 바알세불이라며 비방했던 유대인들과 달리 이방인들은 하나님께 영광 돌리며 찬양했다. 이것은 유대인들에게 놀라운 사건으로 마태가 유대인들에게 던지는 분명한 메시지다.

칠병이어 마가8:1

32 그때, 예수께서 제자들에게 말씀하셨어.
사람들이 나와 함께 있은 지 벌써 3일인데 먹을 것이 없으니 가엾다. 굶겨서 보내고 싶지 않구나.
이런 광야에서 어떻게 이 많은 사람에게 먹일 빵을 구하겠습니까?

34
빵이 몇 개나 있느냐?
빵 7개와 작은 물고기가 몇 마리 있습니다.

35 예수께서 사람들을 땅에 앉게 하시고,
자, 다들 앉아서 먹어요.

36 빵 7개와 물고기를 들어 감사 기도를 드린 후,

그것을 떼어 제자들에게 주시니 제자들이 사람들에게 나누어주었어.

골고루 나눠줘라.
예수님께 받은 하늘나라의 복음을 이방인에게도 나눠 주라는 뜻이야.

37 사람들이 모두 배불리 먹었고,

계속 나오잖아.
어떻게 된 거지?

남은 걸 모으니 7개의 광주리에 가득 찼지.

맙소사, 말도 안 돼.
어떻게 이런 일이….

38 이때 먹은 사람은 여자들과 아이들 외에도, 남자만 4000명이었어.

빵 7개로 이 많은 사람을?
어떤 왕도 이런 일은 하지 못했다.

39 예수께서는 사람들을 돌려보내시고 배에 올라 마가단 지방으로 가셨지.

가버나움
벳새다
게네사렛
막달라
거라사
갈릴리
히포스
디베랴
나사렛
데가볼리

※마가단(Magadan) : 마가복음은 '달마누다'라고 했다. Link 마가복음 8:10 갈릴리 바다 서쪽의 '막달라'로 본다.

tip 칠병이어의 의미

이 사건은 오병이어와 거의 유사하다. 차이점은 두 가지다. 오병이어가 유대 땅에서 유대인들을 대상으로 베풀어졌다면, 칠병이어는 이방 땅에서 이방인들을 대상으로 베풀어졌다. 또한 오병이어는 제자들이 먼저 먹거리에 대해 제안했지만 칠병이어는 예수님이 먼저 먹거리 문제를 제안하셨다는 것이다. 이는 예수님이 유대인뿐만 아니라 이방인들에게도 메시아가 되심을 확실하게 보여주는 사건이라고 할 수 있다.

※오병이어 : Link 마태복음 14:21

16장 증거를 구하는 악한 자들 마가8:11, 누가12:54

1 바리새인들과 사두개인들이 예수를 시험하려고 했어.

하늘에서 온 증거를 보여주시오.
당신이 메시아라는 증거 말이오.

※바리새파와 사두개파는 대립하는 사이였지만 예수님을 박해하는 일에는 연합했음을 보여준다.

2

너희는 저녁에 하늘이 붉으면 '내일은 날씨가 맑겠구나.' 하고, 아침에 하늘이 붉고 흐리면 '오늘은 날씨가 궂겠구나.' 한다.
그렇게 하늘을 보고 날씨는 분별할 줄 알면서 왜 시대의 징조는 분별하지 못하느냐?
무슨 징조요?
뭘 보여줬다고?

※시대의 징조 : 예수님을 통해 시작된 새로운 시대의 증거들(예수께서 메시아임을 나타내는 많은 기적과 증거).

4
악하고 음란한 이 세대가 증거를 요구하지만, 예언자 요나의 증거 외엔 보여줄 것이 없다.
흥, 뻥치고 있네!
궁하니까 핑계는.
그리고 예수께서는 떠나가셨지.
도망치는 것 봐라!
뒤에서 짖어대기는.
산처럼 많은 증거를 보고도 모르는 주제에.
어딜 가냐? 덤벼!

※이 세대 : 세례 요한과 예수님을 배척한 유대인들과 종교 지도자들.

tip 요나의 증거

바리새인과 사두개인은 유대 지도자들이며 지식인들이었지만 새로운 시대를 향한 많은 증거를 보고도 분별하지 못했다. 그래서 어떠한 증거를 보여줘도 어차피 분별할 능력이 없다는 것이다. 하지만 예수께서는 그들조차 거부할 수 없는 강력한 '요나의 증거'를 보게 될 것이라고 하신다. 즉, 그것은 3일 동안 물고기 배 속에 있다가 나온 요나처럼, 예수님이 죽은 지 3일 만에 부활하시는 것을 가리킨다. 한편, [12 : 39]에 이어 같은 표현이 나오는 이유는 '강조'하기 위해서다. 당시 유대인들은 악하고 음란했으며, 예수님은 '요나의 증거' 즉 십자가를 향하신다는 것을 강조한다.

누룩을 조심해라 마가8:14

5 제자들은 바다 건너편으로 가면서 빵을 가져오는 걸 잊었어.
너희는 바리새인과 사두개인의 누룩을 조심해라.
아차, 빵!
빵?

※건너편 : 마가는 '벳새다'라고 했다. Link 마가복음 8:22

7
빵을 가져오지 않은 걸 탓하시는구나!
어떡해?
믿음이 적은 자들아, 왜 빵 때문이라 생각하느냐?
9
빵 5개로 5000명이 먹고 남은 게 몇 바구니고, 빵 7개로 4000명이 먹고 남은 게 몇 광주리였는지 잊었느냐?
열 두 바구니죠.
일곱 광주리.
11
내가 말한 것은 빵이 아니라 바리새인과 사두개인의 누룩을 조심하라는 것임을 왜 깨닫지 못하느냐.
아, 누룩?
조금만 넣어도 확 부풀게 하는 거?

※누룩 : 빵을 만들 때 넣는 재료로 적은 양으로도 밀가루를 많이 부풀게 하는 발효제다.

12 그제야 제자들은 예수의 말씀을 깨달았지.
바리새인과 사두개인들의 가르침을 누룩이라고 하신 거야.
그 저질 가르침을 조심하라는?

베드로의 신앙 고백 마가8:27, 누가9:18

13 예수께서 가이사랴 빌립보 지역에 이르러 물으셨어.
사람들이 인자를 누구라고 하더냐?
14
세례 요한, 엘리야, 예레미야, 또는 예언자들 중에 한 분이라고도 합니다.
좋게 보면 그렇다는 것이고 바알세불이라고도 하죠.

※가이사랴 빌립보(Caesarea Philippi) : 갈릴리 바다 북쪽 40km 지점. 헤롯 빌립 2세가 로마 황제를 위해서 지은 도시. 우상과 황제 숭배의 중심지였다.

15
그러면 너희는 나를 누구라고 생각하느냐?
주님은 그리스도요, 살아 계신 하나님의 아들이십니다.
17
요나의 아들 시몬아, 너에게 복이 있다. 그것은 사람이 아니라 하늘에 계신 내 아버지께서 알려주셨기 때문이다.
와, 정답이구나.
왕부럽.

▶ Link 1권 32p tip '그리스도'를 보라.

※시몬(Simon) : 히브리어로 시몬인데 예수님이 아람어로 '게바(Cephas)'라는 이름을 주셨고 헬라어로는 '베드로(Peter)'다.

18
너는 베드로다. 내가 이 반석 위에 교회를 세울 것이니 죽음의 세력도 그것을 이기지 못할 것이다.
내가 너에게 하늘나라의 열쇠를 주겠다. 네가 무엇이든 땅에서 잠그면 하늘에서도 잠길 것이요, 땅에서 열면 하늘에서도 열릴 것이다.
뭔가 엄청난…?
내가 먼저 말할 걸.
20 예수께서는 제자들에게 경고하셨지.
내가 그리스도라는 것을 아무에게도 말하지 마라.
괜히 유대 해방이니 영웅이니 호들갑 떨라.

※베드로 : 바위, 돌, 반석이라는 뜻, 아람어로는 '게바'라고 한다.

tip 반석 위의 교회와 열쇠

예수님은 자신을 메시아로 고백한 베드로 위에 교회를 세울 것이라 말씀하신다. 그것은 베드로의 고백처럼 예수님을 하나님의 아들이신 메시아로 믿는 신앙고백 위에 교회가 세워질 것이라는 의미이다. 실제로 예수님 사후, 베드로는 초대교회가 성장하는 데 중요한 역할을 한다. 또한, 예수께서 베드로에게 약속한 열쇠는 '신앙고백'을 가리킨다. 즉, 베드로처럼 예수님을 하나님의 아들이자 메시아로 고백한 사람에게는 하늘나라가 열릴 것이며, 그렇지 않은 사람에게는 잠길 것이라는 뜻이다. 이는 하늘나라에 들어갈 수 있는 열쇠가 바로 예수님을 하나님의 아들이자 메시아로 받아들이는 '신앙고백'에 있다는 의미이다.

1차 수난 예고와 제자의 길 마가8:31, 누가9:22

21 그때부터 예수께서는 자신이 예루살렘에 올라가 장로들과 대제사장들과 율법교사들에게 많은 고난을 받고 죽임을 당한 후 3일째 살아나실 것을 가르치셨어.

※그때부터 : 예수님 사역의 중요한 전환점, 갈릴리 중심의 사역에서 예루살렘의 십자가로 향하기 시작했다는 의미다.
※장로들(지도자들), 대제사장들(사두개파 귀족들), 율법교사들(바리새파 평민들의 대표) 즉, 모든 유대인이란 의미다.

이즈음부터 예수께서는 제자들에게 스스로 메시아임을 밝히기 시작하셨어. 십자가의 때가 다가온다고 생각하셨기 때문이지.
22
주님, 안 됩니다! 결코 그런 일이 있어서는 안 됩니다!
사람의 생각으로 하나님의 계획을 부정하느냐?
23
사탄아, 물러가라! 너는 나를 넘어지게 하는 자다! 넌 하나님의 일은 생각하지 않고 사람의 일만 생각하는구나!
말 한마디에 천국과 지옥을 오가는구나.
까불더라.

24 '누구든지 나를 따르려거든 자기를 버리고, 제 십자가를 지고 나를 따라야 한다.'
쏴아아아아아
헉헉
25 '자기 목숨을 구하려는 자는 잃을 것이요, 나를 위해 자기 목숨을 버리는 자는 얻을 것이다.'
26 '온 세상을 얻어도 제 목숨을 잃으면 무슨 소용이 있겠느냐? 자기 목숨을 무엇과 바꿀 수 있겠느냐?'
일어나서 가자.
영원한 생명을 줄게.

※십자가 : 하나님의 뜻, 하나님의 계획.

27 '인자가 아버지의 영광에 싸여 천사들과 함께 올 때 각자의 행실대로 갚아줄 것이다.'
제 목숨을 구하려던 자는 멸망의 문으로, 십자가를 위해 목숨을 버린 자는 구원의 문으로 갈 것이다!
멸망의 문
구원의 문
28 그리고 너희 중에는 죽기 전에 인자가 하늘나라의 왕으로 오는 것을 볼 사람들도 있을 것이다.
못 볼 사람도 있다는 거잖아?
평소에 눈을 시퍼렇게 뜨고 있어야겠다.

※올 때 : 예수님이 세상을 심판하기 위해 오시는 재림.

tip 메시아의 사명

예수님은 1차 수난 예고로 자신이 누구인지 사명이 무엇인지 밝히셨다. 그것은 예수께서 하나님의 아들 메시아시며, 백성을 구원하기 위해 고난받고 십자가에서 죽은 후 3일 만에 부활하신다는 것이다. 이것은 당시 유대인들이 기대하는 메시아(로마의 지배에서 해방시키고 새로운 왕국을 세울 정치적, 군사적 영웅)가 잘못되었다는 것과 아직 확신이 없는 제자들에게 메시아의 사명을 이해시켜 십자가의 길을 따르게 하기 위함이다. 당시 십자가는 로마의 가장 끔찍하고 무서운 사형 방법이었다. 그런 십자가를 지라는 것은 죽음도 각오해야 한다는 뜻이다. '인자가 하늘나라의 왕으로 오는 것'은 예수님이 십자가에서 죽으시고 부활하시는 것을 의미한다. 제자들도 예수님의 부활을 목격한 후에야 그 모든 말씀을 이해하고 메시아의 사명을 깨닫게 된다.

17장 변하신 예수님 마가9:2, 누가9:28, 누가12:54

1 6일 뒤, 예수께서는 베드로와 야고보와 그의 동생 요한만 따로 데리고 높은 산에 올라가셨어.
우린 후일 초대교회에서 중요한 지도자가 돼.

※높은 산 : 대부분의 학자들은 가이사랴 빌립보 북동쪽에 위치한 헤르몬 산으로 추정한다.

으응?!
2 그런데 예수의 얼굴이 해처럼 빛나게 변하시고, 옷은 빛처럼 희게 되었지.
헉!!
3 그리고 갑자기 예수께서 모세와 엘리야와 함께 말씀하는 것이 보였어.
저… 저게 누구…?
저들은?

4
주님, 저희가 여기에 있을까요? 주님께서 원하시면… 여기에 초막 셋을 지어… 주님과 모세와 엘리야를 모시겠습니다.
너 낮술 했냐?
5 베드로의 말이 끝나기도 전에 빛나는 구름이 그들을 뒤덮고 소리가 들렸지.
그는 내가 사랑하며 기뻐하는 아들이다! 너희는 그의 말을 들어라!
엄마야!
꺄악!!
6 제자들은 그 말씀을 듣고 너무 두려워 엎드렸어.
일어나라. 두려워하지 마라.
8 제자들이 고개를 들어보니 예수밖에는 아무도 보이지 않았지.
이… 이게 도대체…?
왜? 귀신이라도 봤어?
9 그들이 산에서 내려올 때,
인자가 죽은 자 가운데 살아나기 전에는 방금 본 것을 아무에게도 말하지 마라.
10
그런데 왜 율법교사들은 엘리야가 먼저 와야 한다고 했죠?
예언에선 먼저 온다던 엘리야가 왜 이제 왔고?
먼저 와서 모든 준비를 할 것이라는 엘리야는 이미 왔다. 그러나 사람들이 그를 몰라보고 함부로 대했다.
인자도 그처럼 사람들에게 고난을 받을 것이다.
13 그제야 제자들은 그것이 세례 요한을 두고 하신 말씀인 줄을 깨달았지.
역시 세례 요한이 엘리야였어.
엘리야 뒤에 오신 분은 메시아고.

※이미 왔다: Link 말라기 3:1 ※함부로 대했다: Link 열왕기상 19:2 ※고난을 받다: Link 이사야 53:3~6

tip 모세와 엘리야

모세는 이스라엘 백성을 이집트에서 구원했고 율법을 대표하는 인물이며, 엘리야는 메시아의 오실 길을 준비하기로 한 구약의 대표적인 예언자다. 하나님께서는 백성들을 위해 모세와 같은 예언자를 보내겠다고 약속하셨고, 메시아가 오실 길을 위해 엘리야를 보내겠다고 약속하셨다. 그래서 모세와 엘리야는 유대인들이 메시아가 오실 때 다시 올 것이라고 기대했던 사람들이었다. 이들이 영광스럽게 변한 예수님 앞에 나타난 것은 예수님이 하나님의 아들이자 메시아라는 것을 보여준다.
한편, 예수께서 이 사건을 '아무에게도 말하지 말라.'고 한 것은 예수님의 영광만 보고, 예수께서 모세처럼 백성들을 고난에서 이끌어낼 정치적, 군사적인 영웅으로 오해할 것을 우려하셨기 때문이다.

※모세: Link 신명기 18:18 ※엘리야: Link 말라기 3:1, 4:5

귀신 들린 소년 치유 마가9:14, 누가9:37

14
예수님이 오신다!

15
주님, 제 아들이 간질병으로 몹시 고통 받고 있으니 불쌍히 여겨주십시오! 가끔 불 속에 뛰어들기도 하고, 물속에 빠지기도 합니다!
내 제자들도 낫게 할 수 있는데?
16
그래서 아들을 주님의 제자들에게 보였으나 고치지 못했습니다.
17
아! 믿음이 없고 비뚤어진 세대여, 내가 얼마나 너희와 함께 있을 것이며, 얼마나 너희를 참아야 하느냐?
고자질쟁이.
내가 [10:1,8]에서 귀신을 쫓는 권한을 줬지 않았느냐.
아이를 이리 데려오라.
18
예수께서 귀신을 꾸짖으시자,
썩 나와라!
컥!
귀신이 나가고 아이는 곧 나았어.
역시 주님의 파워란!
오오!
할렐루야!

마태복음

19
잠시 후, 제자들이 따로 예수께 물었지.
저희는 어째서 귀신을 쫓아내지 못했습니까?
너희 믿음이 적기 때문이다.
20
너희에게 겨자씨 한 알만한 믿음이라도 있다면, 이 산에게 '저기로 옮겨가라' 해도 그대로 될 것이고, 너희가 못할 일이 없을 거야.
우리의 허접한 믿음 때문이구나.

※겨자씨 : 눈에 보이지 않을 정도로 작아서 유대인들은 가장 작은 것을 의미하는 대명사처럼 사용했다.

tip 온전한 믿음

예수님은 '믿음이 적다.'라고 하시고, 겨자씨 한 알만한 작은 믿음을 강조하셨다. 모순이 있어 보이지만 이는 믿음의 크기가 아니라 순도(?)를 두고 한 말씀이다. 즉, 제자들의 믿음이 겨자씨 한 알만 하더라도 그것이 온전한 믿음이라면 산이라도 옮길 수 있다는 말씀이다.

2차 수난 예고와 성전세 마가9:30, 누가9:44

22
갈릴리에 머물 때 제자들은 예수의 말씀을 듣고 몹시 슬퍼했어.
인자가 얼마 후 사람들의 손에 넘겨져서 죽었다가 3일 만에 살아날 것이다.
응?
그게 무슨?
24
그들이 가버나움에 이르렀을 때 성전세를 거두는 사람들이 베드로에게 물었지.
당신네 선생은 성전세를 안 냅니까?
냅니다.
아니, 내가 왜?

※가버나움(Capernaum) : 갈릴리 바다 북쪽에 위치한 해안 성읍. 국경 지역으로 세관이 있고, 군대가 주둔한 도시. 예수님의 두 번째 고향이며 갈릴리 사역의 중심지.

25 베드로가 집에 들어가니 예수께서 먼저 말씀하셨어.
시몬아, 세상 왕들이 누구에게 관세나 주민세를 받느냐? 자기 자녀들이냐? 남들이냐?
남들에게 받습니다.

26 그렇다면 자녀들은 세금을 내지 않아도 되지.
앗, 맞아. 성전은 하나님의 것이고 주님은 하나님의 아들이시니.
그럼 우리도 하나님의 자녀니까.

※시몬(Simon) : 히브리어로 시몬인데 예수님이 아람어로 '게바(Cephas)'라는 이름을 주셨고 헬라어로는 '베드로(Peter)'다.

27 '하지만 그들을 자극할 필요는 없다. 네가 바다에 낚시를 던져 맨 먼저 올라오는 물고기의 입을 벌려보면 은화 하나가 있을 것이다. 그것을 나와 네 몫으로 그들에게 주어라.'
오호, 진짜 은화가 있다!
와우!

※성전세 : Link 출애굽기 30:13

tip 성전세

율법에서는 매년 성전을 유지, 보수하기 위해 20세 이상 된 남자에게 성전세 반 세겔을 내도록 하고 있다. 이 성전세의 더 중요한 의미는 '내 목숨을 대신한다.'는 의미로 이집트에서 구원해주신 하나님께 자신의 목숨의 대가로 드린다는 것이다. 즉, 이스라엘 백성을 구원해주시고 자녀로 삼아주신 하나님의 은혜를 기념하고 자신의 생명이 하나님께 있음을 고백하는 것이다. 마태는 여기서 성전세를 언급하면서 예수님의 죽음이 백성들을 구원하기 위해 대신 목숨을 내어주신 것이라고 말하고 있다.

※세겔(Shekel) : 팔레스타인을 비롯한 중동 지역의 무게 단위이며 1세겔은 약 11.4g. 이스라엘은 지금도 '세겔'을 화폐 단위로 사용한다.

18장 공동체 설교 : 하늘나라에서 위대한 자 마가9:33, 누가9:46

1
하늘나라에서는 누가 가장 큰 사람입니까?
뭐야? 나한테 화를 내는 거야?

2 예수께서 한 아이를 불러 제자들 가운데 세우셨어.
너희가 생각을 바꿔 아이처럼 되지 않으면 결코 하늘나라에 들어가지 못할 것이다.
하늘나라에서 가장 큰 사람은 이 아이처럼 자기를 낮추는 사람이다.
거봐. 세상의 지위나 능력은 필요 없다니까.
아이처럼 순수하게 예수님을 믿는 사람이 짱 먹는 거야.

※아이 : 당시에 어린이는 남자도 여자도 아닌 하찮은 존재로 여겼다. 실제 헬라어 본문에는 '그것'으로 표기되어 있다.

5
또 누구든지 내 이름으로 이런 아이 하나를 받아들이면 곧 나를 받아들이는 것이다.
헤헤, 그럼 저 애를 입양할까?
작고, 힘없고, 약한 사람이라는 뜻이잖아.
단세포 아메바냐?

※이런 아이 : 아이처럼 작고, 힘없고, 보잘것없으며, 믿음이 연약한 사람들.

보잘것없는 사람 중에 마가9:42, 누가15:4, 17:1

6 '나를 믿는 이 보잘것없는 사람 중에 하나라도 넘어지게 하는 것보다, 차라리 목에 맷돌을 걸고 깊은 바다에 빠지는 게 낫다.'

※넘어지게 : 죄를 짓게 한다는 말이다.

7 '사람을 죄짓게 하는 세상에 화가 있다. 죄를 짓지 않을 수는 없겠지만, 남을 죄짓게 하는 사람에게는 화가 있을 것이다.'
여길 지나면 약속된 땅이 나와.
이쪽이 율법을 지키는 길이야.

8 '네 손, 발이 죄를 짓게 하거든 잘라라. 두 손, 두 발을 가지고 영원한 불 속에 던져지는 것보다 손, 발 없이 영원한 생명에 들어가는 게 낫다.'
으다다다… 뜨… 뜨거!!
철수냐? 여긴 완전 불판구이다! 넌 차라리 눈깔을 빼라!

※죄짓게 : 믿음을 흔들고 하나님께 멀어지게 하는 죄도 포함된다.

9 '또 네 눈이 죄를 짓게 하거든 빼어라. 두 눈을 가지고 지옥 불에 던져지는 것보다 한 눈으로 영원한 생명에 들어가는 게 낫다.'
철수야, 네 눈이?
너 아메바냐?
진짜 눈을 빼라는 게 아니라 죄의 원인을 제거하라는 말씀인데.

10 '너희는 이 보잘것없는 사람 중에 누구라도 업신여기지 마라. 그들의 천사들이 하늘에 계신 내 아버지를 항상 모시고 있다.'
어라, 저놈 봐라?
우리 애를 패는데?
꼼꼼하게 일러바쳐야지.

12 '너희 생각은 어떠냐? 어떤 사람에게 양 100마리가 있는데, 그중 1마리가 길을 잃었다면, 99마리를 두고 산으로 가서 길을 잃은 양을 찾지 않겠느냐?'
헉헉, 도대체 어디로 갔지?
두려움에 떨며 이 거친 산을 헤매고 있을 텐데.

13 '그가 그 양을 찾으면 99마리 양보다 그 1마리 양을 더 기뻐할 것이다. 이처럼 보잘것없는 사람 중에 하나라도 잃는 것은 하늘에 계신 너희 아버지의 뜻이 아니다.'
야, 이놈아 여기 있었구나!
할렐루야!

tip 한 마리의 양

이 말씀은 99마리와 1마리의 가치 비교에 있는 것이 아니라 잃어버린 양에 대한 목자의 마음을 표현한 것이다. 1마리의 작고 보잘것없는 양이라 할지라도 그 양을 귀하게 여기시는 하나님의 마음을 나타낸다. 그처럼 공동체에서도 작은 한 사람을 소홀히 해서는 안 되며, 그를 잃어버리지 않도록 해야 한다는 것이다.

죄 지은 형제 누가17:3

15 '네 형제가 너에게 죄를 짓거든 단 둘이 만나서 타일러라. 그가 네 말을 들으면 너는 그 형제를 얻는 셈이다.'

16 '그러나 듣지 않거든, 한두 사람을 더 데리고 가서 두세 명의 증언으로 사실관계를 밝혀라.'

※두세 명의 증언 : 율법의 '두세 증인법'을 말한다. Link 신명기 19:15

17 '그래도 그 형제가 말을 듣지 않거든 교회에 말해라.'
'그가 교회의 말조차 듣지 않거든'
교회의 말을 무시한다는 건 하나님 말씀까지 무시하는 거다!
그래서 어쩔래?
'그를 이방인이나 세리처럼 여겨라.'
넌 이제 우리 공동체에서 추방이다!
철퍼덕!

※세리(Tax Collector) : 세금을 징수하는 관리. 그들은 로마의 권력에 빌붙어 유대인들을 지나치게 착취했기 때문에 대표적인 악인(죄인)으로 취급받았다.

18 '무엇이든지 너희가 땅에서 잠그면 하늘에서도 잠길 것이요, 땅에서 열면 하늘에서도 열릴 것이다.'
교회가 용서하면 하늘도 용서할 것이요, 교회가 용서치 않으면 하늘도 용서치 않을 것이다.
제발, 용서를….
19 '땅에서 너희 중에 두 사람이 함께 무엇이든 구하면 하늘에 계신 내 아버지께서 들어주실 것이다. 단 두세 사람이라도 내 이름으로 모인 곳, 그 자리에 내가 함께 있을 것이다.'

※두 사람 : 교회 공동체를 이루는 최소 단위.

tip 땅에서, 하늘에서

비슷한 표현이 [16 : 19]에서 이미 나왔지만 의미는 좀 다르다. 여기서는, 교회는 공동체에서 죄를 지은 사람에 대해서 죄를 용서하거나 죄를 심판할 수 있는 권리가 있다는 것을 나타낸 말이며, 그 권위가 하나님으로부터 왔다는 것을 의미한다. 또한 '두 사람이 함께'라는 것은 교회가 이 권위를 사용할 때 사람의 생각대로 함부로 사용하지 말고 하나님의 뜻을 먼저 구해야 한다는 것을 말씀하신 것이다.

용서에 대하여 누가17 : 3

21 주님, 제 형제가 저에게 자꾸 죄를 지으면 몇 번이나 용서해야 합니까? 일곱 번이면 될까요?
일곱 번만 아니라 일곱 번씩 일흔 번이라도 용서해라.
그럼 도대체 몇 번이나??
계속 용서하라는 말씀이잖아.

※몇 번 : 당시 유대 랍비들은 3번이면 충분하다고 가르쳤다.
※일곱 번 : 당시 유대인들은 '7'을 완전한 수, 거룩한 수로 생각했다.

23 '하늘나라는 마치 자기 종들과 계산을 하려는 왕과 같다.'
어디보자. 응? 만 달란트?
슈퍼 빚쟁이가 있네.
24 '왕이 셈을 시작하니 만 달란트를 빚진 종이 끌려왔다.'
아이고, 한 번만 봐주세요.
25 '종은 빚을 갚을 길이 없으므로'
너의 아내와 자녀들과 네가 가진 모든 것을 팔아서 갚아라!
조금만 참아 주시면 다 갚겠습니다.
흑흑

※달란트(Talent) : 1달란트는 약 34kg이었으며, 6000데나리온에 해당한다.

27 '왕은 그 종을 불쌍히 여겨 빚을 모두 면제 해주고 보냈다.'
아자! 아름다운 인생이야!
28 '그런데 그 종은 나가서 자기에게 백 데나리온을 빚진 동료를 만났다.'
이놈, 내게 빚진 것을 갚아라!
헉!
29 참아주게. 내가 갚겠네.
필요 없어! 너 같은 빚쟁이는 혼나야 돼!

※데나리온(Denarius) : 로마의 은전. 1데나리온은 당시 노동자의 하루 품삯이다.

30 '그 종은 동료가 빚진 돈을 갚을 때까지 감옥에 갇혀있게 했다.'
언제까지 버티나 보자!
31 '다른 종들이 이 광경을 보고 왕에게 그 일을 다 일렀다.'
이럴 수가 있습니까?
자기는 엄청난 빚을 면제받고.
32 '그러자 왕이 그 종을 불렀다.'
이 악한 종아, 나는 네가 애원해서 그 많은 빚을 다 없애주었다! 내가 너를 불쌍히 여긴 것처럼 너도 네 동료를 불쌍히 여겼어야 하지 않느냐?
아니, 그게….

34 '화가 난 왕이 그 종을 감옥의 관리에게 넘겼다.'
빚을 다 갚을 때까지 가두어라!
아이고, 잘못했어요!
35 너희가 진심으로 형제를 용서하지 않으면, 하늘에 계신 내 아버지께서도 너희에게 그와 같이 하실 것이다.

tip 빚진 종

1달란트는 6000데나리온이다. 1데나리온은 당시 노동자의 하루 품삯으로 1달란트는 6000일, 안식일을 제외하고 20년 동안 일을 해야 벌 수 있는 금액이다. 즉, 만 달란트의 빚이란 자신의 노력으로는 도저히 갚을 수 없는 금액으로 하나님의 은혜가 아니면 결코 하늘나라에 들어갈 수 없는 죄인을 나타낸다. 또한 우리가 하나님의 은혜로 죄를 용서받은 것처럼 우리에게 죄지은 자를 용서해야 한다는 것이다. 바로 이것이 '우리가 죄지은 자를 용서하여 준 것 같이 우리의 죄를 용서하여 주시고.'라는 주기도문의 뜻이기도 하다.

19장 예루살렘으로 : 결혼과 이혼 마가10:1

1 예수께서는 말씀을 마치고, 갈릴리를 떠나 요단 강 건너 유대 지방으로 가셨는데 많은 사람이 따라오자 고쳐주셨어.
3 바리새인들이 예수를 시험하려고 물었어.
어떤 이유가 있다면 남편이 아내를 버려도 됩니까?
'창조주께서는 처음부터 사람을 남자와 여자로 만드셨다'라는 것과 '남자는 부모를 떠나서 아내와 합쳐 둘이 한 몸이 될 것이다.'라고 하신 걸 읽지 못했느냐?
나도 이미 [5:27]에서 이혼에 대해 얘기했고.

※유대 지방 : 요단 강 동쪽 베레아 지방으로, 유대인이 많이 거주했다.

※읽지 : Link 창세기 1:27, 2:24

6
따라서 그들은 둘이 아니라 한 몸이다. 하나님이 짝지어주신 것을 사람이 나눠서는 안 된다.
근데 왜 모세는 이혼 증서를 써 주고 아내를 버리라고 했죠?
8 '모세는 너희 마음이 악하기에 아내를 버리는 것을 허락했지만 본래부터 그랬던 것은 아니다. 음행한 이유 외에 아내를 버리고 다른 여자와 결혼하는 것은 간음이다.'
마누라한테 이혼 증서 써주고 쫓아냈어.
오, 짱부럽, 나도 새장가 가고 싶어.
너도 트집 잡아서 쫓아 내버려.
히히, 세상은 넓고 여자는 많아.

※이혼 증서 : 이혼한 여자의 재혼할 권리를 부여한 문서. Link 신명기 24:1

▶ Link 1권 47p tip '간음하지 마라'를 보라.

10
부부 사이가 그렇다면 차라리 결혼하지 않는 것이 좋겠네요.
타고난 사람들만 그렇게 할 수 있다.
날 때부터 불구인 자도 있고, 사람 때문에 불구가 된 자도 있고, 또 하늘나라를 위해 스스로 결혼하지 않는 자도 있다.

tip 이혼에 대한 질문

[5 : 27~32]에서 이혼에 대한 입장을 밝혔는데도 바리새인은 다시 이 문제를 들고 나왔다. 그것은 예수님을 제거할 빌미를 찾으려는 것뿐만 아니라, 동생의 아내와 재혼한 것을 비난했다는 이유로 세례 요한을 죽인 헤롯 안티파스를 이용하려는 위험한 질문이기도 하다. 베레아 지방은 헤롯 안티파스의 영토이기 때문이다. 한편, 예수님은 어떤 이유가 있을 때는 아내를 버려도 되는 것이 하나님의 뜻이라고 해석하는 바리새인의 주장에 대해 이혼은 하나님의 뜻이 아님을 분명히 밝히신다. 그리고 '모세의 이혼 증서'에 대해서도, 무분별하게 확대해석해서 이혼을 남발하는 악한 유대인들 때문에 여자들을 보호하기 위한 차선책으로 제시된 것이라고 말씀하신다.

어린이와 하늘나라 마가10:13, 누가18:15

13 그때, 사람들이 예수께 어린이들을 데려왔는데 제자들이 그들을 꾸짖었어.
선생님께서 손을 얹고 기도해 주시면….
아니, 얘를 왜?
저리 가요!
14
아이들이 내게 오는 것을 막지 마라! 하늘나라는 이런 아이 같은 사람들의 것이다!
15 그리고 예수께서는 어린이들의 머리에 손을 얹어 축복하시고 떠나셨지.
이런 아이처럼 순수하게 복음을 받아들여야 한다.

※어린이 : 당시의 어린이는 남자도 여자도 아닌 하찮은 존재로 여겼다.

부자와 하늘나라 마가10:17, 누가18:18

16
선한 선생님, 제가 영원한 생명을 얻으려면 어떤 선한 일을 해야 합니까?
왜 나를 선하다고 하느냐. 하나님 한 분 외에는 선한 이가 없다.
생명의 나라에 들어가려면 계명을 지켜라.
18
어떤 계명 말입니까?
살인하지 마라. 간음하지 마라. 도둑질하지 마라. 거짓 증언을 하지 마라. 부모를 공경하라. 네 이웃을 네 몸과 같이 사랑하라.
그 모든 것은 제가 어릴 때부터 지켰습니다. 무엇이 부족합니까?

※계명 : 십계명. Link 출애굽기 20장

21
네가 완전해지려면, 네 재산을 다 팔아 가난한 사람들에게 주라. 그러면 네가 하늘에서 보화를 얻을 것이다.
네?!
얼마나 네 이웃을 네 몸과 같이 사랑하는지 보자.
그런 후에 나를 따라라!
으음!
22 그러나 그는 근심을 하며 떠났어. 그는 재산이 많았기 때문이야.

※완전 : 바리새인들이 요구하는 율법 준수를 넘어 하나님의 뜻을 온전하게 깨닫는 것.

23 '부자가 하늘나라에 들어가기는 어렵다.'
하늘나라 100km
♫
낑
낑
재물
24 '부자가 하늘나라에 들어가는 것보다 낙타가 바늘구멍을 지나가는 것이 더 쉽다.'
25 제자들은 이 말씀에 크게 놀랐어.
정말 착실한 것 같은데?
그러면 누가 구원을 받을 수 있겠습니까?
사람으로는 할 수 없지만 하나님께서는 다 하실 수 있다.

※낙타가 바늘구멍 : 팔레스타인 지역에서 가장 큰 동물인 낙타와 가장 작은 바늘구멍을 들어서 불가능한 일을 말할 때 흔히 사용했던 유대 격언이다.

▶ Link 1권 183p tip '제자들이 놀란 이유'를 보라.

27
그러면 모든 걸 버리고 주님을 따른 저희는 무엇을 받겠습니까?
인자가 새 세상에서 영광의 보좌에 앉을 때 나를 따른 너희도 12보좌에 앉아 이스라엘 12지파를 심판할 것이다.
오, 대박!
29 '나를 따르려고 집, 형제, 자매, 부모, 자식, 땅을 버린 사람은 100배의 상을 받고, 영원한 생명도 받을 것이다.'
Oh, Yes!!
30 '그러나 첫째는 꼴찌가 되고, 꼴찌는 첫째가 되는 사람도 많을 것이다.'
끝까지 방심하면 안 된다는….

※새 세상 : 예수님의 재림 때 완성되는 새로운 세상. Link 요한계시록 21:1
※심판 : 심판자가 된다는 것이 아니라 심판의 기준이 된다는 말이다.

tip 부자와 하늘나라

하나님께서 부자를 싫어하시거나 부자가 되지 말라는 것이 아니다. 형식적인 율법 준수만으로는 하늘나라에 들어갈 수 없다는 것이다. 예수께서는 부자 젊은이에게 온전하게 하나님의 뜻을 지킬 수 있는지, 예수님의 말씀에 순종할 수 있는지 확인하신 것이다. 그러나 그는 재물 때문에 예수님을 떠남으로 모든 기회를 잃어버린다. 재산을 다 팔고 말고가 중요한 것이 아니다. 영원한 생명은 예수님을 믿고 순종하는 사람에게 주는 하나님의 선물이지 세상의 부와 능력, 형식적인 종교 활동이 아니라는 뜻이다.

※하나님의 선물 : Link 에베소서 2:8,9

예수님은 앞서 베드로의 질문에 이어서 계속 설명하시지.

20장 포도원의 일꾼들 비유

1 '하늘나라는 일꾼을 구하려고 아침 일찍 집을 나선 포도원 주인과 같다.'
♫

※일꾼 : 제자들.
※주인 : 하나님.

2 '그는 일꾼들에게 하루 품삯 1데나리온을 주기로 약속하고 포도원으로 보냈다.'
3 '그가 9시쯤에 다시 장터에 나가보니 빈둥거리는 사람들이 있었다.'
여러분도 포도원에서 일하면 마땅한 품삯을 주겠소.
정말요?
좋아요.
5 '그는 다시 12시와 오후 3시쯤에도 나가서 똑같이 했다.'

※1데나리온(Denarius) : 로마의 은전, 약 5.7g. ½세겔. 당시 노동자의 하루 품삯이다.

6 '그가 오후 5시쯤에 또 나가보니 또 빈둥거리는 사람들이 있었다.'
왜 당신들은 온종일 빈둥거리고 있소?
아무도 일을 시켜주지 않아서 그렇죠.
그럼, 당신들도 내 포도원에 가서 일하면 적절한 품삯을 주겠소.
오!
하하.
8 '저녁때, 주인이 포도원 관리인에게 말하기를'
맨 나중에 온 일꾼들부터 차례로 품삯을 주시오.

9 '관리인은 오후 5시쯤부터 일한 일꾼들에게 1데나리온씩을 주었다.'
우린 맨 처음 왔으니 좀 더 주겠지?
10 '그런데 맨 처음에 온 일꾼들에게도 1데나리온씩을 주자, 그들은 투덜거렸다.'
나중에 와서 한 시간 일한 자들과 똑같잖아?
왜 이 더위에 온종일 수고한 우리와 저들의 품삯이 똑같아?
13 내 잘못이 뭐요? 당신은 나와 1데나리온을 품삯으로 정했소! 그러니 당신 몫이나 받아가시오! 나중에 온 일꾼에게도 똑같이 주기로 한건 내 맘이오!

15 내 것을 내 뜻대로 한 것이 잘못이오? 내가 후한 것이 잘못이오?
헤헤, 뭘 이렇게 많이 주시고.
아… 아니 그게 아니라.
16 이와 같이 꼴찌가 첫째가 되고, 첫째가 꼴찌가 될 것이다.
하나님을 따른 순서는 상관없다는 거지?
꼴찌라도 언제든 역전 가능하네.

tip 포도원 주인과 같다

[19 : 27]의 베드로의 질문을 받고 예수께서는 하늘나라의 보상에 대해 밝히셨다. 그러나 이 포도원 비유를 통해 그 보상은 먼저 따르고 헌신한 제자들뿐만 아니라 예수님의 부르심에 순종하는 모든 사람들에게 공평하게 주어지는 하나님의 선물이며, 또한 예수님을 따른 순서에 상관없이 하나님의 뜻대로 온전한 믿음을 지켜나가는 사람이 첫째이자 으뜸이 될 것이라고 말씀하신다.

※하나님의 선물 : Link 에베소서 2:8

3. 예수 그리스도의 예루살렘 사역

3차 수난 예고 마가10:32, 누가18:31

17 예수께서 예루살렘으로 가시는 길에 12제자에게 따로 말씀하셨어.

보라, 우리는 예루살렘으로 올라간다. 인자가 대제사장들과 율법교사들에게 넘겨질 것이다.

19

그들은 나를 죽이기로 작당하고 이방인들에게 넘길 것이다. 이방인들은 나를 모욕하고 채찍질하며 십자가에 못 박겠지만 3일 만에 살아날 것이다.
도대체 무슨 말씀이지?
계속 이 말씀을 하시는데?

※따로 : 12사도 외에 다른 사람들도 같이 있었다는 말이다.
※대제사장들 : 성전을 지배한 귀족 사두개인. ※율법교사 : 평민의 지지를 받던 바리새인.
※넘길 : 산헤드린 공회는 사형 집행권이 없었기 때문에 로마 총독에게 넘긴다.

두 아들과 어머니의 요청 마가10:35, 누가22:24

20 그때, 세베대의 두 아들과 그들의 어머니가 예수께 절하며 간청했지.

무엇을 원하느냐?
주님의 나라에서 한 아들은 주님의 오른쪽에, 또 한 아들은 주님의 왼쪽에 앉게 해주십시오.

22

너희는 너희가 구하는 것이 무엇인지 모른다. 너희는 내가 마실 잔을 마실 수 있겠느냐?
마실 수 있습니다!

※어머니 : 세베대의 아들은 큰 야고보와 요한, 예수님의 사촌이며 어머니는 살로메라는 견해가 있다.
※마실 잔 : 인류의 죄에 대한 하나님의 진노의 잔.

23

그래, 너희는 내 잔을 마실 것이다.

하지만 나의 오른쪽과 왼쪽의 자리는 내가 정하는 것이 아니라 내 아버지께서 정하신 사람들의 것이다.
아!
이런!

24 이 말을 듣던 10제자가 두 형제에게 분개했어.

뭐야? 새치기?
사촌이라고 부정 청탁하는 거야?

25

너희는 이방 통치자들과 고관들이 백성을 강제로 지배하고 권력을 휘두르는 걸 알 것이다.

26

너희끼리는 그래선 안 된다. 너희 중에 높게 되려는 사람은 섬기는 사람이 되어야 하고, 으뜸이 되려는 사람은 종이 되어야 한다.
너희는 권력과 재물을 탐하는 세상 사람들과 달라야 한다.

28

인자는 섬김을 받으러 온 것이 아니라 섬기러 왔으며, 목숨을 내놓아 많은 사람의 죗값을 대신 치르러 왔다.

tip 너희가 구하는 것

예수님은 앞서 [19 : 28]에서 12제자에게 12보좌에 앉을 것이라고 말씀하셨다. 이에 야고보와 요한의 어머니인 살로메는 가장 높은 자리인 예수님의 오른쪽과 왼쪽 자리를 요구한다. 그들은 예수님이 예루살렘에 도착한 후 열릴 새로운 세상에서의 높은 지위를 요구한 것이다. 그들은 예수님이 말씀하신 새로운 세상이 예수님의 재림 때 완성되는 하늘나라이며, 예수님이 예루살렘에 가시는 것이 영광의 자리에 앉기 위해서가 아닌 고난의 길이라는 것을 모르고 있었다. 한편 예수께서는 야고보와 요한이 예수님이 '마실 잔'을 마실 것이라 예언하신다. 후일, 야고보는 최초의 순교자가 되고, 요한은 고난을 당하고 밧모 섬에 유배된다.

※야고보 : Link 사도행전 12:2 ※요한 : Link 요한계시록 1:9

여리고의 두 맹인 마가10 : 46, 누가18 : 35

29 그들이 여리고를 떠날 때 많은 사람이 예수를 따르는데,

드디어 유월절이야!
메시아께서 오셨으니 엄청날 거야.

※여리고(Jericho) : 예루살렘 북동쪽으로 약 24km에 위치.

30 눈먼 두 사람이 길가에 앉아 있다가 예수께서 지나가신다는 말을 듣고 크게 외쳤어.

다윗의 자손이신 주여, 저희를 불쌍히 여겨주십시오!

※당시 유대인들은 메시아가 오시면 눈먼 자를 눈뜨게 하신다고 믿었다. Link 이사야 35:5

31 사람들이 꾸짖었으나 그들은 더욱 크게 외쳤지.

뭐야, 대사를 앞두고.
예루살렘에 가서 메시아 나라를 봐야하는데.
조용히 못해!
다윗의 자손이신 주여, 저희를 불쌍히 여겨주십시오!

32 예수께서 걸음을 멈추시고 그들을 부르셨어.
너희에게 무엇을 해주길 원하느냐?
주님, 눈을 뜨길 원합니다.
34 예수께서 그들을 가엽게 여기시고 눈을 만지시자 곧 다시 보게 되었지.
가라, 네 믿음이 널 구원했다.
오오…!!
그들은 예수를 따라갔어.
할렐루야!!
주님, 나의 주님!

※네 믿음이 : 예수 그리스도를 믿는 자는 죄로부터 구원 받을 것이라는 뜻.

tip 예수님을 따라가다

예수님이 눈먼 두 사람을 치유한 비슷한 사건은 앞서 나왔다. 여기서 다른 점은 치유된 후 두 사람이 예수님을 따라갔다는 것이다. 이것은 그들이 예수님의 제자가 되어 예수님이 가시는 고난과 십자가의 길을 따라갔다는 의미다. 마태는 예수님을 따르는 제자들은 그들처럼 예수님이 가시는 고난과 십자가의 길을 따라야 한다는 것을 강조했다고 볼 수 있다. 한편 예수님이 '무엇을 해주길 원하느냐?'라고 하신 것은 그가 눈을 뜨길 원한다는 걸 몰라서 물어보신 게 아니라 메시아가 눈먼 자의 눈을 뜨게 한다는 구약의 예언과 자신을 메시아로 믿는지에 대한 질문이다.

※앞서 : Link 마태복음 9:27~31
※구약의 예언 : Link 이사야 35:5

21장 예루살렘 입성 일요일 마가11:1, 누가19:28, 요한12:12

1 예수와 제자들이 예루살렘 가까운 감람 산 기슭 벳바게 마을에 들어섰어.

※감람 산(Mount of Olives) : 예루살렘 동쪽 약 1km에 위치, 메시아가 오시기로 약속된 장소. Link 스가랴 14:4
※벳바게(Bethphage) : 예루살렘의 동쪽 약 2km, 감람 산 아래에 위치.

2
맞은편 마을로 가면 나귀 한 마리와 새끼가 묶여있을 것이다. 그 나귀를 끌고오라.
누가 뭐라고 하면, '주님께서 쓰신다'라고 해라. 그러면 즉시 내어줄 것이다.
4 이것은 예언자를 통해 하신 말씀을 이루시려는 거야.
시온의 딸에게 알려라! 네 왕이 오신다! 그는 겸손하셔서 멍에를 메는 짐승의 새끼, 즉 어린 나귀를 타고 오신다!

※예언자 : 구약의 스가랴.
※시온(Zion)의 딸 : 예루살렘은 시온 산 위에 세워졌다. 시온은 예루살렘을, 딸은 백성을 가리킨다.

tip 구약성취9 어린 나귀를 타고

구약의 스가랴는 메시아가 겸손하게 어린 나귀를 타고 오신다고 예언했다. 마태는 구약에서 약속된 어린 나귀를 타고 오시는 왕이자 메시아가 곧 예수님이라는 걸 말하고 있다. 예수님이 어린 나귀를 타고 입성한 것은 당시 많은 유대인이 기대했던, 로마의 지배에서 해방시켜줄 정치적, 군사적 영웅이 아니라, 겸손하고 낮은 모습으로 평화를 전하고 십자가에서 죽음으로 백성을 구원하시는 메시아라는 것을 보여준다.

※예언 : Link 스가랴 9:9

6 제자들이 예수의 지시대로 나귀와 그 새끼를 끌고왔어.
그리고 나귀 등에 자기들의 겉옷을 펴놓고 예수께서 타시게 했지.

※겉옷을 펴놓고 : 새로운 왕이 선포될 때 존경과 복종을 나타내는 의식이다.

8 사람들은 겉옷을 벗어 길에 폈고, 나뭇가지를 꺾어 길에 깔았으며, 앞뒤로 따르는 사람들은 큰 소리로 외쳤어.

와아아아아아!
호산나, 다윗의 자손이여!
여호와의 이름으로 오시는 분을 찬양하라!
지극히 높은 곳에서, 호산나!

※나뭇가지 : 종려나무 가지로 유대인의 민족주의와 승리를 상징.
※호산나(Hosanna) : '구원하소서.'라는 뜻으로 당시 메시아의 구원을 바라는 찬양으로 쓰였다. Link 시편 118:25

10 예수께서 예루살렘에 들어가시자 온 성이 떠들썩했지.

저분이 누구요?
갈릴리 나사렛에서 나신 예언자 예수야.

※성경 : Link 이사야 56:7 Link 예레미야 7:11

두 번째 성전 정화 월요일 마가11:15, 누가19:45

12 다음 날, 예수께서 하나님의 성전 뜰에서 사고파는 상인들을 내쫓으시고, 환전상들의 책상과 비둘기 상인들의 의자를 엎으셨어.

성경에서 '내 집은 기도하는 집으로 불릴 것이다.'라고 했는데, 너희는 이곳을 '강도들의 소굴'로 만들어 버렸구나!
온갖 죄는 다 지으면서 성전에서 기도만 하면 구원받을 줄 아느냐?
쾅!

※성전 : B.C.20년에 시작한 헤롯 성전의 확장공사가 계속되고 있었다. Link 1권 27p
※뜰 : 이방인의 뜰(바깥뜰). 이방인의 출입을 허용했고 율법을 가르치기도 했다.

14 그곳에서 예수께서는 눈먼 사람들과 다리를 저는 사람들을 고쳐주셨지.

야호, 나도 이제 성전에 들어갈 수 있다!
호산나, 다윗의 자손이야!

15 대제사장들과 율법교사들은 예수께서 하신 놀라운 일들과 성전 뜰에서 환호하는 아이들을 보고 화가 났어.

저 아이들이 뭐라 하는지 들었소?
그렇다. '주께서는 어린아이와 젖먹이들의 입으로 찬양하게 하신다.'라는 말씀을 읽어보지 못했느냐?

※말씀 : Link 시편 8:2

17 그리고 예수께서는 성 밖 베다니로 가셔서 밤을 지내셨지.

그런 말씀이 어디 있다고?
끙, [시편 8:2]네.

※베다니(Bethany) : 예루살렘의 동쪽 약 3km, 감람 산 아래에 위치.

tip 두 번째 성전 정화 사건

첫 번째 성전 정화 사건이 있은 지 약 3년 후의 일이다. 이 성전은 헤롯 성전을 가리키며 성전 외곽인 이방인의 뜰에서 있었던 일이다. 이곳에는 유월절을 앞두고 멀리서 온 순례자들에게 희생제물, 즉 소, 양, 비둘기 등을 파는 상점들이 있었고, 제물이 적합한지 판단하는 제사장들도 있었다. 상점에서는 제물을 비싸게 팔아 폭리를 취했고, 성전에서 발행하는 화폐(세겔)로만 거래했다. 또 20세 이상의 유대인 남자는 매년 유월절 전에 성전세 반 세겔을 내야 했기 때문에 로마 화폐나 헬라 화폐를 성전 화폐로 환전해야 했다. 그런데 대제사장을 비롯한 성전의 책임자들은 환전 과정에서 엄청난 폭리(환전 수수료)를 취해서 부당한 이익을 챙겼다.

※첫 번째 : Link 요한복음 2:13

말라버린 무화과나무 마가11:12,20

18 그날 아침, 예수께서 성으로 가시는 길에 배가 고프셨어.

※그날 : 월요일.

19 마침 길가의 한 무화과나무로 다가가셨으나 잎사귀만 있을 뿐이었지.

넌 이제부터 영원히 열매를 맺지 못할 것이다!

20 화요일 무화과나무가 곧 마르자 제자들이 이상히 여겼어.

어떻게 해서 이렇게 빨리 말랐지?
하룻밤 사이에?

21 '너희가 믿음을 가지고 의심하지 않는다면, 무화과나무에게 일어난 일뿐만 아니라 저 산더러 '들려서 바다에 빠져라'고 해도 그대로 될 것이다. 또 너희가 기도할 때에 무엇이든 믿고 구하는 것은 다 받을 것이다.'

율법만 잘 지키면 됐지 뭘 더 바라?
우린 아브라함의 자손이라고.
여긴 하나님이 계신 예루살렘이고.
우리가 얼마나 열심히 기도하는지 알아?!

tip 열매가 없는 예루살렘

잎사귀만 있고 열매가 없는 무화과나무는 웅장한 성전과 많은 사람만 있을 뿐 믿음이 없는 예루살렘을 가리킨다. 그리고 말라버린 무화과나무는 그에 대한 하나님의 심판을 상징적으로 보여준다. 예수께서는 열매를 맺지 못하는 예루살렘의 문제는 믿음이 없는 것임을 지적하신 것이다.

예수님의 권위 논쟁 화요일 마가11:27, 누가20:1

23 예수께서 성전에서 가르치고 계실 때, 대제사장들과 장로들이 말했어.
오늘은 인해전술이다.
반드시 뭉개버리자!
당신은 무슨 권한으로 이러시오?
누가 이런 권한을 주었소?
나도 한 가지 묻자. 너희가 답하면 나도 대답을 하겠다.
25 요한은 누가 준 권한으로 세례를 베풀었느냐? 하늘이냐? 사람이냐?
응??

※성전: 이방인의 뜰, 이방인의 출입이 허용되었고 율법을 가르치기도 했다.

'하늘'이라면, 왜 요한을 믿지 않느냐고 할 거야.
'사람'이라면, 요한을 예언자로 믿고 있는 백성들이 두렵고.
요한은 그가 메시아라고 했으니.
엄마야, 이거 외통수네.
수군 수군
27 우린 모르겠소.
우리가 매우 교활해.
이제 어쩔래?
그럼, 나도 무슨 권한으로 이러는지 말하지 않겠다.
크크

두 아들 비유

28 이런 건 어떻게 생각하느냐?
뭐?
몰라.
우리에게 많은 기대는 하지 마셔.

'한 아버지에게 두 아들이 있는데, 맏아들에게 말했다.'
오늘은 포도원에 가서 일해라.
싫거든요.
29 '하지만 맏아들은 나중에 뉘우치고 일하러 갔다.'
찜찜해. 맞기 전에 일하자.
30 '아버지는 둘째 아들에게 같은 말을 했다.'
오늘 포도원에 가서 일해라.
예, 아버지.

※두 아들 비유는 성경에 따라 첫째, 둘째 아들의 역할이 바뀌어 있기도 하다.
성경2.0은 헬라어 성경의 순서를 따랐다.

'하지만 둘째 아들은 대답을 했지만 가지 않았다.'
일은 무슨… 게임이나 해야지.
31 이 둘 중에 누가 아버지의 뜻을 따른 거냐?
맏아들!
아자! 정답!
상품은?
세리와 창녀들이 너희보다 먼저 하늘나라에 들어갈 것이다.
응?
정답인데 뭐래?

32
요한이 옳은 길을 보여줬지만 너희는 믿지 않았다. 그러나 세리와 창녀들은 믿었다. 너희는 그것을 보고도 끝내 뉘우치지 않았고 그를 믿지도 않았다.
음, 왠지 우릴 욕하는 것 같은데?
설마, 우릴 왜?
요한의 꼬임에 넘어가지 않은 게 죄야?

tip 먼저 하늘나라에

이것은 하늘나라에 들어가는 순서가 아니라 하늘나라에 들어갈 수 있는 자격에 대한 말씀이다. 즉, 하늘나라는 대제사장들과 장로들처럼 세상의 지위나 권력으로 가는 곳이 아니라 하나님의 뜻을 따르고 예수님을 메시아로 믿는 사람들이 들어간다는 말씀이다.

악한 포도원 농부 비유 마가12:1, 누가20:9

33
또 다른 비유를 들어라.
싫은데?
안 들으면 안 돼?

'어떤 주인이 포도원을 만들고, 울타리를 치고, 포도즙을 짜는 틀을 파고, 망대를 세웠다.'

※주인 : 하나님.

'그리고 포도원을 농부들에게 빌려주고 멀리 떠났다.'

※포도원 : 이스라엘.

34
'수확 때가 되자 주인은 농부들에게 자기 몫을 받으려고 종들을 보냈다.'

※농부들 : 유대 지도자들.

35
'농부들은 종들 중에 하나는 심하게 때리고, 하나는 죽이고, 하나는 돌로 쳤다.'

※종들 : 구약의 예언자들과 세례 요한.

36
'주인이 다른 종들을 더 많이 보냈지만 농부들은 이번에도 똑같이 했다.'

37
'주인은 마침내 자기 아들을 보냈다.'
내 아들은 존중하겠지.

※아들 : 예수 그리스도.

38
'하지만 농부들은 그 아들을 보고,'
이자는 상속자다!
그를 죽이고 우리가 포도원을 빼앗자!

39
'농부들은 그를 포도원 밖으로 끌어내어 죽였다.'

※밖 : 예루살렘 밖 골고다 언덕. 사형을 집행하는 장소로 예수님이 십자가에서 죽는 곳이다.

40
이제 포도원 주인이 돌아와서 어떻게 하겠느냐?
우와, 뭐 그런 못된 놈들이 다 있냐?
완전 죽일 놈들일세!

41

그 악한 자들은 모조리 죽여야지!
제때 수확을 바칠 다른 농부들에게 포도원을 맡겨야 해.
딩동댕! 정답!
끌끌.

42

'너희는 성경에서 '건축가들이 버린 돌이 모퉁이의 머릿돌이 되었다. 이것은 하나님께서 하신 일이라 우리에겐 놀라운 일이다.'라고 한 것을 읽지 못했느냐?'
우리가 죽인 그 아들이잖아!
어… 어떻게?!
두
둥

※건축가들 : 대제사장과 장로들을 비롯한 예수님을 믿지 않는 유대인들.
※돌 : 예수 그리스도.

43

'그러므로 너희는 하늘나라를 빼앗길 것이며, 열매를 맺는 백성들이 그 나라를 차지할 것이다.'

※열매를 맺는 백성 : 구약의 이스라엘을 대신하는 새로운 이스라엘. 즉 예수님을 믿고 따르는 하나님의 백성들.

44

'너희들이 그 돌을 하찮게 버렸으니 그 돌 위에 떨어지는 사람은 부서질 것이요, 그 돌 밑에 깔리는 사람은 가루가 될 것이다.'

※돌 : 머릿돌이 되신 예수 그리스도와 심판을 상징한다.

45

대제사장들과 바리새인들은 자기들을 가리키는 비유인 줄 알고 예수를 잡으려 했는데,
여기서 잡았다간 백성들이 그냥 있지 않을 거야!
이… 이놈이 감히 우릴 농락하다니!
잘못하면 우리가 맞아 죽어!
백성들은 이자를 예언자로 알고 있다고!
킁!

tip 버린 돌과 머릿돌

이 말씀은 집을 짓는 데 전문가인 건축가들이 쓸모없다고 버린 돌을 하나님께서는 머릿돌로 사용하신다는 것으로, 세상의 지혜와 능력으로는 가늠할 수 없는 하나님의 놀라운 지혜와 능력을 찬양하는 시편의 구절이다. 예수님은 이를 자신과 연결시키신다. 건축가들 즉, 대제사장들과 장로들이 예수님을 하찮게 여기고 버리지만 하나님에 의해 구원의 머릿돌로 높여질 것이라는 뜻이다.

※시편 : Link 시편 118:22

22장 혼인 잔치 비유 누가14:15

1

하늘나라는 아들의 혼인 잔치를 베푼 어떤 왕에게 비길 수 있다.

※아들 : 예수 그리스도.
※혼인 잔치 : 메시아의 재림으로 완성되는 새로운 나라에서 열리는 하늘나라의 잔치.

3

'왕이 종들을 보내 잔치에 초대한 사람들을 불렀지만 그들은 오려고 하지 않았다.'

※왕 : 하나님.
※초대한 사람들 : 이스라엘의 지도자들을 비롯한 모든 유대인.

4

'그래서 다른 종들을 보냈다.'
소와 살진 짐승을 잡고 잔치 준비를 마쳤으니 어서 오시랍니다.

※종들 : 구약의 예언자들과 세례 요한.

5 '그들은 종들의 말을 듣지 않고 제 갈 곳으로 갔다.'
난 밭에 나가봐야 해.
난 장사가 바빠서.

6 '그리고 나머지 사람들은 종들을 붙잡아 때리고 죽였다.'

7 '화가 난 왕은 군대를 보내 살인자들을 죽이고 그들의 도시를 불살랐다.'

8 '그리고 자기 종들에게 말했다.'
혼인 잔치가 준비되었지만 그놈들은 이것을 누릴 자격이 없다! 그러니 너희는 거리에서 아무나 만나는 대로 잔치에 초대해라!

※아무나 : 초대를 거부한 유대인을 제외한 세상 모든 사람이 하나님의 잔치에 초대되었다.

10 '종들은 거리에서 악한 사람, 선한 사람 가리지 않고 다 데려왔고, 혼인 잔치는 손님으로 가득 찼다.'

11 '왕이 손님들을 만나는데 예복을 입지 않은 한 사람을 봤다.'
예복도 입지 않고 어떻게 여기에 들어왔소?
네? 아, 그게….

※예복 : 예수 그리스도를 믿고 하나님의 뜻을 온전히 따르는 자세.

13 '그가 아무 말도 하지 못하자 왕이 종들에게 말했다.'
이자의 손발을 묶고 바깥 어두운 곳에 던져라! 거기서 가슴을 치며 울 것이다!

14 '이처럼 초대받은 사람은 많지만 선택받은 사람은 적을 것이다.'
으아악, 살려주세요!!

tip 3가지 메시지

①이스라엘은 먼저 구원 잔치에 초대되었지만 죄를 지어 심판의 대상이 되었다.
②이스라엘 대신 죄인과 이방인을 포함한 모든 사람들이 하나님나라 잔치에 초대되었다.
③초대된 사람들 중에도 예수 그리스도를 믿고 하나님의 뜻을 온전히 따르지 않는 사람들은 그 잔치에서 쫓겨나고 심판을 받는다.

납세 논쟁 마가12:13, 누가20:20

15 그때, 바리새인들은 어떻게 트집을 잡아 예수를 함정에 빠뜨릴까 의논했어.
교활하고 사악한 함정을 파자.
우리의 존엄을 지키자.
당하는 것도 지겹다.

16 그런 후, 그들은 자기 제자들을 헤롯 당원들과 함께 예수께 보냈지.
선생님은 진실하시고, 사람의 겉모습만 보지 않으시고, 누구에게 매이지도 않으시니 하나님의 길을 참되게 가르치십니다.
그러니 황제에게 세금을 바치는 것이 옳습니까, 옳지 않습니까?

※헤롯 당원 : 헤롯 왕가를 추종하는 세력으로 로마에 충성하는 사람들.
※함께 : 바리새파와 헤롯 당원은 서로 어울리지 않는 집단이다. 그들이 함께한다는 것은 예수님을 해치기 위해 모든 세력이 연합하고 있다는 것을 보여준다.

18 예수께서는 그들의 악한 속셈을 아시고 말씀하셨어.
위선자들아, 어째서 나를 시험하느냐? 세금으로 내는 돈을 보여라.
설마 떼어먹지는 않겠지?

19 그들은 데나리온 하나를 드렸지.
이 초상과 글자는 누구 것이냐?
황제의 것입니다.

21 그러므로 황제의 것은 황제에게, 하나님의 것은 하나님께 드려라.
헉!
켁!

※데나리온(Denarius) : 로마의 은전, 로마의 2대 황제 티베리우스의 얼굴과 이름이 새겨있다.

22 그들은 그 말씀을 듣고 탄복하며 떠났어.
이렇게 절묘할 수가!
은화는 황제의 형상이니 황제에게.
사람은 하나님의 형상이니 하나님에게?
그러면 사람인 황제도 하나님의 것?
나 소름 돋았어.

※황제 : 당시 로마의 황제를 '가이사(Caesar)'라고 불렀다. Link 1권 25p

tip 하나님의 것은 하나님께

당시 로마의 속국은 막대한 세금을 내야 했다. 그로 인해 A.D.6년 유대 땅 갈릴리 지방에서는 이스라엘의 왕은 하나님이기 때문에 로마에 세금을 낼 수 없다고 반란이 일어나기도 했다. 이에 로마는 반란자들을 십자가에 매달고 세금은 선택이 아니라 의무라는 것을 보여주었다. 이런 배경에서 예수께서 황제에게 세금을 내는 것이 옳다고 하시면 유대인의 정서와 충돌하는 것이고, 옳지 않다고 하시면 로마 황제의 통치에 대한 반역으로 고발당할 수 있었다.

부활 논쟁 마가12:18, 누가20:27

23 같은 날, 부활이 없다고 주장하는 사두개인들이 예수께 말했어.
선생님, 모세의 율법에 '형이 자식이 없이 죽으면 동생이 형수와 결혼해서 자식을 낳아 대를 이어야 한다.'고 했습니다.
그런데?

25
이웃에 일곱 형제가 있었는데, 첫째가 결혼을 했지만 자식 없이 죽어서, 둘째가 형수와 살게 되었습니다.
형이 죽었으니 이제 내가 책임지겠소.

※사두개(Sadducees) : 현재의 삶에만 관심을 두고 부활과 영적 세계를 믿지 않았다.
※모세의 율법 : 계대 결혼이라고 한다. Link 신명기 25:5,6

26
일곱째까지 다 그렇게 해서 죽고, 마지막엔 그 형수도 죽었습니다.
일곱 형제가 모두 나랑 같이 살다가 먼저 갔구나.
28
그러면 부활 때 그 여자는 누구의 아내가 됩니까? 일곱이 모두 그 여자를 맞이했으니 말입니다.
부활은 했는데 어디로 가지?
29
너희는 성경도 모르고, 하나님의 능력도 모르니 잘못 알고 있다. 부활 때 사람들은 장가도 시집도 가지 않고 하늘의 천사들과 같다.
부활이 정말 있단 말이오?
발끈

31 '너희는 하나님께서 죽은 자의 부활에 대해 하신 말씀을 읽어보지 못했느냐?'
나는 아브라함의 하나님, 이삭의 하나님, 야곱의 하나님이다!
모세
'이 말씀은 하나님이 죽은 자의 하나님이 아니라, 살아있는 자의 하나님이라는 뜻이다.'
크흑, 죽은 놈들은 꺼지래.
죽은 것도 서럽구만.
하나님 말씀을 따라서 영원한 생명을 얻을걸.

33 사람들은 이 말씀을 듣고 놀랐어.
헐, 이런 절묘한….
수백 년간 이어진 부활에 대한 논쟁이 한방에 정리됐네.

tip 살아있는 사람의 하나님

이것은 모세가 시내 산에서 하나님을 처음 만날 때 하나님께서 하신 말씀이다. 그런데 하나님께서 이 말씀을 하실 때 아브라함, 이삭, 야곱은 이미 죽었지만 하나님께서는 여전히 살아있는 것처럼 현재형으로 말씀하셨다. 그것은 모든 사람이 이처럼 하나님 앞에 살아있는 자로 부활할 것을 암시한다. 예수님은 모세를 절대적으로 믿으면서도 그 안에 있는 부활을 믿지 않는 사두개인들의 문제점을 지적하신 것이다.

※만날 때 : Link 출애굽기 3:6

계명 논쟁 마가12:28, 누가 10:25

34 예수께서 사두개인들의 말문을 막으셨다는 소문을 듣고 바리새인이 몰려왔지.
그 살진 돼지들이 뭘 하겠어!
부활이 없다는 헛소리나 하고!
우리가 확실히 끝장내자!

35 그들 중에 율법교사 한 사람이 예수를 시험하려고 물었어.
선생님, 율법 중에 어떤 것이 가장 중요합니까?
첫째는 '네 마음을 다하고, 네 목숨을 다 하고, 네 뜻을 다하여 너의 하나님 여호와를 사랑하라',
콧대를 꺾어버려!
초전박살!
39
둘째는 그와 같이 '네 이웃을 네 몸과 같이 사랑하라'는 계명이다. 이 두 계명에 모든 율법과 예언서의 참뜻이 있다.
흠, 옳은 말씀이네요.
켁!

※첫째 : Link 신명기 6:5

※둘째 : Link 레위기 19:18

다윗의 자손 논쟁 마가12:35, 누가20:41

41 이번에는 바리새인들이 모였을 때 예수께서 물으셨어.
그리스도를 어떻게 생각하느냐? 그는 누구의 자손이냐?
다윗의 자손이죠.
우릴 바보로 아나?
우린 율법 전문가라고.
43 그러면 왜 다윗이 성령에 의해 '주께서 내 주께 말씀하셨다.'라고 했느냐? 다윗이 그리스도를 주라고 했는데 어째서 그리스도가 다윗의 자손이 되느냐?
어라? 어떻게 된 거지?
힌트는?

※주: 하나님. ※주: 예수 그리스도.

46 그들은 아무도 대답하지 못했고, 그날부터 예수께 감히 묻는 사람이 없었지.
뭐야. 완패네.
전문가라며?

tip 주께서 내 주께 말씀하셨다

이것은 시편에서 다윗이 노래한 메시아에 대한 기록이다. 여기서 앞의 '주'는 하나님을, 뒤의 '주'는 예수님, 즉 메시아를 가리킨다. 다윗은 훗날에 육체적으로 자신의 자손으로 오실 메시아를 하나님과 똑같이 '주'라고 부른다. 그것은 그리스도의 권위가 하나님과 동등하기 때문이다. 예수께서는 [21 : 23]에서 유대 지도자들이 '당신은 무슨 권한으로 이러시오?'라고 한 질문에 답하신 것이다.

※시편: Link 시편 110:1

23장 율법교사들을 조심하라 마가12:38, 누가11:43, 20:46

1 예수께서 제자들과 사람들에게 말씀하셨어.
율법교사들과 바리새인들은 모세의 자리에 앉아 율법을 가르치고 있으니 그들의 말은 다 따르고 지켜라.

'하지만 그들의 행실은 따르지 마라. 그들은 말만 하고 실천하지 않는다.'
??
바리새인들
우리가 뭐?
4 '그들은 무겁고 힘든 짐을 남의 어깨에 지우지만 자신들은 손가락 하나도 까딱하지 않는다.'
구원을 받으려면 힘내.
헉헉
율법
율법
율법
5 '그들이 하는 일은 모두 남에게 보이려는 것이다. 그들은 큰 말씀함을 차고 다니고, 옷 술을 길게 달고 다닌다.'

6 '잔치의 윗자리, 회당의 높은 자리를 좋아하고, 장터에서 인사받기와 선생이라 불러주면 좋아한다.'
8 너희는 선생이라 불리지 마라. 너희 선생은 한 분뿐이요, 너희는 모두 형제들이다.
세상 누구든 아버지라 부르지 마라. 너희 아버지는 하늘에 계신 한 분뿐이다. 지도자라 불리지 마라. 너희 지도자는 그리스도 한 분뿐이다.
무슨 얘기야?
우리도 좀 들어볼까?
바리새인들

※선생: 랍비(Rabbi), 유대인들에게 최고의 존경을 받는 명예로운 호칭이다.

※한 분: 하나님 또는 예수 그리스도.
※아버지: 당시 유대인들은 위대한 스승이나 랍비들을 '아버지'라고도 불렀다.

11

너희 중에 으뜸이 되는 사람은 섬기는 사람이 되어야 한다. 자기를 높이는 사람은 낮아지고, 자기를 낮추는 사람은 높아질 것이다.
좋은 말씀인 것 같은데?
그러게 뭔가 감동이 있지 않냐?
바리새인들

tip 말씀함과 옷 술

①말씀함(경문곽) : 가죽으로 만든 작은 네모 상자로 하나님의 말씀이 들어있다. 하나님께서 하신 일과 말씀을 기억하기 위해 그 말씀을 손목에 매고, 이마에 붙이라고 했기 때문이다. 유대인들은 이를 지키려고 말씀함을 왼쪽 팔과 이마에 달고 다녔다.
②옷 술 : 하나님은 모세를 통해 사각형 겉옷의 네 귀퉁이에 술을 달아 말씀을 기억하라고 하셨다. 이것들은 하나님 말씀을 항상 기억하고 지키기 위한 것인데 바리새인들과 율법교사들은 자신들의 지위를 과시하고, 경건함을 위장하기 위한 도구로 사용했다.

※말씀함: Link 출애굽기 13:2~16 Link 신명기 6:4~9, 11:13~21
※옷 술: Link 민수기 15:38

일곱 가지 화 누가11:37

13 '율법교사들과 바리새인들아! 위선자들아! 너희에게 화가
있다! 너희는 하늘나라의 문을 닫아서 자신도 들어가지 않고,
들어가려는 사람도 막고 있다!'

하늘나라

15 '너희는 바다와 육지를 돌아다니다가 간신히 한 사람을 개종시킨
다음에는 그를 너희보다 배나 더 못된 지옥의 자식으로 만들고
있다!'

귀여운 것.
크크, 스승님 니 덕분이지.

16 '눈먼 인도자들아! 너희에게 화가 있다! 너희는 '성전을 두고
한 맹세는 지키지 않아도, 성전의 금을 두고 한 맹세는 지켜야
한다'라고 말한다. 어리석고 눈먼 자들아! 어느 것이 더 중요하냐?
금이냐? 금을 거룩하게 하는 성전이냐?'

애걔걔, 금덩이 하나?
그 정도로는 기도발이 안 먹혀.
좀 더 끌어 모아 보셔.

18 '또 너희는 '제단을 두고 한 맹세는 지키지 않아도, 제단 위에 놓인
제물을 두고 한 맹세는 지켜야 한다'라고 한다. 눈먼 자들아! 어느
것이 더 중요하냐? 제물이냐? 제물을 거룩하게 하는 제단이냐?'

애걔걔, 새끼 양 한 마리?
그걸로 뭐하라고?
제물이 부실하면 죄 받아요. 죄.

20 '제단을 두고 한 맹세는 제단과 그 위의 모든 것을 두고 한
맹세요, 성전을 두고 한 맹세는 성전과 그 안에 계신 분을 두고
한 맹세요, 하늘을 두고 한 맹세는 하나님의 보좌와 그곳에
앉으신 분을 두고 한 맹세다!'

23 '너희는 박하, 회향, 근채의 십일조는 드리면서 율법에서 더 중요한 정의, 자비, 믿음은 지키지 않는다! 십일조도 내야겠지만, 더 중요한 것도 마땅히 실천해야 한다!'

정의
쓰레기
자비
믿음
율법은 사소한 것도 꼭 지켜야지.
자, 십일조 20원.

※박하, 회향, 근채: 향을 만드는 재료, 작은 것을 상징하며 이런 것까지 십일조를 냈다.

24 '눈먼 인도자들아! 너희는 하루살이는 걸러내면서도 낙타는 통째로 삼키는구나!'

하나님의 뜻
20원이 맞아? 틀리면 안 돼.
십일조는 정확해야지.

※하루살이: 부정한 것으로 취급했으며 아주 작은 것을 상징한다.

Link 레위기 11:23

25 '너희는 잔과 접시의 겉은 깨끗이 하지만 그 속은 탐욕과 착취로 가득 차 있다! 눈먼 바리새인들아! 먼저 속을 깨끗이 해라. 그러면 겉도 깨끗하게 될 것이다!'

옷은 잘 입으면서 집은 이게 뭐냐?
뭐 어때. 누가 볼 것도 아닌데.

27 '너희는 하얗게 칠한 무덤과 같다! 겉은 아름답게 보이지만 그 속은 죽은 자의 뼈와 썩은 것이 가득하다! 이처럼 너희도 겉은 의롭게 보이지만 속은 위선과 불법이 가득하다!'

봐, 아무도 모르잖아.
이래 봬도 난 존경받는 랍비라구.

※칠한 무덤: 유월절이 되기 전에 순례자들이 무덤으로 인해 부정해지는 것을 막으려고 회칠을 했다.

29 '너희는 예언자들의 무덤을 단장하고, 의인들의 기념비를 꾸미면서 이렇게 떠든다!'

우리가 조상의 때에 살았다면 예언자들을 죽이는 일에 가담하지 않았을 텐데.
우린 조상과 달라. 무덤을 멋지게 꾸민 걸 보라고.

31 '하지만 그것은 너희가 예언자들을 죽인 자들의 후손임을 스스로 인정하는 것이니 너희는 너희 조상들의 악한 일을 마저 해치워라!'

응? 들켰나?
우리가 무덤은 멋지게 꾸미지만 하는 짓은 조상이랑 다를 게 없지 뭐.
한 명 더 십자가에 매단다고 뭐가 달라지겠어?

33 '뱀들아! 독사의 자식들아! 너희가 어떻게 지옥의 심판을 피하겠냐? 그러므로 내가 예언자들과 현자들과 율법교사들을 너희에게 보내겠다!'

예수님의 제자들은 출동 준비해라.

※독사의 자식: 하나님에게 대적하여 아담과 하와를 유혹한 뱀과 같은 짓으로 '백성들을 죄악에 빠뜨리는 자들'이라는 뜻이다.

'너희는 그들을 죽이고, 십자가에 매달고, 회당에서 채찍질하며, 온 마을로 쫓아다닐 것이다!'

예수가 사기꾼이니 제자들도 사기꾼이야!
하나님의 명령이다!
죽여라!

tip 하나님이 보낸 사람들

이들은 예수님이 보내시는 사람들을 가리키는 표현으로 '예언자들'은 하늘나라의 복음을 선포하는 자들, '현자들'은 하나님이 원하시는 올바른 길로 인도하는 자들, '율법교사들'은 하늘나라의 복음을 가르치는 선생들을 의미한다.

35 '그리하여 무고한 아벨의 피에서부터, 성소와 제단 사이에서 죽인 바라갸의 아들 사가랴의 피에 이르기까지 이 땅에서 죄 없이 흘린 모든 피가 너희에게 돌아갈 것이다! 내가 진실로 너희에게 말한다! 이 모든 죄의 형벌이 이 세대에게 내릴 것이다!'

※사가랴(Zecharias) : 유다 8대 왕 요아스의 우상숭배를 비판하다가 죽은 구약의 마지막 순교자. Link 역대하 24:22

※아벨(Abel) : 형인 가인에게 죽임을 당한 성경 최초의 순교자. Link 창세기 4:8 ※이 세대 : 유대인 전체를 가리키며 그들은 합심해서 예수 그리스도를 죽인다.

예루살렘을 향한 탄식 누가13:34

37 '예루살렘아, 예언자들을 죽이고, 네게 보낸 사람들을 돌로 치는구나!'

'암탉이 병아리를 품듯이, 내가 몇 번이나 네 자녀들을 품으려 했지만 너희는 원치 않았다!'

회개하시오.
하늘나라가….
이게
죽으려고.

※회개(repentance) : 단지 후회나 뉘우침이 아니라 죄에서 완전히 돌아서서 하나님께서 기뻐하시는 마음과 태도로 살아가는 것을 말한다.

38 '이제 너희 성전은 버림받아 황폐해질 것이다!'

※성전 : 스룹바벨 성전을 대대적으로 확장한 헤롯 성전을 말한다.

39 '너희가 여호와의 이름으로 오시는 분을 찬양할 때까지 다시는 나를 보지 못할 것이다!'

tip 주의 이름으로 오시는 분

이 말은 예수께서 나귀를 타고 예루살렘에 들어오실 때 유대인들이 종려나무 가지를 흔들며 외쳤던 말이다. 유대인들은 예수님이 자신들을 로마로부터 해방시킬 정치적, 군사적 메시아라고 믿었기 때문에 환호했다. 그러나 예수님은 그 유대인들에 의해 십자가에서 죽으신다. 여기서 '찬양할 때'란 예수님이 다시 오시는 재림의 때를 가리킨다. 예수님은 자신이 심판을 위해 세상에 다시 오실 때 메시아의 진정한 의미를 깨달은 백성들이 종려나무 가지를 들고 환영할 것을 예언하신 것이다.

※이 말은 : Link 마태복음 21:9 ※예언 : Link 요한계시록 7:9

24장 종말 설교: 성전 파괴 예언 마가13:1, 누가21:5

1 예수께서 성전에서 나가실 때 제자들이 성전 건물을 가리켰어.
선생님, 보세요. 얼마나 거대한 돌이며, 얼마나 엄청난 건물들입니까!
저 엄청난 성전이 황폐하게 된다구요?

2
저 모든 걸 잘 봐 둬라. 저 돌 하나도 제자리에 남지 않고 다 무너질 것이다.
정말요?!
무슨 일이 생기려고?

※성전: 헤롯 성전. 예수 그리스도를 통한 마지막 구원까지 거부한 결과 A.D.64년에 완공되었지만 A.D.70년 로마에 의해 파괴된다. Link 1권 27p

마지막 날의 징조 마가13:3, 누가21:7

3 예수께서 감람 산에 계실 때 제자들이 따로 말했지.
그런 일이 언제 일어납니까?
주님께서 다시 오실 때와 세상 끝날에 어떤 징조가 있습니까?

4 '속지 않도록 조심해라. 많은 사람이 내 이름으로 와서 '내가 그리스도다'라며 사람들을 속일 것이다.'
내가 그리스도다!
내가 그리스도야!
이 사기꾼들아. 내가 진짜다!
이 가짜들아 다 꺼져!

※감람 산(Mount of Olives): 예루살렘 동쪽 약 1km에 위치한 해발 814m의 산.
※제자들은 예루살렘 멸망이 곧 세상 끝날과 주님께서 다시 오실 때라고 이해하고 있지만 예수님은 구분하지 않고 말씀하신다.

6 '전쟁이 나고, 전쟁의 소문도 듣겠지만 두려워하지 마라. 그런 일은 일어나야겠지만 그것이 종말은 아니다. 민족이 민족을, 나라가 나라를 치려고 일어나고, 곳곳에서 기근과 역병과 지진이 있겠지만 그 모든 것은 재난의 시작일 뿐이다.'

9 '그때 너희는 잡혀서 고난 속에 죽을 것이며 내 이름을 위하여 모든 민족에게 미움을 받을 것이다.'

10 '또 많은 사람이 시험에 빠져 서로 배반하고 미워할 것이며, 거짓 예언자들이 사람들을 속일 것이다. 그리고 불법이 만연해서 사람들의 사랑이 식을 것이다.'

※모든 민족: [10:17~22]과 달리 복음이 온 세상으로 확장될 것을 말씀하신다.

13 '그러나 끝까지 견디는 사람은 구원을 받을 것이며, 하늘나라의 복음이 온 세상에 전파되어 모든 민족에게 증명되고서야 끝이 올 것이다.'
주님께서는 세상 모든 민족이 구원받길 원하시는 거야.
우린 그때까지 온 세상에 복음을 전해야 해.

※끝 : 세상 끝날(종말)인 동시에 하나님 나라가 완성되는 그리스도의 재림의 날.

tip 속지 않도록 조심해라

제자들은 예루살렘 멸망의 날이 곧 세상 끝날과 예수께서 다시 오실 때(재림)라고 알고 질문을 하고 있다. 이에 예수께서도 따로 구분하지 않고 말씀하신다. 예루살렘의 멸망이 예수님의 재림과 세상 종말을 상징하기 때문이다. 이 말씀에서 중요한 것은 이런저런 징조가 아니라 그리스도를 사칭한 거짓된 자들에게 속지 말라는 데 있다. 또한 예수님은 마지막 날의 징조에 대해서 관심을 두기보다는 세상 모든 민족에게 복음을 전하는 것이 더 중요하다는 것을 강조하고 계신다.

큰 환난 마가13:14, 누가17:22, 21:20

15 '다니엘의 예언대로 멸망의 흉한 우상이 거룩한 성전에 선 것을 보거든.'

※예언 : Link 다니엘 8:11, 9:27, 11:31, 12:11

16 '그때, 유대에 있는 사람들은 산으로 도망쳐라. 지붕 위에 있는 사람은 무엇을 꺼내러 집에 내려가지 말고, 밭에 있는 사람은 겉옷을 가지러 집에 돌아가지 마라.'

※지붕 위 : 유대 가옥의 지붕은 평평해서 생활공간의 일부로 사용되었다.

19 '그날은 임신한 여자들과 젖먹이가 딸린 여자들은 불행하다. 도망가는 일이 겨울이나 안식일에 생기지 않도록 기도해라.'
겨울비로 진흙탕이야.
안식일이라 멀리 갈 수도 없어.

21 '그때처럼 큰 환난은 세상 시작부터 지금까지 없었으며, 앞으로도 없을 것이다.'

22 '하나님께서 고난을 줄여주지 않으시면 아무도 무사하지 못할 것이다. 그러나 하나님께서 선택하신 사람들을 위해 고난을 줄여주실 것이다.'

23 '그때, 누가 '보라, 그리스도가 여기 계신다', '저기 계신다' 해도 믿지 마라.'
그리스도가 저기 계신다!
뻥쟁이.
어디서 약을 팔아.
멍청이.

24 '거짓 그리스도인들과 거짓 예언자들이 큰 증거와 기적을 일으켜 선택받은 사람들까지 속일 것이다.'
정말이야. 하늘에서 내려와서 바다 위를 걸었다고!
저리 꺼져.
맞고 갈래? 그냥 갈래?
패버린다.

25 '보라, 내가 너희에게 미리 말했다. 그들이 '그리스도가 광야에 계신다' 해도 나가지 말고, '그리스도가 골방에 계신다' 해도 믿지 마라.'
우와, 미치겠네. 정말이라니까 저기 광야에 계신다고!
안 되겠다. 너 좀 맞자.
그리스도는 몰래 오시지 않아.

※광야, 골방 : 당시 유대인들은 메시아가 광야로 오시거나 비밀스럽게 오신다고 생각했다.

27 '번개가 동쪽에서 쳐서 서쪽까지 번쩍이듯 인자가 오는 것도 그럴 것이다.'
오, 지금 오신다.
우 우 우 웅!
번개처럼 갑자기 오시지만 누구나 알 수 있게 오신다고 했어.

28 '그것은 시체가 있는 곳에 독수리들이 모여드는 것과 같다.'
끙, 난해한 말씀이야.
[누가복음 17:37]에도 이 말씀이 나와.
시체에 독수리가 모이는 것처럼 재림의 징조가 나타나면 그리스도께서 오신다는 게 아닐까?
만화책답게 적당히 하자.

tip 예루살렘의 멸망

구약의 다니엘은 네 번에 걸쳐 환난 때 성전이 무너지고, 매일 드리는 제사가 없어지고, 우상이 세워질 것을 예언했다. 이것은 B.C.167년 시리아 왕 안티오쿠스 4세가 일으킨 사건의 예언이면서 세상 종말 때 적그리스도에 대한 예언으로 볼 수 있다. 예수님의 말씀도 A.D.70년 로마에 의해 예루살렘이 함락된 사건을 가리키는 동시에 세상 종말 때 적그리스도에 대한 예표로 볼 수 있다. 한편, A.D.70년 로마에 의해 예루살렘이 함락될 때 110만 명이 사망했으며, 9만7천여 명이 포로로 잡혀갔다. 또 각종 질병과 기근으로 장례식조차 치를 수 없었으며, 자식을 잡아먹는 여인도 있었다고 한다. 이는 미래에 올 마지막 대환난의 전조이자 예표로 볼 수 있다.

※사건 : Link 1권 21p

재림의 징조 마가13 : 24, 누가21 : 25

29 '그 환난이 지나면 곧 해는 어두워지고, 달은 빛을 잃고, 별들은 떨어지고, 하늘은 흔들리며 인자가 올 하늘의 징조가 보일 것이다.'
요 며칠 하늘이 이상해.
그분이 오시려나?

※하늘의 징조 : 구약에서는 이러한 표현이 하나님의 심판을 나타낼 때 사용되었다.

30 '그때, 이 땅의 모든 민족이 통곡하며, 인자가 하늘에서 구름을 타고 권능과 영광에 싸여 오는 것을 볼 것이다.'
헉, 저기?!
주님이 오신다!

※영광에 싸여 : Link 다니엘 7:13,14

31 '그리고 인자는 큰 나팔 소리와 함께 천사들을 보내 하늘 이 끝에서 저 끝까지 사방에서 그가 선택한 사람들을 모을 것이다.'

※사방 : 하나님의 구원은 유대인뿐만 아니라 온 세상 민족을 대상으로 한다는 의미이다.

재림의 시기 마가13:28, 누가21:29

32 '무화과나무에서 교훈을 얻어라. 가지가 연해지고 잎이 돋으면 여름이 가까워진 걸 안다.'

33 '이처럼 그 모든 일을 보거든 인자가 문 앞에 가까이 온 줄을 알아라.'
짐 싸라. 다 오셨다.
어떻게 알아요?
말씀하신 징조가 다 나타났잖아.

34 이 세대가 끝나기 전에 그 모든 일이 일어날 것이며, 하늘과 땅은 없어져도 내 말은 결코 없어지지 않을 것이다.
그때까지만 잘 버티면.
아자!
그때가 언제지?

※이 세대 : 일차적으로는 당시의 사람들, 궁극적으로는 모든 세대의 사람들.

36 그날과 그때는 아무도 모른다. 하늘의 천사들도 모르고, 오직 아버지만이 아신다.
전화라도 해보시든가.
까톡을 해보시든가.

※그날, 그때 : 예수님이 세상에 다시 오시는(재림) 종말의 날, 심판의 날.

깨어있어라 마가13:33, 누가12:38, 21:34

37 '노아 때처럼 인자가 올 때도 그럴 것이다. 홍수 이전 사람들은 노아가 방주에 들어갈 때까지도 먹고 마시고 장가가고 시집갔다.'

39 '홍수가 모두를 휩쓸어갈 때까지도 그들은 아무것도 알지 못했다. 인자가 올 때도 그럴 것이다.'
쿠르르르
무슨 소리지?
빗소리겠지.

40 '그때 두 사람이 밭에 있으면 하나는 데려가고, 하나는 버려둘 것이다.'
어? 방금 있던 돌쇠가 어디 갔지?

41 '두 여자가 맷돌을 갈고 있으면 하나는 데려가고, 하나는 버려둘 것이다.'
어? 방금 있던 영희가 어디 갔지?

42 '그러므로 깨어있어라. 주님께서 언제 오실지 너희가 모르기 때문이다.'
정신 바짝 차리자.

43 '도둑이 언제 올지 안다면 집주인은 깨어 있다가 도둑을 막을 것이다.'
도둑…?
끼릭

44 '그러니 너희도 준비하고 있어라. 생각하지도 않은 때에 인자가 올 것이다.'
뭐해?
앗, 주님!

tip 하나는 데려가고 하나는 버려둔다

이것은 휴거를 말하는 것이 아니라 예수님의 재림 때 구원받는 사람과 심판받는 사람이 있다는 것을 말씀하신 것이다. 중요한 것은 구원과 심판의 기준이 하는 일이나 환경이 아니라 일상 속에서 예수님의 재림을 준비하며 깨어있었느냐, 아니냐에 있다는 의미다. 예수께서는 재림의 정확한 시기는 모르기 때문에 어둠 속에서도 영적으로 늘 깨어있어야 한다는 것을 강조하신다.

지혜로운 종이 돼라 누가12:41

45 '주인이 한 종에게 다른 종들을 맡기고 제때에 먹이게 하고 떠났다.'

'그 종이 어떻게 해야 충성되고 지혜롭다고 하겠느냐? 주인이 돌아왔을 때 제대로 하고 있는 종에게 복이 있다.'

47 '그러면 주인은 모든 재산을 그 종에게 맡길 것이다.'

48 '그런데 그가 악한 종이라 주인이 늦을 거라고 생각해서 다른 종들을 때리고 술친구들과 먹고 마시면 어찌되겠느냐?'
주인이 언제 올지 알게 뭐야. 일단 마시자.
하하하

50 '생각하지도 않은 날, 뜻밖에 주인이 와서'
두
둥

51 '그 종을 처벌하고 위선자들이 벌받는 지옥으로 보낼 것이다. 그 종은 거기서 가슴을 치며 통곡할 것이다.'
아이고, 잘못했어요!

※위선자들 : 예수님은 주로 바리새인들에게 이 칭호를 사용하셨다.

25장 열 처녀 비유

예수님은 앞 장에서 재림을 준비하며 지혜로운 종이 되라고 말씀하신 후 여기서 좀 더 자세한 설명을 하셔.

1 '하늘나라는 등을 들고 신랑을 맞으러 간 열 처녀와 같다. 그중에 다섯은 미련하고, 다섯은 지혜로웠다.'
신랑과 신부는 언제 온대?
몰라, 올 때까지 기다려야지.

※열(10) : 완전을 상징하는 숫자로 예수님의 재림을 맞이할 모든 사람을 가리킨다.

3 '미련한 처녀들은 등은 가졌으나 기름은 준비하지 않았고,'
금방 오겠지 뭐.
대충해. 어떻게 되겠지.
4 '지혜로운 처녀들은 등과 기름통을 모두 가져갔다.'
어찌될지 모르니까 미리 준비해야지.
끄덕
5 '신랑이 늦어지자 처녀들은 모두 잠이 들었는데'

※신랑이 늦어지자 : 예수 그리스도의 다시 오시는 것(재림)이 늦어진다는 뜻.

6 '한밤중에 소리가 났다.'
보라, 신랑이다. 나와서 맞이해라!
7 '처녀들이 일어나 제 등을 손봤는데,'
우리 등불이 꺼져가니 기름을 좀 나눠줘.
안 돼, 그러면 서로가 다 모자라니 차라리 기름 장수들에게 사서 써.
10 '그래서 미련한 처녀들이 기름을 사러 간 사이,'
흥!
치사하다야.

'신랑이 왔고, 준비된 처녀들은 신랑과 함께 혼인 잔치에 들어가고'
'문이 닫혔다.'
탁

※혼인 잔치 : 하늘나라에서 열리는 구원의 잔치.

11 '그 뒤에 미련한 처녀들이 와서 애원했다.'
쾅
주님, 주님, 문을 열어주십시오!
쾅
12
나는 너희를 알지 못한다.
13 그러므로 깨어있어라. 너희는 인자가 오는 그날과 그 시각을 알지 못하기 때문이다.

※그날과 그 시각 : 예수님이 다시 오시는 재림의 때.

tip 유대인의 결혼식

유대인의 결혼식은 보통 밤에 이루어졌다. 먼저 신랑이 신붓집으로 가서 혼인 예식을 치르고, 신랑과 신부가 함께 신랑 집으로 가서 혼인 잔치를 연다. 여기서 열 처녀란 신부의 들러리들을 가리킨다. 그들의 임무는 신랑 신부가 올 때까지 기다렸다가 맞이하는 것이다. 예수님은 제자들에게 언제 올지 모르는 재림에 대비해서 늘 깨어있고, 준비해서, 재림의 날에 하늘나라의 구원 잔치에 초대받으라는 것이다.

달란트 비유 누가19:11

14 '또 하늘나라는 한 주인이 멀리 떠나면서 종들에게 재산을 맡긴 것과 같다.'

※주인 : 예수 그리스도. ※종들 : 제자들.
※멀리 : 부활하여 하늘로 올라가신 것.

15 '주인은 종들의 능력에 따라 각각 5달란트, 2달란트, 1달란트를 주고 떠났다.'
5
2
1
그 돈을 어쩌나 보자.

※달란트(Talent) : 1달란트는 노동자가 안식일을 제외하고 20년을 일해야 받을 수 있는 금액이다.

16 '5달란트를 받은 종은 그것으로 장사를 해서 5달란트를 더 벌었다.'
2배로 뻥 튀겼군.
5
5
17 '2달란트를 받은 종도 그와 같이 해서 2달란트를 더 벌었다.'
주인님이 기뻐하시겠어.
2
2
18 '그러나 1달란트 받은 종은 땅을 파고 주인의 돈을 숨겼다.'
장사는 무슨, 안전빵이야.
1

19 '오랜 뒤, 돌아온 주인은 종들과 계산을 했다.'
5
5
2
2
1
20 전 주인님이 주신 5달란트에서 5달란트를 더 벌었습니다.
전 주인님이 주신 2달란트에서 2달란트를 더 벌었습니다.
잘했다! 착하고 충실한 종들아. 네가 작은 일에 충실했으니 큰일을 맡기겠다. 나와 기쁨을 나누자.
5
5
2
2
1

※오랜 : 재림의 지연. ※계산 : 심판. ※기쁨 : 하늘나라에서 있을 구원의 잔치.

24

저는 주인님은 무서우시고, 심지 않고도 거두시고, 뿌리지 않고도 모으시는 걸 알고 두려워서 돈을 땅에 숨겨뒀습니다. 여기 돈을 받으십시오.
1

※여기서 종은 주인을 비난하며 모든 책임을 주인에게 돌리고 있다.

26

악하고 게으른 종아, 내가 그런 줄 알았다면 넌 그 돈을 쓸 사람에게 빌려줬다가 이자라도 받았어야 했다!

28

그에게서 1달란트를 빼앗아 10 달란트를 가진 종에게 줘라!
넵!
5
1
2
아이고 주인님!

29

있는 사람은 더 받아 넘치게 하고, 없는 사람은 있는 것마저도 빼앗길 것이다!
오, 왕재수.
1
5

30

그 쓸모없는 종을 바깥 어두운 곳으로 내쫓아라. 거기서 통곡하며 고통스러워 할 것이다!
으아아, 잘못했어요 주인님!

tip 충실한 종과 게으른 종

예수께서 부활해서 하늘로 올라가실 때 제자들 각각에 맞게 자산(복음)을 맡겨두고 가신다. 그리고 예수님이 다시 오실 때, 제자들이 맡겨진 자산으로 얼마나 맡은 바 책임을 다 했는지 계산(심판)하시겠다는 것이다. 즉, 하늘나라의 완성은 예수님의 재림 때 완성되니 재림이 늦어진다고 해도 게으른 종이 되지 말고, 맡은 바 책임에 최선을 다해서 재림 때 하늘나라에서 있을 구원 잔치에 초대받도록 해야 한다는 것이다.

마지막 날 심판

31

'그날엔 인자가 영광에 싸여 모든 천사와 함께 와서 영광의 보좌에 앉을 것이다.'

※인자(The Son of Man) : 다니엘이 사람으로 오실 메시아를 가리켜 사용한 말 Link 다니엘 7:13 이다. 예수님이 자신을 칭할 때 자주 사용하셨다.

32

'그리고 모든 민족을 불러 모아 양과 염소를 가르는 목자처럼 양은 오른쪽에, 염소는 왼쪽에 세울 것이다.'

※양 : 예수님을 믿는 제자들. ※염소 : 예수님께 대적하는 악한 자들.
※오른쪽 : 유대인에게 명예롭고 좋은 것을 의미. ※왼쪽 : 수치스럽고 부정한 것을 의미.

34

내 아버지께 복을 받은 자들아, 창세 때부터 너희를 위해 준비된 나라를 물려받아라.
너희는 내가 주릴 때 먹여주었고, 목마를 때 마실 것을 주었고, 나그네로 있을 때 맞이했고, 헐벗을 때 입혀주었고, 병들었을 때 돌봐주었고, 감옥에 갇혔을 때 찾아주었다.

※나라 : 예수 그리스도의 재림을 통해 완성되는 하늘나라.

37

주님, 저희가 언제 그렇게 했습니까?
오늘 처음 뵙는데?
너희가 여기 내 형제 중에 가장 보잘것없는 한 사람에게 한 일이 곧 내게 한 것이다.

※형제 : 제자들.

41

저주받은 자들아, 나를 떠나 악마와 그 졸개들을 위해 준비한 영원한 불 속으로 들어가라.
너희는 내가 주릴 때 먹여주지 않았고, 목마를 때 마실 것을 주지 않았고, 나그네로 있을 때 맞이하지 않았고, 헐벗을 때 입혀주지 않았고, 병들었을 때나 감옥에 갇혔을 때 찾지 않았다.

44

주님, 저희가 언제 그렇게 했습니까?
오늘 처음 뵙는데?
가장 보잘것없는 한 사람에게 하지 않은 것이 곧 내게 하지 않은 것이다.

46

'너희는 영원한 형벌에 들어가고, 의인들은 영원한 생명에 들어갈 것이다.'
이럴 수가?!
크… 큰일 났다!
지금부터라도 잘하면 안 될까요?

tip 가장 보잘것없는 한 사람

예수님은 '열 처녀 비유'를 통해 '늘 깨어서 준비하라'고 하셨고, '달란트 비유'를 통해 예수님이 다시 오실 날까지 '맡은 바 책임을 다하라'고 하셨다. 그리고 '마지막 날 심판'을 통해 예수님이 다시 오시는 날에 형제(제자들)를 돌본 사람들과 돌보지 않은 사람들에게 심판이 있다고 말씀하신다. 그런데 여기서는 형제에게 베푼 선행이 구원의 조건인 것처럼 보이지만 성경 전반에 걸쳐 가르치고 있는 구원의 조건은 예수님에 대한 믿음이다. 그래서 이 부분만 보고 선행을 베풀어야 구원받는다고 한다면 아주 위험한 해석이 될 수 있다. 선행을 베풀어서 오른쪽에 선 사람들은 기본적으로 예수님을 믿고 하늘나라에 속한 사람들이다.

4. 예수 그리스도의 죽음과 부활

마가14:1, 누가22:1, 요한11:45

26장 유대 지도자들의 음모 수요일

1 예수께서 모든 말씀을 마치시고 제자들에게 말씀하셨어.
너희도 알다시피 이틀 뒤가 유월절이다. 그때 인자가 팔려서 십자가에 달릴 것이다.

※모든 말씀 : 마태복음에서 하신 모든 가르침을 마쳤다는 의미다.

3 그즈음, 대제사장들, 율법교사들, 장로들이 대제사장 가야바의 관저에서 예수를 죽이려고 음모를 꾸몄지.
백성들이 폭동을 일으킬지 모르니 명절에는 하지 맙시다.
각지에서 200만 명이나 모이는데 잘못하면 큰일 나요.
백성들은 예수를 로마에서 해방시켜줄 메시아로 믿고 있다고.

※대제사장 : 당시 대제사장은 안나스 가문(6~36년)이었으며 현직 대제사장은 안나스의 사위 가야바(18~36년)였다.
※관저 : 산헤드린 공식 회의가 아니라 비공식 모임이라는 뜻.

tip 유월절Passover의 어린 양

유월절은 출애굽 당시 이집트에 내린 마지막 재앙인 장자의 죽음 때, 문에 어린 양의 피를 바른 이스라엘 백성의 집을 보호하신 하나님의 은혜를 기념하기 위한 절기다. 예수께서 유월절과 십자가 죽음을 연결하신 것은, 그때 이스라엘 백성을 구원하기 위해 죄 없이 희생된 어린 양처럼 예수께서도 백성을 구원하기 위해 죄 없이 죽임을 당한다는 것을 나타낸다. 예수 그리스도의 죽음은 온 세상의 죄를 대신하는 죽음으로 하나님의 구원을 완성한다.

※기념 : Link 출애굽기 12:14

베다니 여인의 헌신 마가14:3, 요한12:1

6 예수께서 베다니의 나병환자 시몬의 집에 계실 때,

※베다니(Bethany) : 예루살렘에서 동쪽 여리고로 가는 길목 약 3km에 위치.

7 한 여인이 매우 귀한 향유 한 병을 가져와 식사하시는 예수의 머리에 부었어.
!!

8 제자들이 분개하여 말했지.
왜 저렇게 낭비하지? 향유를 비싸게 팔아 가난한 자들에게 줄 수도 있는데!
그러게 아깝게.

※여인 : 나사로의 누이 마리아다. Link 요한복음 12:3
※향유 : 인도의 나드 식물뿌리에서 뽑은 기름. 죽은 사람의 몸에 바르는 향료로도 사용됐다.
※비싸게 : 이 향유는 300데나리온 이상의 값어치라고 한다. Link 마가복음 14:5

10
내게 좋은 일을 했는데 왜 괴롭히느냐? 가난한 자들은 항상 너희와 함께 있겠지만, 나는 항상 너희와 함께 있는 것이 아니다.

12
이 여인은 내 몸에 향유를 부어 내 장례를 준비한 것이다. 온 세상 복음을 전하는 곳마다 이 여인이 한 일도 전해 기억하게 하라.
장례?
무슨 말씀이지?

tip 여인이 한 일

여인의 행위는 단순히 관습에 따라 귀한 손님에게 향유를 부은 것이든 아니든, 모든 사람의 죄를 대신 짊어지고 십자가에서 죽으실 예수님을 위해 자신의 가장 값진 것으로 사랑과 헌신을 표현한 것이다. 이는 복음의 핵심이 예수께서 모든 사람의 죄를 대신해 십자가에 죽으셨다는 것이며 그것을 깨닫는 자들은 이 여인처럼 예수님을 사랑하고 헌신해야 한다는 것을 의미한다.

가룟 유다의 배신 마가14:10, 누가22:3

14 그때, 12제자 중에 하나인 가룟 유다가 대제사장들을 찾아갔어.
예수를 넘겨주면 무엇을 줄 겁니까?
은화 30개, 어때?

16 그때부터 유다는 예수를 넘길 기회를 노렸지.

※대제사장들 : 제사장들을 24반열로 나눠 일주일씩 성전 봉사를 했는데 각 반열의 수장들을 가리킨다. 해마다 24명의 대제사장이 존재했다.

tip 가룟 유다 Judas Iscariot

마태복음은 '가룟 유다' 누가복음은 '가룟이라 부르는 유다'로 표기되었다. 그래서 '가룟'을 유다의 다른 이름으로 보기도 하고, 열심당원 중에서도 과격한 시카리오Sicario로 보는 견해도 있다. 열심당은 로마의 지배에서 독립하기 위해 과격하게 투쟁하는 무장단체였다. 학자들은 12사도 중 1명인 유다가 예수님을 배신한 이유는, 얼마 되지 않는 은화 30개가 아니라 유대민족을 로마에서 해방시켜 줄 왕을 기대했던 열심당의 이상, 즉 유다의 이상과 맞지 않은 것에 따른 실망과 분노로 보기도 한다. 또한 [누가복음 22 : 3]과 [요한복음 13 : 2]에서는 유다의 배신이 '사탄'에 의한 것이라고 했지만 마태는 그런 내용을 언급하지 않는다.

※누가복음 : Link 누가복음 22:3 ※열심당원 : Link 1권 22p

유월절과 최후의 만찬 목요일 마가14:12, 누가22:7, 요한13:1

17 무교절 첫날에 제자들이 물었어.
유월절에 드실 음식을 어디에 차릴까요?
양을 잡았으니 먹을 곳을 찾아야 하는데.

※무교절 : 출애굽을 기념하는 절기로 유월절이 끝나는 저녁부터 7일간이지만 당시엔 유월절과 함께 8일간 지낸 듯하다.

※제자들 : 베드로와 요한. Link 누가복음 22:8

18 '성안에 가서 아무나에게 '선생님께서 내 때가 가까워졌으니 제자들과 함께 네 집에서 유월절을 지내겠다.'라고 해라.'
저 사람한테 얘기하자.
마가

19 그래서 제자들은 예수께서 시킨 대로 유월절을 준비했지.

20 저녁때, 예수께서는 12제자와 앉으셨어.
21
너희 중 하나가 나를 팔 것이다.
네?
22
주님, 저는 아니죠?
저도 아닐 겁니다.
그가 누구입니까?
23
나와 함께 이 그릇에 손을 넣은 사람이 나를 팔 것이다.
24 '인자는 성경 기록대로 떠나겠지만 인자를 파는 그에게 화가 있을 것이다. 그는 차라리 태어나지 않았더라면 좋았을 것이다.'
25
선생님, 저는 아니죠?
네가 말했다.

※기록 : Link 이사야 53장 ※선생님(Rabbi) : '주(Lord)'라고 부른 다른 제자들과 달리 유다는 '선생님'으로 부른다.

26 제자들이 먹고 있을 때 예수께서 빵을 들어 축복하시고 떼어주셨어.
받아먹어라. 이것은 내 몸이다.
27 또 포도주 잔을 들어 감사 기도를 드리시고 제자들에게 주셨지.
모두 이 잔을 마셔라. 이것은 죄를 없애려고 많은 사람을 위해 흘리는 나의 피, 언약의 피다.

※잔 : 유대인은 유월절 만찬 때 Link 출애굽기 6:6,7 을 기억하며 4잔의 포도주를 마셨다.

29 '이제부터 난 내 아버지의 나라에서 새 것으로 너희와 함께 마실 때까지 포도나무에서 난 것을 마시지 않을 것이다.'

※새 것 : 예수님의 재림을 통해서 완성될 새로운 하늘나라.
※마실 때 : 구원의 잔치.

30 그리고 그들은 찬송을 부르며 감람 산으로 갔어.
하늘과 땅을 지으신 ♪
여호와로부터 복을 받았네~♪
♫

※찬송 : 유대인들은 유월절 만찬 전에 Link 시편 113~114편 을, 만찬 후에 Link 시편 115~118편 을 불렀다.

tip 성만찬 聖晩餐, Eucharist

예수께서는 빵을 자신의 몸으로, 포도주를 십자가에서 흘릴 자신의 피라고 하셨다. 이것은 유월절 어린 양이 죽은 후 출애굽으로 하나님의 구원이 이루어진 것처럼, 예수님의 죽음을 통해 죄 사함이 이루어지고 구원이 완성될 것을 의미한다. 그래서 바울은 예수님을 '유월절 어린 양'이라 했다. 또한 그 피를 '언약의 피'라고 하셨다. 그것은 하나님께서 모세와 시내 산에서 맺은 언약을 대신해 예레미야를 통해 새 언약을 맺은 것처럼, 예수 그리스도의 죽음을 통해 새로운 언약이 맺어진다는 것을 의미한다. 이와 같은 유월절 만찬은 죄로부터 구원하신 예수 그리스도의 죽음을 기리는 교회의 중요한 예식으로 이어지는데, 이를 성만찬, 성찬, 주의 만찬, 성찬식, 성찬예식이라고 한다.

※언약 : Link 출애굽기 24:7,8　※새 언약 : Link 예레미야 31:31~34

베드로의 부인을 예고하시다 마가14 : 27, 누가22 : 31, 요한13 : 36

31
성경에서 '내가 목자를 치니 양 떼가 흩어질 것이다'라고 한 것처럼 오늘 밤 너희는 모두 날 버릴 것이다.
네?!

※성경 : Link 스가랴 13:7
※내 : 하나님.　※목자 : 예수 그리스도.　※양 떼 : 백성들.

32
그러나 내가 살아난 뒤에는 너희보다 먼저 갈릴리로 갈 것이다.
비록 모두 주님을 버리더라도 저는 결코 버리지 않겠습니다.

34
오늘 밤, 닭이 울기 전에 넌 세 번 날 모른다고 할 것이다.

※세 번 : 유대인에게 3은 하늘의 숫자로 철저히 부인할 것을 의미한다.

35
주님과 함께 죽는 한이 있더라도 주님을 모른다고 하지 않겠습니다.
결코 그런 일은 없을 겁니다.
저희를 어떻게 보시고?!
맞아요.

겟세마네의 기도 마가14 : 32, 누가22 : 39, 요한18 : 1

36 예수께서 제자들과 함께 겟세마네에 이르렀어.
내가 저기서 기도할 동안 너희는 여기 앉아있어라.

※겟세마네(Gethsemane) : 예루살렘에서 약 1km에 위치한 감람 산 기슭의 동산.

37 그리고 베드로와 세베대의 두 아들을 데리고 가시면서 슬퍼하고 고심하셨지.
내 마음이 심란해서 죽을 지경이니 너희는 여기서 나와 함께 깨어있어라.
넵.
눈을 부릅뜨고 있겠습니다.

※세베대의 두 아들 : 예수님의 사촌인 큰 야고보와 요한.

39 예수께서는 조금 더 나아가서 엎드려 기도하셨어.
나의 아버지, 만약 하실 수만 있다면 제게서 이 고난의 잔을 거두어 주십시오.
그러나 제 뜻대로 하지 마시고, 아버지의 뜻대로 하십시오.

40 그런 다음, 돌아와서 보니 제자들은 자고 있었지.
나와 함께 한 시간도 깨어 있을 수 없더냐? 시험에 들지 않게 깨어서 기도해라. 마음은 간절하지만 몸이 약하구나!
죄송….

※예수님이 십자가의 고난을 당할 때 믿음을 무너뜨리려는 사탄의 공격.

42 예수께서는 두 번째로 가서 기도하시고
나의 아버지, 만약 제가 마시지 않고는 이 고난의 잔을 거둘 수 없다면 아버지의 뜻대로 하시길 바랍니다.

43 다시 와서 보니 제자들은 너무 피곤해서 또 자고 있었어.
아예 자리를 깔아줄까?
죄…송.

44 예수께서는 제자들을 두고 다시 가서 세 번째 같은 말씀으로 기도하셨지.

45 그리고 제자들에게 돌아오셨어.
아직 자고 있느냐?
아, 주님….

※세 번: 유대인에게 3은 하늘의 숫자로 완전하게 이루어진다는 것을 의미한다.

보라, 때가 가까이 왔으니 인자가 죄인들의 손에 팔린다. 일어나서 가자. 나를 팔아넘길 자가 가까이 왔다.

tip 아버지의 뜻대로

이 기도는 사람의 육신으로 겪게 될 고난과 죽음에 대한 두려움 속에서도 아들의 죽음을 통해 세상을 구원하시려는 하나님의 뜻에 순종하는 예수님을 보여준다. 예수님은 그 십자가의 길을 잘 감당할 수 있도록 하나님의 은혜를 구하셨다. 하지만 예수님의 죽을 것 같은 괴로움과는 달리 제자들은 함께 기도하지 못하고 잠에 빠져들고 만다. 예수께서는 그렇게 아직 부족하지만, 후일 자신의 십자가를 지고 따라와야 할 제자들을 위해서 자신의 의지가 아닌, 하나님의 뜻에 온전히 순종하는 모범을 보이셨다.

예수님이 잡히시다 금요일 마가14:43, 누가22:47, 요한18:3

47 예수의 말씀이 끝나기도 전에 유다가 대제사장들과 장로들이 보낸 자들과 함께 왔어.
48 그런데 예수를 파는 자는 신호를 정해두었지.
내가 입을 맞추는 사람이 바로 그 사람이니 잡으시오
49
안녕하십니까? 선생님!
친구여, 무엇하러 왔느냐?

그때 사람들이 예수를 붙잡았어.
엇!
아니?
51 그러자 예수와 함께 있던 사람들 중 하나가 칼을 빼어 대제사장의 종을 쳐서 귀를 잘랐어.
억!
뭐야?
저놈이?!

※하나 : 요한은 '베드로'라고 했다. Link 요한복음 18:10

52
네 칼을 도로 칼집에 꽂아라! 칼을 쓰는 사람은 모두 칼로 망한다!
53
하지만…!
그렇지 않으면 주님이…!
너는 내가 지금 내 아버지께 청해서 12군단 이상의 천사를 보내시게 할 수 있는 것을 모르느냐?! 그러나 그렇게 하면 '그렇게 될 것이다'라고 한 성경 말씀이 어떻게 이루어지겠느냐?!

※군단 : 당시 로마의 1개 군단은 3000~6000명으로 구성되었다.

55 너희는 내가 날마다 성전에 앉아 가르칠 때는 손도 대지 못하다가 이제 강도를 잡듯이 칼과 몽둥이를 들고 왔느냐? 그러나 이렇게 된 것은 모두 예언자들을 통해 하신 말씀을 이루려는 것이다.
우리가 원래 저질이라….
끌고 가라!
방해하는 놈들은 죽여!

그러자 제자들은 모두 예수를 버리고 달아났지.
작전상 후퇴다!

※말씀 : 고난받는 메시아에 대한 예언들. Link 이사야 53장 Link 스가랴 12:10

마가14:53, 누가22:54, 요한18:12,19

불법 재판 : 가야바의 심문

57 그들은 예수를 대제사장 가야바에게 끌고 갔고, 그곳에는 율법교사들과 장로들이 모여있었어.
집에서 재판하는 건 불법 아닌가?
시끄럽소.

58 베드로는 멀리 떨어져 대제사장의 관저까지 뒤따라갔지.

그는 일이 어찌되나 보려고 집 안으로 들어가 하인들 틈에 앉았어.

※관저 : 산헤드린 공식 재판이 아니라 비공식 불법 재판이란 뜻이다.

59 대제사장들과 장로들과 공회가 예수를 죽이려고 거짓 증거를 찾았지만 찾지 못했고,
그깟 조작질도 제대로 못하냐?
어떻게든 오늘 끝장내야 한다. 빨리 찾아봐!

※가야바(Caiaphas) : 당시 대제사장은 안나스 가문(6~36년)이 맡았으며, 가야바는 안나스의 사위이자 현직 대제사장(18~36년)이었다.

※공회(Sanhedrin) : 유대인의 최고 의결기구인 산헤드린 공회. Link 1권 29p

60 많은 거짓 증언을 세웠으나 쓸 만한 증거를 얻지 못했어.
황제는 동전이라고 말했죠.
멍청아, 동전이 황제라고 했지.
어이없네. 세금은 동전으로 내라고 했잖아.

61 그러다가 마침내 거짓 증인 둘이 나섰지.
이 사람이 하나님의 성전을 헐고 3일 만에 세울 수 있다고 했습니다.
저도 들었습니다.
오, 드디어 제정신 박힌 놈들이 나왔군.

※둘 : '두세 증인법'에 따라 두 사람이 같은 증언을 하면 인정된다. Link 신명기 19:15

※3일 : Link 요한복음 2:19 의 말씀으로 예수께서 3일 만에 부활하는 것을 뜻한다.

62 하지만 예수께서는 아무 말씀도 하지 않으셨어.
저들이 네게 불리한 증언을 하는데 할 말이 없느냐?
….

63
살아 계신 하나님 앞에서 엄숙히 묻겠다. 말해라. 네가 하나님의 아들 그리스도냐?
네가 말했다. 너희는 앞으로 인자가 전능하신 분의 오른쪽에 앉아 하늘 구름을 타고 오는 것을 볼 것이다.
뭐?!
저… 저런!!

※예수님의 침묵은 성경의 말씀을 이루시려는 것이다. Link 이사야 53:7

tip 예수님의 답변

당시 유대 민족은 자신들을 로마의 지배에서 해방시켜 줄 군사적, 정치적 영웅으로 메시아가 올 것이라 믿었다. 이에 대제사장 가야바는 예수님에게 '죄인의 신분으로 무기력하게 끌려온 네가 무슨 메시아냐?'라고 비웃는다. 하지만 예수께서는 '인자가 전능하신 분의 오른쪽에 앉아 하늘 구름을 타고 오는 것을 볼 것이다'라며 성경에서 예언된 메시아가 본인임을 분명히 밝히신다. 전자는 예수께서 십자가에서 죽으신 후, 부활하시고 영광으로 승천하셔서 하나님 오른쪽에 앉으시는 것을 가리키고, 후자는 세상을 심판하기 위해 왕으로 재림하실 것을 가리킨다.

※예언 : Link 다니엘 7:13 Link 시편 110:1

65 그러자 대제사장은 옷을 찢으며 말했지.
이자가 방금 하나님을 모독하는 말을 들었으니 더 이상 무슨 증인이 필요하겠소? 여러분의 생각은 어떠시오?!
사형에 처합시다!
사형, 사형!
찌익

※사형 : 성경에서는 하나님의 이름을 모독한 자는 돌로 쳐 죽이라고 했다. Link 레위기 24:16

67 사람들은 예수의 얼굴에 침을 뱉고, 주먹으로 치고, 뺨을 때리기도 했어.
건방진 놈, 네가 하나님과 동급이란 말이냐!
그리스도야, 널 때린 사람이 누구인지 맞춰봐라!
퉷
짝
퍽

베드로가 3번 부인하다 마가14:66, 누가22:54, 요한18:15,25

69 베드로가 바깥마당에 앉아 있을 때 한 여종이 말했어.
당신도 갈릴리 사람 예수와 함께 있던 사람이네요.
!!

※갈릴리 사람 : 유대인들은 갈릴리 지방을 멸시했다. 즉 예수님의 출신을 비하하는 표현이다.

70 베드로는 여러 사람 앞에서 부인했지.
무슨 말을 하는지 알지 못하겠소.

71 그리고 베드로가 앞문으로 들어갈 때 다른 여종이 말했어.
이 사람도 나사렛 예수와 함께 있던 사람입니다.
!!

72 그러자 베드로는 맹세하며 다시 부인했지.
나는 그 사람을 알지 못하오.

※나사렛 : 갈릴리 지방의 예수님이 자라신 곳. 예수님의 출신을 비하하는 표현이다.

73 잠시 후, 곁에 있던 사람들도 베드로에게 말했어.

틀림없이 그와 한패네. 말투를 보니 분명해.
!!

※말투 : 베드로는 갈릴리 출신이고, 갈릴리의 말투는 예루살렘 말투와 달랐다.

74 베드로는 이제 저주까지 하며 맹세했지.

나는 그 사람을 전혀 알지 못하오!
내 말이 거짓말이면 천벌을 받을 거요!

그때 닭이 울었어.

꼬끼오오오오
!!

75 베드로는 예수의 말씀이 떠올라 밖으로 나가서 크게 통곡했지.

닭이 울기 전에 넌 세 번 날 모른다고 할 것이다!
크흐흐흐흑!
엉엉엉엉엉

27장 총독 빌라도 마가15:1, 누가23:1, 요한18:28

1 새벽에 대제사장들과 장로들이 예수를 죽이기로 결의했어.

예수의 사형은 확실하니 법정에서 합법적으로 만듭시다.
로마와 백성들 눈치도 보이니까 그럴싸하게.

※새벽 : 예수님이 십자가에 달릴 금요일 새벽.
※결의 : 불법 재판을 진행한 후 산헤드린 공회에서 합법으로 꾸미고 있다.

2 그런 후, 예수를 묶어 총독 빌라도에게 넘겨주었지.

우린 이방인의 집에 들어가면 저녁까지 부정해지니 여기서 데려가시오.

※빌라도 : 본명은 '본디오 빌라도'(Pontius Pilate) 제5대 유대 총독(A.D. 26~36년)이다.

tip 불법 재판

유대 지도자들은 예수님을 죽이기로 결심하고 불법적으로 재판을 진행했다. 산헤드린 법정은 안식일, 절기를 제외하고 매일 일출부터 일몰까지만 열렸다. 또한 사형 판결은 다음 날 재심을 통해서 다시 한번 심의를 하여 억울한 죽음이 없도록 했다.

①대제사장의 관저에서 열린 재판은 불법이다.
②새벽에 열린 산헤드린 법정은 불법이다.
③안식일 준비일(금요일)에 열린 재판은 불법이다.
④다음 날 재심 없이 당일 사형이 집행됐으니 불법이다.

유다의 자살

3 배신자 유다는 예수께 유죄가 내리자 뉘우쳐 은화 30개를 대제사장들과 장로들에게 돌려줬어.

내가 죄 없는 피를 팔아 죄를 지었소.
그게 우리와 무슨 상관이냐? 네가 알아서 해라.

※대제사장들 : 당시 대제사장은 로마에 의해 임명되고 매매되기도 했고, 짧은 임기에 교체되기도 해서 전직, 현직 여러 명이 있었다. 또한 제사장들은 24반열로 나눠 일주일씩 성전 봉사를 했는데 각 반열에는 24명의 대제사장이 있었다. 한 명인 대제사장(High Priest)과 구분하기 위해서 Chief Priests라고 한다.

5 유다는 은화를 성전에 내던지고 물러가서,
성질머리 하고는….
별꼴이야.
스스로 목을 매어 죽었지.
6 대제사장들은 그 은화를 두고 의논했어.
이것은 핏값이니 성전 금고에 넣을 수 없소.
크크, 율법은 잘 지켜야지.

※율법 : Link 신명기 22:18

7 그들은 그 돈으로 토기장이의 밭을 사서 나그네의 묘지로 사용했는데, 그 밭은 오늘날까지 피의 밭이라고 해.
율법에서 버려진 시체를 그냥 두면 안 된다고 했거든.
9 그래서 예언자 예레미야를 통해 하신 말씀이 이루어졌어.
이스라엘 자손이 은화 30개로 값을 정한 사람의 몸값으로 토기장이의 밭을 샀으니 이는 여호와께서 내게 명령하신 그대로다!
부정한 돈인데 그걸 율법을 지키는 데 써요?
시끄러. 우린 원래 그래.

※토기장이의 밭 : 예레미야가 예언한 힌놈의 아들 골짜기로 본다. Link 예레미야 7:32
※나그네의 묘지 : 예수살렘에 왔다가 죽은 순례자들을 위한 무덤. ※율법 : Link 신명기 21:1~9

tip 구약성취10 예레미야의 예언

마태가 예레미야의 예언이라 언급한 내용은 오히려 [스가랴 11 : 13]과 더 가깝다. 마태는 여기서 스가랴의 예언을 인용하면서 예레미야의 예언을 전하고자 한 것으로 보인다. 예레미야의 예언은 [예레미야 19장]과 [예레미야 32 : 6~9]인데, 전자는 힌놈의 아들 골짜기에서 우상을 숭배하며 죄 없는 사람들을 죽인 예루살렘을 심판한다는 예언이고, 후자는 재앙이 내린 예루살렘을 회복하겠다는 예언이다. 마태는 이를 통해 예루살렘의 심판 후에 예수 그리스도를 통한 회복을 암시한다고 볼 수 있다.

※힌놈의 아들 골짜기 : 예루살렘 남쪽에 있는 골짜기로 '살육의 골짜기'로도 불리며 '지옥'을 상징하기도 한다.

총독 빌라도의 재판 마가15 : 2, 누가23 : 3, 요한18 : 33

11
네가 유대인의 왕이냐?
네 말이 맞다.

※유대인의 왕 : 로마 황제의 통치에 반역한다는 죄목으로 고발됐음을 보여준다.

12 예수께서는 대제사장들과 장로들의 고발에는 아무 대답도 하지 않으셨지.
저들이 많은 불리한 증언을 하는 게 안 들리느냐?
….
14 빌라도는 예수께서 한 마디도 대답하지 않으시자 아주 이상히 여겼어.
죄가 없는 것 같은데 왜 변호를 안 하지?
15 명절 때마다 총독은 사람들이 원하는 죄수 하나를 풀어주는 관례가 있었는데,
골치 아프다. 그냥 풀어주자.

※예수님의 침묵은 성경의 말씀을 이루시려는 것이다. Link 이사야 53:7

마태복음

16 그때 감옥에는 바라바라는 유명한 죄수가 있었지.
내가 누구를 놓아주기를 원하오? 바라바요? 그리스도라는 예수요?
바라바!
바라바!
18 빌라도는 유대 지도자들이 예수를 시기해서 넘겨준 사실을 알았어.
비열한 놈들, 자기들 기득권에 위협이 되니 모함하는구나.
19 빌라도가 재판석에 있을 때 그의 아내가 사람을 보냈지.
그 죄 없는 사람에게 아무 상관하지 마세요. 지난밤 꿈자리가 몹시 사나웠어요.

※바라바(Barabbas) : '아버지의 아들'이란 뜻. 로마에 대항해서 반역을 일으켰다. Link 누가복음 23:19

20 그러나 대제사장들과 장로들은 사람들을 선동했어.
보라, 저런 자가 어떻게 메시아가 될 수 있나?
저런 자가 어떻게 우릴 해방시켜줄 수 있겠냐고!
저자는 거짓말쟁이요. 하나님을 모독하는 자요!
우리가 그동안 속았다!
바라바를 풀어달라고 하고, 예수를 죽여야 하오!
저자는 사기꾼이다!

※사람들 : 예수님께 환호했던 사람들을 포함한 모든 유대인.

21
두 사람 중에 누구를 풀어주기 바라오?
바라바!
바.라.바!
바라바라바라바!
22 그러면 그리스도라는 예수는 어쩌란 말이오?
죄인 대신 죄 없는 자를 죽이라고?
십자가에 못 박아요!
23 도대체 저 사람이 무슨 나쁜 일을 했소?
십자가에 못 박아요!
아, 몰라몰라 일단 못 박아!

24 빌라도는 폭동이 일어날 것 같아 어쩔 도리가 없다고 생각했어.
못.박.아!
못.박.아!
음!

나는 이 의로운 사람의 피에 대해 책임이 없으니 알아서 하시오!
그 피는 우리와 우리 자손이 책임지겠소!

26 바라바는 풀어주고, 예수는 채찍질한 뒤 십자가에 못 박아라.
폭동이라도 나면 골치 아파.

tip 로마 총독

로마는 악정을 일삼던 분봉 왕 아켈라오(B.C.4년~A.D.6년)를 폐위시킨 후부터 총독을 두어 유대 땅을 다스리도록 했다. 총독은 평소에 지중해 해안의 신도시 가이사라Caesarea에 있다가 중요한 절기 때는 군대와 함께 예루살렘에 와서 주둔했다. 수많은 유대인이 모이는 만큼 폭동과 같은 사태에 대비하기 위해서였다. 로마는 율법, 종교, 사법 등 많은 부분에서 유대인의 자치권을 인정하고 유대 지도자들에게 맡겼지만, 사형 집행권, 대제사장 임명권, 군사적 권한은 총독이 가지고 있었다.

※총독을 두어 : Link 1권 28p

예수님을 희롱하다 마가15:16, 누가23:11, 요한19:1

27 총독의 병사들이 예수를 총독 관저로 끌고 가 모든 부대를 모이게 했어.
이자가 유대 왕이라는 자야?
크크, 대국민 사기꾼이지.

※관저(Praetorium) : 총독이나 고위공직자의 관사나 집무실을 가리키는 말이다.

28 그들은 예수의 옷을 벗긴 후 주홍색 옷을 입히고, 가시관을 엮어 머리에 씌우고, 갈대를 오른손에 들게 했지.
이러니까 정말 왕 같은데?
모두 절을 해라!

※주홍색 : 왕을 상징하는 색. ※가시관 : 왕관을 상징.
※갈대 : 왕의 지팡이를 상징.

30 그리고 무릎을 꿇고, 침을 뱉고, 갈대를 빼앗아 머리를 쳤어.
유대인의 왕 만세!
딱
왕이라면 네 군대는 어디 있냐?
하하하
퉤

31 그렇게 희롱한 후 주홍색 옷을 벗기고 다시 예수의 옷을 입혀 십자가에 못 박으려고 끌고 갔지.
이 사기꾼아! 그 꼴이 되어서 어떻게 이스라엘을 구원할 거냐?!
하나님을 모욕한 자를 죽여라!
와아아아아아

십자가의 고난 마가15:21, 누가23:26, 요한19:17

32 병사들은 나가다가 시몬이라는 구레네 사람에게 강제로 예수의 십자가를 지게 했어.

유대 왕께서 너무 매질을 당해 기운이 없다. 네가 저걸 매라.
왜 이래요? 난 순례객일 뿐이오.

※구레네(Cyrene): 북아프리카 리비아의 해안 도시. 디아스포라 유대인들이 많이 살았다.
※매질: 채찍질을 말하며, 심한 경우엔 맞다가 죽기도 했다.

33 그들은 골고다 곧 '해골의 땅'이라는 곳에 도착했지.

※골고다(Golgotha): 예루살렘 밖 북서쪽의 작은 언덕으로 사형 집행 장소로 사용되었다.

34 병사들은 예수께 쓸개 탄 포도주를 마시게 했으나 예수께서는 맛만 보시고 마시지 않으셨어.

※포도주: 마태는 고통을 주려는 독주로, 마가는 고통을 줄이는 마취제로 이해했다. Link 시편 69:21

35 그들은 예수를 십자가에 못 박고, 제비를 뽑아 옷을 나눠가졌지.

36 그들은 그곳에 앉아서 예수를 지켰고,

빨리 죽어야 집에 갈 텐데.
아, 따분해.

37 그의 머리 위에 '이는 유대인의 왕 예수'라는 죄목을 붙였어.

※유대인의 왕: 로마 황제의 통치에 대한 반역죄가 적용되었음을 보여준다.

38 그때, 강도 2명이 예수의 오른쪽과 왼쪽의 십자가에 각각 못 박혀 있었지.

※강도: 단순한 강도가 아니라 로마에 대항해서 유대 독립을 위해 싸운 사람들이다. Link 누가복음 23:19

39 지나가는 사람들이 머리를 흔들며 예수를 모욕했고, 대제사장들도 율법교사들과 장로들과 함께 조롱했어.

성전을 헐고, 3일 만에 세운다던 자여, 네가 하나님의 아들이거든 십자가에서 내려와서 널 구원해라!
남은 구원했지만 자기는 구원할 수 없구나!
네가 이스라엘 왕이면 지금 십자가에서 내려오라! 그러면 널 믿겠다!
네가 하나님을 믿고 하나님이 기뻐하신다니 이제 널 구원하시겠지? 네가 하나님의 아들이라고 했으니 말이다!

※모욕: Link 시편 22:6~8
※네가 하나님의 아들이거든: 사탄도 이와 같은 말로 예수님을 시험했다. Link 마태복음 4:3,6

44 함께 십자가에 못 박힌 강도들도 역시 예수를 욕했지.
흥, 네가 그리스도라면 너와 우리를 구원해라.

※강도 : 일반적인 강도가 아니라 로마에 대항해서 반역을 일으킨 사람들로 본다.

십자가의 죽음 마가15:33, 누가23:44, 요한19:28

45 낮 12시부터 온 땅에 어둠이 덮이더니 오후 3시까지 계속되었어.
갑자기 하늘이…?

46 오후 3시쯤, 예수께서 크게 외치셨지.
나의 하나님, 나의 하나님, 어찌하여 저를 버리셨습니까?
엘리, 엘리, 라마 사박다니? (Eloi, Eloi, lama sabachthani?)

47 그곳에 있던 사람들 중에 몇몇이 이 말씀을 들었어.
저 사람이 엘리야를 부른다.

※엘리야 : '엘리, 엘리'라고 하신 것을 오해해서 엘리야를 부른다고 한 것이다.

48 그중 한 사람이 신 포도주를 헝겊에 적셔 갈대에 꿰어 예수의 입에 대어 줬지.
목이라도 축이시오.
그냥 둬. 엘리야가 와서 구해주나 보자.

※버리셨습니까 : 인류의 죄를 씻기 위해 하나님께 버림받고, 저주받았음을 의미한다. Link 시편 22:1 Link 갈라디아서 3:13

50 예수께서는 다시 크게 외치시고
아버지, 제 영혼을 아버지 손에 맡깁니다!

영혼이 떠나셨어.

마태복음

51 그런데 이때 성전 휘장이 위로부터 아래까지 찢어졌고,
쫘아아아악

땅이 흔들리며 바위가 갈라지고,
우르르릉

52 무덤들이 열려서 잠자던 많은 성도의 몸이 살아났지.

53 그들은 예수의 부활 후에 무덤에서 나와 거룩한 도성의 많은 사람에게 나타났어.
헉, 저… 저건…?!
저 사람은 며칠 전에 죽은 칠득이 아냐?

※거룩한 도성 : 예루살렘.

tip 찢어진 휘장

성전의 휘장은 성소와 지성소를 나누고 있다. 지성소 안에는 하나님을 상징하는 언약궤가 있으며, 언약궤 덮개를 속죄판이라고 한다. 지성소에는 1년에 한 번 대속죄일(7월10일)에 한하여 대제사장만 들어가서 이스라엘 백성들의 모든 죄를 씻어내는 예식을 치를 수 있었다. 그런 지성소의 휘장이 찢어졌다는 것은, 앞으로는 어떤 죄인이라도 대제사장 없이 지성소에 들어갈 수 있게 되었다는 것을 상징한다. 이는 죄가 없으신 예수 그리스도의 십자가 죽음(대속 제물의 희생)을 통하여 영원한 속죄를 이루고 누구나 직접 하나님께 나아갈 수 있는 새로운 길이 열렸음을 의미한다.

※대속죄일 : Link 레위기 16장

54 예수를 지키던 백부장과 병사들은 이 모든 일들을 보고 몹시 두려워졌어.
이분은 참으로 하나님의 아들이셨다!

※백부장 : 로마 군대에서 100명의 병사를 지휘하는 장교다.

55 그곳에는 예수를 섬기며 갈릴리에서부터 따라온 여자들이 멀리서 지켜보고 있었지.

56 그중에는 막달라 출신 마리아와 야고보와 요셉의 어머니 마리아와 세베대의 아들들의 어머니도 있었어.

※마리아(Mary) : 12사도 중에 알패오의 아들인 작은 야고보와 요셉의 어머니.
※세베대의 아들들의 어머니 : 예수님의 사촌인 큰 야고보와 요한의 어머니.

무덤에 묻히시다 마가15:42, 누가23:50, 요한19:38

57 저녁 무렵, 아리마대 출신 요셉이라는 한 부자가 왔는데 그도 예수의 제자였어.
율법에는 나무에 달린 시체를 밤새 두지 말라고 했죠.

※아리마대(Arimathea) : 예루살렘 동북쪽 약 45km 에브라임 산지에 위치한 성읍.
※율법 : Link 신명기 21:23

58 그가 예수의 시신을 요구하니 빌라도가 내어주게 했지.
예수의 몸을 내어주라.
59 요셉은 예수의 시신을 깨끗한 삼베로 싸서 바위를 파고 만든 자신의 새 무덤에 모시고
큰 돌을 굴려 무덤 입구를 막았어.

※요셉(Joseph): 산헤드린 공회의 의원이었지만 공회의 결정에 반대했다. Link 누가복음 23:51

61 밖에는 막달라 마리아와 다른 마리아가 있었지.
집에 갈 때 향료와 향유를 사두자.
62 다음 날, 곧 안식일에 대제사장들과 바리새인들이 빌라도에게 몰려갔어.
세상을 속이던 그자가 생전에 '3일 만에 살아날 것이다.'라고 했습니다.
그러니 3일째 까지는 무덤을 단단히 지켜야 합니다.

※막달라 마리아: 막달라 출신으로 일곱 귀신이 들렸다가 나은 후 예수님을 따른다. Link 누가복음 8:2 Link 마가복음 16:9

※다른 마리아: 12사도 중에 알패오의 아들인 작은 야고보와 요셉의 어머니.

※안식일(토요일): 유대인은 금요일 저녁부터 토요일 저녁까지를 안식일로 지켰다.

64
그의 제자들이 밤에 시체를 훔치고 백성들에게 '죽은 사람들 중에서 살아났다'고 하면 그 속임수로 처음보다 더 상황이 나빠질 겁니다.
65
경비병을 내줄테니 힘껏 지키시오.
66 그들은 돌을 봉인하고 경비병을 세워 무덤을 단단히 지켰지.
단단히 지켜라.

마가16:1, 누가24:1, 요한20:1

28장 부활하신 예수님 일요일

1 안식일이 지나고,
안식일이 끝났으니 주님께 가자.
일주일의 첫날 새벽에 막달라 마리아와 다른 마리아가 무덤을 보러 갔어.
어제 산 향료를 주님께 발라드려야지.
2 그런데 갑자기 큰 지진이 일어나고,
우르르르릉
앗!

※안식일이 지나고: 유대인의 하루는 저녁부터 시작되니 안식일인 토요일 저녁이 지났다는 것이다.

※첫날: 일주일을 시작하는 첫날, 즉 일요일 새벽을 말한다.

※향료: 시체에 바르는 방부제의 일종, 예수님의 부활을 믿지 않았음을 알 수 있다.

주의 천사가 하늘에서 내려와 무덤의 돌을 굴려 내고 그 위에 앉았는데 모습은 번개 같고 옷은 눈처럼 희었지.
저… 저…!!
4 무덤을 지키던 병사들은 두려워서 떨었고 죽은 것처럼 됐어.
5 두려워하지 마라. 너희가 십자가에 못 박히신 예수를 찾는 줄 안다. 그는 여기에 계시지 않고 그의 말씀대로 살아나셨다. 와서 주께서 누우셨던 곳을 보라.
7 빨리 제자들에게 전해라. 그는 죽은 사람들 중에서 살아나셔서 너희보다 먼저 갈릴리로 가셨으니 거기서 그를 볼 것이라고 해라.
8 여자들은 무서움과 큰 기쁨으로 급히 무덤을 떠나 이 소식을 제자들에게 전하려고 달려갔어.
저… 정말 부활하셨어!
부활은 메시아라는 증거잖아!
!!
9 그런데 여자들은 갑자기 예수와 마주쳤지.
잘 있었느냐?
아아!
여자들은 그의 발을 붙잡고 절했어.
주여!
정말 주님이세요?!
10 무서워하지 마라. 내 형제들에게 갈릴리로 가라고 전해라. 거기서 나를 만날 것이다.
갈릴리는 내가 너희를 처음 부른 곳이니 그곳에서 너희의 사명이 시작될 것이다.
부활을 부정하는 계략
11 여자들이 떠난 후, 병사 중에 몇몇이 성으로 달려갔어.
이런 말도 안 되는 일이!!
타다다닥

※내 형제들 : 12사도가 예수님을 버리고 도망갔지만 여전히 하늘나라의 가족이라는 의미다.

병사들은 그 모든 일을 대제사장들에게 보고했지.
12 대제사장들은 장로들과 함께 의논한 후에,
이 일은 절대 알려져선 안 되오.
백성들이 알면 우린 끝장이야.
병사들에게 많은 은화를 집어주었어.
너희가 잠든 밤에 예수의 제자들이 시체를 훔쳐갔다고 말해라. 총독이 알아도 우리가 잘 말해서 너희에게 피해가 가지 않게 하겠다.

15 돈을 받은 병사들은 시키는 대로 했고 그 말이 오늘날까지 유대인들 사이에 널리 퍼져있지.

제자들에게 주신 사명과 약속 마가16:15

16 갈릴리로 간 11제자는 예수께서 일러주신 산에 도착했어.

17 그들은 예수를 뵙고 절을 했지만 의심하는 사람도 있었지.

※오늘날 : 마태가 복음서를 기록하던 때를 말하며, 당시 예수님의 부활을 감추려는 시도가 많았다는 것을 보여준다.

※산 : 어떤 산인지는 알 수 없지만 모세가 시내 산에서 하나님의 계시를 받는 것과 유사한 장면임을 강조한다.

18
내게 하늘과 땅의 모든 권세가 주어졌다.
Link 다니엘 7:14
그러므로 너희는 모든 민족을 제자로 삼아 성부와 성자와 성령의 이름으로 세례를 주고, 내가 너희에게 말한 모든 것을 가르쳐 지키게 해라.

20
보라, 내가 세상 끝날까지 항상 너희와 함께 있을 것이다.

tip 예수님의 명령과 약속

①명령 '모든 민족을 제자로 삼아라' : '모든 민족'은 유대인뿐 아니라 모든 세상 사람을 가리킨다. 모든 사람들에게 복음을 전해서 제자로 삼으라는 것이다. 이는 하늘나라의 백성이 유대인뿐 아니라 세상 모든 사람이라는 것이며, 예수님은 유대인의 메시아가 아니라 모든 사람의 메시아라는 것이다.

②약속 '세상 끝날까지 항상 너희와 함께 있을 것이다' : '세상 끝날'은 예수님이 다시 오시는 재림의 날을 말하며, '너희와 함께 있을 것'이란 예수님의 또 다른 이름인 '임마누엘'을 뜻한다. 이는 당시뿐 아니라 예수님의 재림을 기다리는 모든 세대의 제자들에게 주어진 약속으로 하늘과 땅의 모든 권세를 가진 예수님이 그의 제자들을 지키고 책임진다는 뜻이다.

※모든 민족 : 예수님이 유대인뿐만 아니라 온 세상 사람의 메시아라는 것을 밝히고 있다.

마가복음

●마가 Mark

'마가'는 로마식 이름이며, 히브리 이름은 '요한'이다. 마리아의 아들이자 바울과 함께 이방 사역을 했던 바나바의 조카이며, 마가의 집은 예수님의 최후의 만찬 장소였다. 로마에서 베드로의 통역을 맡았고, A.D.67년경 바울과 베드로가 순교한 뒤 두 사도를 통해 들은 예수님의 행적을 마가복음으로 기록한 것으로 본다. 70인 제자 중에 한 사람이라고 전해진다.

예수께서 떠나신 후 복음은 전 로마 제국으로 퍼져나갔으며 제국의 수도 로마에도 교회가 세워졌어.
복음
복음
복음
복음
복음

그런데 A.D.64년, 대화재로 수도 로마의 대부분이 불에 탔어!
불길이 5일 만에 겨우 잡혔구나.
로마의 14개 구 중에, 10개 구가 잿더미가 됐어.

당시의 황제 네로는 사태를 수습하려 했지만 로마의 민심은 흉흉해졌고 엉뚱한 소문까지 돌았지.
네로가 그리스 문화에 심취해서 트로이가 불타는 장면을 연출하려고 불을 질렀대.
불구경을 하면서 황궁에서 리라를 뜯고 노래를 불렀다던데?
폭군 네로를 죽이자!
사실, 네로는 화재 당시 로마에서 약 50km 떨어진 안티움에 있었어.
난 불났다는 소식을 듣자마자 혼자 전차를 몰고 달려왔다고.
그럼, 노예를 시켜서 불을 질렀겠지.
그럴지도.
분노한 시민의 폭동에 직면한 네로는 신흥 종교인 그리스도인들을 희생양으로 삼기로 했지.
안 그래도 그리스도인들은 시민들이 싫어하니 딱입니다.
그것들은 군대도 안 가고, 행사에도 안 나와요.
제우스 신도 껌딱지로 알고요.

※안티움(Antium) : 로마 남쪽 약 50km에 위치한 해안 도시. 현재의 안치오(Anzio)다.

※네로(Nero) : 로마의 5대 황제. 재위 기간은 54년~68년.

네로는 대화재를 그리스도인들의 소행으로 몰아서 대대적인 탄압과 처형을 시작했어.
이 더러운 그리스도인들!
다 죽여 버려!
딱
퍽
퍽
많은 그리스도인들이 체포되고 죽었으며 남은 자들은 밤낮으로 두려움에 떨었지.
바울과 베드로께서도 순교하셨어.
흑, 우리 부모님도 잡혀가셨어.

마가는 이렇게 엄청난 재앙 앞에 선 로마 교회의 이방인들을 위해서 마가복음을 기록했어.
예수님의 고난을 따르는 것이 제자의 길이며, 예수님도 고난과 십자가의 죽음이 있었기에 부활의 영광도 있는 것이오.
예수님의 부활처럼 결국 우리도 승리할 것이니 지금의 박해 때문에 절망해선 안 됩니다.
자, 고난에 처한 이방인 성도에게 전하는 얘길 들어볼까?
마태복음과 어떤 차이가 있는지 궁금해요.

1. 예수 그리스도의 갈릴리 사역

1장 세례 요한의 선포 마태3:1, 누가3:2, 요한1:19

1 하나님의 아들 예수 그리스도의 복음은 이렇게 시작돼.
모든 사람을 죄에서 구원하려고 오신 예수 그리스도의 소식을 복음이라고 해.

2 예언자 이사야의 기록처럼 세례 요한이 광야에서 죄를 용서받게 하는 회개의 세례를 베풀었어.
보라, 내가 나의 사자를 먼저 보내니 그는 네 앞길을 예비할 자다!
광야에서 외치는 소리가 있다! 너희는 하나님의 길을 예비하고 그의 길을 곧게 하라!

▶ Link 1권 31p tip '복음'을 보라.

※기록: Link 말라기 3:1 Link 이사야 40:3
※광야(Desert): 예루살렘, 헤브론과 사해 사이의 유대 광야. ※나: 여호와 하나님. ※네, 그: 예수 그리스도.

5 그래서 온 유대 땅과 예루살렘 사람들이 그에게 죄를 고백하고 요단 강에서 세례를 받았지.

6 요한은 낙타털 옷을 입고, 허리에 가죽띠를 매고, 메뚜기와 들꿀을 먹으며 살았어.
나보다 능력이 크신 분이 내 뒤에 오시니 나는 몸을 굽혀 그의 신발 끈을 풀 자격도 없다! 나는 물로 세례를 주지만, 그는 성령으로 세례를 주실 것이다!

▶ Link 1권 37p tip '세례 요한'을 보라.

※신발 끈을 풀다: 당시 노예가 주인에게 하던 일이다. ▶ Link 1권 39p tip '성령과 물과 불의 세례'를 보라.

tip 복음의 시작

마가는 예수 그리스도의 복음이 갑자기 생겨난 것이 아니라 구약의 예언으로부터 시작되었음을 강조하고자 했다. 그런데 메시아, 즉 예수 그리스도의 예언이 아니라 메시아보다 앞서 와서 그의 길을 준비했던 세례 요한에 대한 예언을 먼저 언급한다. 그것은 구약에서 예언된 메시아의 길을 준비하는 자, 광야에서 외치는 소리가 세례 요한임을 밝힘으로 그 뒤에 오시는 예수님이 하나님의 아들이자 메시아라는 것을 증명하고자 한 것이다.

세례를 받으시는 예수 마태3:13, 누가3:21

9 그즈음 예수께서 갈릴리 나사렛을 떠나 요단 강으로 오셔서 요한에게 세례를 받으셨어.

※갈릴리(Galilee): 갈릴리 바다 서쪽 지방, 예수께서 살던 나사렛이 있는 곳.

10 예수께서 물에서 나오실 때 하늘이 열리고 성령이 비둘기같이 내려왔지.
너는 내 사랑하는 아들이니 내가 너를 기뻐 한다!

※비둘기 : 온유하고 겸손하신 평화의 왕을 상징한다.
▶ Link 1권 40p tip '3가지 계시'를 보라.

사탄의 시험에 들다 마태4:1, 누가4:1

12 그리고 곧 성령이 예수를 광야로 내보내셨어.

13 예수께서는 40일 동안 광야에 계시면서 사탄의 시험을 받으셨는데,

※사탄(Satan) : 히브리어로 '고발하는 자'라는 뜻. 인간을 멸망시키려는 목적을 가진 어둠과 사망의 권세를 가진 자를 말한다. Link 에베소서 2:2

그는 들짐승들과 함께 지내셨고, 천사들이 시중을 들었지.

tip 광야에서의 40일

마가는 '사탄의 시험'보다는 하나님의 구원이 이루어지는 장소인 '광야'에 초점을 맞추고 있다. 예수님은 성령에 복종해서 광야로 나가셨다. '40일'은 구약에서 많은 의미가 있다. 노아 때 홍수는 40일간 쏟아졌으며, 모세는 시내 산에서 하나님과 40일 동안 함께 있었고, 엘리야는 40일간 광야를 걸어 시내 산에 도착했다. 이 모든 일은 하나님의 인도함이 있었던 사건이다. 사탄의 시험을 받으신 후, 들짐승과 평화롭게 지내시면서 천사들의 시중을 받는 예수님은 마치 에덴동산을 연상시키고, 이사야의 예언이 이루어졌다는 걸 보여준다. 그것은 하나님께 불복종해서 사탄에게 패배한 아담과는 달리 하나님께 복종함으로 예수께서 승리하셨고, 두 번째 아담으로 오신 예수님으로 새로운 세상이 시작됨을 의미한다.

※노아 : Link 창세기 7:12 ※모세 : Link 출애굽기 34:28 ※엘리야 : Link 열왕기상 19:8
※예언 : Link 이사야 11:6

갈릴리 1차 사역 마태4:12, 누가4:14

14 요한이 잡힌 후, 예수께선 갈릴리로 가셔서 하나님의 복음을 전하셨어.
때가 되었다! 하나님의 나라가 가까이 왔다! 회개하고 복음을 믿어라!

▶ Link 1권 42p tip '요한의 투옥과 예수님의 행적'을 보라.

첫 제자들을 부르시다 마태4:18, 누가5:1

16 어느 날, 예수께서는 갈릴리 해변에서 시몬과 그의 동생 안드레가 그물을 던지는 것을 보셨지.

그들은 어부였어.
횟감으로 좀 떠드릴까요?
됐거덩.

17 나를 따라오라.
내가 너희를 사람을 낚는 어부가 되게 하겠다.
정말요?
오!

※시몬(Simon) : 히브리어로 시몬인데 예수님이 아람어로 '게바(Cephas)'라는 이름을 주셨고 헬라어로는 '베드로(Peter)'다.

※사람을 낚는 어부 : 죄악에 빠져있는 사람들을 구해낸다는 뜻. 이를 위해 마가는 계속 바다를 강조한다.

18 그들은 곧 그물을 버리고 예수를 따라갔어.
여기 물고기는?
아저씨 가지세요.
19 예수께서 조금 더 가시다가, 배에서 그물을 손질하는 세베대의 아들 야고보와 그의 동생 요한도 부르셨지.
너희도 나를 따라오너라.
저희도?
와우, 당첨!
20 그들은 아버지 세베대와 일꾼들을 배에 두고 예수를 따라갔어.
아버지 여기 사표. 퇴직금은 계좌로 쏴주세요.

※야고보(James) : 히브리어 야곱의 헬라어 표현. 예수님과 사촌 형제, 최초의 순교자가 된다.
※요한(John) : 예수님과 사촌 형제이며 요한복음, 요한1~3서, 요한계시록의 저자다.

▶ Link 1권 43p tip '예수님을 따른 제자들'을 보라.

귀신 들린 사람 치유 누가4:31

21 그들은 가버나움으로 갔고, 안식일이 되자 예수께서 회당에서 가르쳤어.
22 사람들은 예수의 가르침에 놀랐어. 율법교사들과 달리 권위가 있었기 때문이야.
뭔가 달라.
속이 후련해.
뻥 뚫렸어.

23 그때 회당에 있던 더러운 귀신 들린 한 사람이 큰 소리로 외쳤어.
나사렛 예수여, 우리를 내버려두시오! 우리가 당신과 무슨 상관입니까?
우리를 없애려고 오셨소? 나는 당신이 하나님께서 보내신 거룩한 분인 줄 압니다!
25
닥치고 그 사람에게서 나와라!
컥!
26 그러자 더러운 귀신은 그에게 경련을 일으킨 후 큰 소리를 지르며 떠났지.
크아아아!
헉!

※율법교사(Rabbi) : 율법을 해석하고 가르치는 유대 지도자를 부르는 존칭.

※회당(Synagogue) : 유대인 생활의 중심이 되는 종교, 집회, 교육 장소. Link 1권 17p

▶ Link 1권 37p tip '나사렛 사람'을 보라.

27
이게 어찌된 일이냐?
이것은 권위 있는 새로운 가르침이야.
그에겐 권세가 있어.
더러운 귀신들도 그의 명령에 복종한다고.
28 그래서 예수의 소문이 갈릴리 모든 지역에 빠르게 퍼졌어.
뉴스 봤어? 메시아께서 오셨대.
말 한마디로 모든 걸 이루신대.
오, 그럼 곧 로마에서 해방될 수도?

tip 마가가 전한 첫 기적

마가는 예수님의 많은 기적 중에 이 사건을 첫 번째로 전하고 있다. 이것은 죄와 사망의 권세를 가진 사탄에 대한 승리를 보여줌으로써 백성을 구원하기 위해 오신 예수님의 능력과 하나님의 통치가 예수님을 통해 이루어짐을 보여준다. 특히 하나님에 의해 선포된 예수님의 지위와 신분, 즉 하나님의 아들이며 메시아라는 사실이 사탄에 의해 밝혀지고, 사탄도 예수님의 말씀에 복종했다는 것이다.

시몬의 장모와 사람들 치유 마태8:14, 누가4:38

29 그들은 회당을 나와 야고보와 요한과 함께 시몬과 안드레의 집으로 갔어.

30 그들은 시몬의 장모가 열병으로 누워있다는 것을 예수께 알렸지.
열병은 하나님의 형벌인데.

※시몬(Simon): 예수님의 12제자 중 1인, 벳새다 출신의 어부로 가버나움에서 살았다. 베드로(Peter), 게바(Cephas)라고도 불렸다.

※하나님의 형벌: Link 레위기 26:16

31 예수께서 그녀의 손을 잡아 일으키니 열병이 떠나고,
오오!

그녀는 그들의 시중을 들었어.
이제부터 제가 보디가드를 맡겠습니다.
됐거든.

32 저녁 무렵, 사람들이 병자들과 귀신 들린 자들을 데려왔고 온 마을 사람도 문 앞에 모여들었지.
크르르…
어디서 이렇게 많은…?
멍멍
주님아, 덤벼!

※저녁 무렵: [1:21]의 안식일이 끝나자 사람들이 몰려온 것이다. 유대인들의 하루는 저녁부터 시작된다.

34 예수께서는 온갖 병자들을 고쳐주시고, 귀신들을 내쫓으셨어.
단지 말씀만으로?
이분이 하나님이야?

예수께서는 귀신들이 자기가 누구인지 알았기 때문에 말하는 것을 허락하지 않으셨지.
한마디라도 뻥긋하면 재미없다. 알지?

tip 침묵의 명령

예수께서 귀신들에게 침묵하라고 명령을 내린 이유는 다음과 같다.

①귀신은 하나님의 심판을 피할 수 없음을 경고하기 위해

②거짓의 영인 귀신을 통해 예수님의 신분이 증명되는 것을 원치 않아서

③예수님이 귀신의 왕이라는 오해를 받을 수 있기 때문

④유대인들이 예수님을 오해(군사적 영웅)하는 것을 막으려고

▶ Link 1권 44p tip '치유 사역의 의미'를 보라.

갈릴리 전도 누가4:42

35 아직 어두운 이른 새벽, 예수께서 외딴곳에서 기도하고 계셨어.

36 그때 시몬과 그의 일행은 예수를 찾아 나섰는데
모두 주님을 찾고 있습니다.
가까운 마을로 가서 말씀을 전해야겠다. 나는 이 일을 위해 왔다.

마가복음

39 그런 후, 예수께서는 모든 갈릴리 지역을 다니시며 여러 회당에서 말씀을 전하고 귀신들을 쫓으셨지.
꺼져!
켁!
뻥
복음

tip 이 일을 하러 왔다

예수께서는 자신이 세상에 오신 목적이 '하늘나라의 복음'을 전하기 위한 것이라고 분명히 밝히신다. 사람들이 원하는 기적이나 인기나 명예가 아니라는 말씀이다. 이로 미루어볼 때 사람들이 예수님을 찾아오는 이유가 '하늘나라의 복음'에 있지 않다는 것을 짐작할 수 있다. 사람들은 놀라운 기적 때문에, 제자들은 인기와 명예를 얻으려는 마음이 있었다는 것을 암시한다고 볼 수 있다.

나병환자 치유 마태8:1, 누가5:12

40 어느 날, 나병환자 한 사람이 예수께 무릎을 꿇고 간청했는데,
주님께서 원하시면 저를 깨끗하게 하실 수 있습니다.
!!
나병환자가?
재수 없게.

41 예수께서 그를 불쌍히 여겨 손을 대셨어.
내가 원한다. 깨끗해져라.
어? 부정한 자를 만지시다니.
42 그러자 곧 병이 떠나고 그는 깨끗하게 되었지.
아자, 주님 만세!
헉!
어떻게?!
43 이에 예수께서 단단히 이르셨어.
아무에게도 말하지 마라. 제사장에게만 몸을 보이고 모세가 명령한 것을 바쳐 네가 깨끗해진 것을 증명해라.
넵, 제 별명이 종로 자물통입니다요.
불끈

※제사장 : 율법에 따라 나병환자는 제사장이 살펴보고 병을 판정했다. Link 레위기 13:17

※명령한 것 : Link 레위기 14장

45 그러나 그는 나가자마자 이 일을 널리 퍼뜨렸고,
동네 사람들아! 그가 날 낫게 해주셨다! 그는 메시아시다!
예수께서는 더 이상 드러나게 마을로 못 들어가고 바깥 외딴곳에 머무르셨지.
종로 자물통? 말이나 말지.
오붓하게 라면이나 끓여 먹을까요?
그래도 많은 사람이 사방에서 예수께 모여들었어.
GPS를 보면 이 근처야.
주님은 포위되셨으니 순순히 손들고 나오세요!

▶ Link 1권 55p tip '나병환자를 만지시다'를 보라.

2장 죄를 용서하는 권세 마태9:1, 누가5:17

1 며칠 후, 예수께서 다시 가버나움으로 오셨다는 소문이 퍼졌어.
예수님이 돌아오셨대.
지금 집에 계신다더라.

2 예수께서 말씀을 하시니 많은 사람이 모여 들어 문 앞에도 자리가 없었지.
아아, 마이크 테스트.
거기 뒤에, 좀 앉으셔.
3 그때 네 사람이 한 중풍병자를 데려왔는데 들어갈 수가 없었어.
사람들이 너무 많아.
어떻게 하지?

※가버나움(Capernaum) : 갈릴리 바다 북쪽에 위치한 해안 성읍. 국경 지역으로 세관이 있고, 군대가 주둔한 도시. 예수님의 두 번째 고향이며 갈릴리 사역의 중심지.

※집 : 어떤 집인지 알 수 없다.

4 그들은 예수가 계신 곳의 지붕을 걷어내고 중풍병자가 누워있는 침상을 달아 내렸지.
뭐야?
남의 집을 다 부수네.
5 예수께서는 그들의 믿음을 보시고 말씀하셨어.
아들아! 네 죄가 용서받았다.

※유대인들은 '병'이란 죄를 지었기 때문에 생기는 것으로, 병이 낫기 위해선 죄가 없어져야 한다고 생각했다.

6 그런데 그곳에 앉아 있던 율법교사들이 마음속으로 생각했지.
저자가 감히 하나님을 모독하다니. 하나님 외에 누가 죄를 용서할 수 있단 말인가?
8 예수께서는 즉시 그 생각을 아셨어.
너희는 왜 그런 생각을 하느냐?
이자가 속마음을 어찌 알고?
헉!
내가 누군지도 모르면서 왜 신성모독이라 하느냐?
9 '네 죄가 용서받았다'와 '일어나서 네 침상을 가지고 걸어라'라는 것 중에 어느 쪽이 더 말하기 쉽겠느냐?
그야 '죄가 용서받았다'가 쉽죠.
죄를 용서받았는지는 알 수 없으니까.

※하나님을 모독 : 유대인들은 하나님만이 사람의 죄를 용서하실 수 있다고 생각했다.

10
인자가 이 땅에서 죄를 용서하는 권세가 있다는 것을 너희가 알게 하겠다.
11 일어나 네 침상을 들고 집으로 가라.
감히 하나님만 할 수 있는 일을?
아, 웃겨.
크크크
12 그러자 중풍병자가 즉시 일어나 모든 사람 앞에서 침상을 들고 나가자,
헉!
할렐루야!
이런 일은 난생처음이다!

▶ Link 1권 61p tip '죄를 용서하는 권세'를 보라.

※유대인들은 모든 질병의 원인이 죄에서 비롯되었다고 보기 때문에, 질병이 나은 것은 곧 죄를 용서받았음을 뜻한다.

사람들은 모두 놀라며 하나님을 찬양했어.
오, 주여!
메시아께서 오셨다!
할렐루야!

레위(마태)를 부르시다 마태9:9, 누가5:27

13 예수께서 다시 바닷가로 나가시자 사람들이 모여들었어.
자, 오늘은 마가복음 2장이다.
마이크 잡았으니 찬송가 한 곡 뽑아 보시죠.

14 그런 후, 예수께서 길을 가시다가 알패오의 아들 레위가 세관에 앉아있는 것을 보셨지.
나를 따라 오너라.
네?

제가 기념으로 한턱낼게요!
뭐야? 세리잖아.
세리 따위를 왜?

15 예수와 제자들이 레위의 집에서 저녁 식사를 할 때 많은 세리와 죄인이 함께 했어.
여긴 세리2.
세리3
세리1은 너냐?
전 죄인1

※레위(Levi) : 12제자 중에 한 명. '마태'라고도 하며 마태복음의 저자다.

▶ Link 1권 61p tip '세리'를 보라.

16 바리새인들과 율법교사들이 그걸 보고 예수의 제자들에게 말했지.
어째서 당신들 선생은 세리와 죄인들과 함께 먹고 마시죠?
트집을 잡자.
부정한 죄인과 함께 있으면 그도 부정해지는 법이오.

17 건강한 사람에겐 의사가 필요 없지만 병든 사람에게는 필요하다. 나는 의인을 부르러 온 것이 아니라, 죄인을 부르러 왔다.

※건강한 사람, 의인 : 스스로 의롭다고 하는 율법교사들과 종교 지도자 등 바리새인.
※병든 사람, 죄인 : 구원이 필요한 세리와 같은 죄인들. ※의사 : 예수 그리스도.

tip 죄인을 부르러 왔다

이것은 하나님의 아들이자 메시아이신 예수님이 이 땅에 오신 목적을 나타낸 말씀이다. 즉 죄인을 불러 깨끗하게 한 다음 하늘나라의 구원 잔치에 초대하기 위해 오셨다는 것이다. 성경에서는 이 세상 사람 중에 의인(죄 없는 사람)은 한 명도 없다고 선언하고 있기 때문에 이 말씀은 결국 세상 모든 사람이 구원의 대상이라는 말씀이다.

※선언 : Link 로마서 3:10

금식 논쟁 마태9:14, 누가5:33

18 금식을 하고 있던 세례 요한의 제자들과 바리새인들이 예수께 물었어.
요한과 바리새인의 제자들은 금식하는데, 왜 당신의 제자들은 금식하지 않습니까?
제자들의 트집이라도 잡자.
응?!
엥?!

19 '결혼식에 온 손님들이 신랑과 함께 있는데 왜 금식하겠느냐? 신랑과 함께 있는 동안에는 금식할 필요가 없다. 그러나 신랑을 빼앗길 날이 오면 그때는 금식할 것이다.'

※금식 : 자신을 낮추고 회개하면서 하나님의 은혜를 구하는 경건 생활. 유대인들은 기념일과 속죄일에 여러 형태의 금식을 했다.

※손님들 : 예수님의 제자들. ※신랑 : 예수 그리스도.
※빼앗길 날 : 예수께서 십자가에서 죽게 되는 날.

21 '새 천 조각을 낡은 옷에 붙이는 사람은 없다. 그러면 새로 댄 조각이 낡은 옷을 당겨 더 크게 찢어질 것이다.'
꺼져!
니들은 낡은 옷이야!
율법교사들과 바리새인들
켁!
어이쿠!

22 '또 새 포도주를 낡은 가죽 부대에 넣지 않는다. 그렇게 하면 새 포도주가 낡은 가죽 부대를 터뜨려 포도주는 쏟아지고 가죽 부대는 못 쓰게 된다. 새 포도주는 새 가죽 부대에 넣어야 한다.'
율법과 전통만으로 고집하지 말고 하나님의 뜻이 뭔지 보라고.
저 갈릴리 촌 놈이.
쿵!
어이구, 우리 똑똑이.

※새 천 조각, 새 포도주 : 예수 그리스도로부터 새롭게 시작된 하나님의 복음.
※낡은 옷, 낡은 가죽 부대 : 유대인의 전통과 율법. ※새 가죽 부대 : 예수 그리스도와 하나님의 복음을 담을 새로운 마음.

▶ Link 1권 63p tip '3가지 비유'를 보라.

안식일 논쟁 1 : 이삭 마태12:1, 누가6:1

23 안식일에 예수께서 밀밭 사이를 지나시는데 제자들이 길을 내며 이삭을 잘랐어.
24 어째서 이들이 안식일에 금지된 일을 합니까?
니들 딱 걸렸다.
바리새인들
?!
다윗과 그 일행이 굶주렸을 때 어떻게 했는지 읽어보지 못했더냐?
빨리 찾아봐.
그게 어디…?

※안식일 : 유대인의 하루는 저녁부터 시작되며, 안식일은 금요일 저녁부터 토요일 저녁까지였다.

※굶주렸을 때 : Link 사무엘상 21:6

25 '아비아달 대제사장 때, 다윗은 하나님의 집에 들어가 제사장 외에는 먹을 수 없는 거룩한 빵을 먹고, 그 일행에게도 주지 않았느냐?'
거룩한 빵?
오, 꿀맛!
제사장들이 숨겨놓고 몰래 자기들끼리만 먹는 거래.
치사하게.
27 안식일이 사람을 위해 있는 것이지, 사람이 안식일을 위해 있는 것이 아니다.
율법을 사람이 맘대로 해도 된단 말이오?
댁이 뭔데 그런 막말을?

※아비아달(Abiathar) : 다윗의 사건은 아히멜렉 대제사장 때 일이며, 아비아달은 아히멜렉의 아들.
※거룩한 빵 : 이스라엘 12지파를 상징하는 12개의 진설병으로 항상 성소에 있어야 한다.

3장 안식일 논쟁 2 : 손 마른 자 마태12:9, 누가6:6

28 인자는 안식일의 주인이다.
당신이 하나님의 권위를 가졌어?!
이런 발칙한!? 이노노노옴!!
1 예수께서 다시 회당에 들어가셨는데 그곳에는 한 손이 오그라든 사람이 있었어.
2 사람들은 예수가 안식일에 그를 고치면 비난하려고 지켜봤지.
어떻게든 트집을 잡아야….

▶ Link 1권 73p tip '안식일'을 보라.

※누가는 '또 다른 안식일'이라고 했다. Link 누가복음 6:6

※사람들 : 누가는 '율법교사와 바리새인들'이라고 했다. Link 누가복음 6:7

3 예수께서 한 손이 오그라든 사람에게,
일어나서 가운데로 나오라.
안식일에 병을 고쳐도 됩니까?
4 안식일에 선행을 하는 것과 악행을 하는 것. 생명을 구하는 것과 죽이는 것. 어떤 것이 옳으냐?
음.
5 예수께서는 그들의 고집스러운 마음에 탄식하시며 분노하셨지.
끌끌.
뭐.
어쩔래?

※선행 : 도덕적으로 착한 행동이 아니라 하나님을 기쁘게 하는 선한 행동.
※악행 : 선행을 하지 않는 것을 가리키며, 안식일 계명(쉼)의 참 의미를 놓친 것을 겨냥한 것이다.

마가복음

손을
내밀어라.
그가 손을 내보였는데 다른 손처럼 깨끗해져 있었어.
헉!
오오!
두…
두고 보자.
6 바리새인들은 나가서 헤롯 당원들과 함께 예수를 어떻게 없앨까 의논했지.
저자를
그냥 두어선
안 돼.
저자 때문에
우리 밥그릇이
깨어지고 있어.

tip 헤롯 당원들과 함께

헤롯 당원은 헤롯 안티파스와 로마를 지지하는 사람들로 유대인과는 원수 사이였다. 그럼에도 불구하고 바리새인들이 이들과 협력했다는 것은 그만큼 예수님을 죽이는 일에 혈안이 돼있었다는 것을 알 수 있다. 유대인들은 율법에 의해 안식일 계명을 어긴 자는 돌로 쳐 죽이라고 했지만, 로마는 유대인들에게 사형 집행권을 허용하지 않았다. 이 때문에 바리새인들이 헤롯 당원들과 협력했을 것으로 본다.

※계명 : Link 민수기 15:35

[2:1]에서 여기까지는
예수께서 바리새인과
논쟁하신 5가지 사건이야.
이를 통해 예수님에 대한
그들의 적대감, 예수님이
메시아라는 사실과 오신
이유를 설명했어.

갈릴리 1차 사역의 결과 마태4:23, 누가6:17

7 예수께서 제자들과 함께 바닷가로 물러가실 때 갈릴리에서 많은 사람이 따라왔어.

8 또 유대, 예루살렘, 이두매, 요단강 건너편, 두로, 시돈 근처에서도 많은 사람이 예수의 소문을 듣고 몰려왔지.
난 데가볼리에서 왔어.
이분은
이방인들도 차별
하지 않아.
9 예수께서는 혼잡을 피하시려고, 제자들에게 작은 배 한 척을 준비하게 하셨어.
배에 올라서
설교를 해야겠다.

※이두매(Idumea) : 구약의 에돔을 가리키며 사해 남서쪽에 위치했다. ※요단 강 건너편 : 데가볼리를 비롯한 요단 강 동쪽 이방인 지역 전체.
※두로(Tyre), 시돈(Sidon) : 이스라엘 북쪽, 페니키아 지중해 해안의 이방 도시들.

10 그것은 병으로 고통받는 사람들이 예수를 만지려고 몰려들었기 때문이야.
많은 병자를
고쳐주셨대!
옷깃이라도
만지면 낫는대!
비켜, 나도
좀 만져보자!
11 또 더러운 귀신들도 예수를 보면 그 앞에 엎드려 외쳤어.
당신은 하나님의
아들입니다!
12 그러면 예수께서는 엄하게 꾸짖으셨지.
나를 세상에
드러내지 마라.
딸꾹!

tip 사역의 중심지

갈릴리 1차 사역의 결과, 갈릴리를 중심으로 유대인뿐만 아니라 수많은 이방인들이 예수님께 나아왔다. 그것은 예루살렘의 유대인들에게는 충격적인 사건으로 받아들여졌을 것이다. 마가는 예수님 사역의 중심지가 예루살렘이 아니라 갈릴리라는 것을 말하고 있다. 마가에게 갈릴리는 예수님이 복음을 시작하신 곳, 제자를 부르신 곳, 사역의 중심지지만, 예루살렘은 예수님을 거부하고, 공격하며, 결국 죽음에 이르게 한 곳으로 묘사한다. 여기 [3장]에서도 갈릴리에서 제자들을 부르지만, 예루살렘에서 온 율법교사들은 예수님에게 대적한다.

12사도를 부르시다 마태10:1, 누가6:12

13 예수께서 산에 올라 사람들을 부르시자 그들이 나왔어.

도마,
마태….
당첨!
오 부럽다.

14 예수께서 12명을 세우시고 자신과 함께 있게 하셨지.

너희를 '사도'라고 하겠다.
멋진데?
우린 악을 물리치는 정의의 사도.
좀 진지해 보자.

15 또 그들을 보내 말씀을 전하게 하시며, 병을 고치고 귀신을 쫓아내는 능
력도 가지게 하셨어.

다 덤벼라!
우린 정의의 사도다!
세계를 정복해 버리자!
우헤헤
아, 진짜 걱정된다.

16 예수께서 세우신 12명은….

우린 예수님의 사촌이야.
우린 '천둥의 아들'이라는 뜻의 보아너게라고 불렸어.
열심당원에게 세리는 1차 제거 대상인데….
나도 알패오의 아들인데.
우린 아빠 이름이 똑같네.
베드로라는 이름을 더해 주신 시몬
베드로의 동생 안드레
세베대의 아들 야고보
야고보의 동생 요한
빌립
도마
가나나 사람 시몬
세리 마태
알패오의 아들 야고보
바돌로매
예수를 판 가룟 유다
다대오

▶ Link 1권 66p tip '12사도'를 보라.

갈릴리 2차 사역:성령모독 죄 마태12:22, 누가11:14

20 그들이 집에 들어가자 사람들이 다시 모여들어 음식 먹을 틈도 없었어.

밀지 마!
조용히 좀 하자!
니가 더 시끄럽다!
음.
이거 뭐 아무것도 할 수가 없네요.

※집 : 가버나움에 있는 예수님의 집.

21 한편, 예수의 가족은 그가 미쳤다는 소문을 듣고 잡
으러 나섰지.

가출 신고를 할까?

※미쳤다 : 예수님이 미쳤다고 생각하는 유대인들도 많았다.
Link 요한복음 7:20, 8:48, 8:52, 10:19

22 그때, 예루살렘에서 온 율법교사들은 이렇게 말했어.
저자는 바알세불이 들린 거야.
귀신의 왕의 힘을 빌려 귀신을 쫓아낸다고.
23 그러자 예수께서 그들을 불러 비유로 말씀하셨지.
사탄이 어떻게 사탄을 쫓아낼 수 있느냐?
몽둥이로 패서?
24 한 나라가 분열되어 싸우면 그 나라는 바로 설 수 없고, 한 가정이 분열되어 싸우면 그 가정은 바로 설 수 없다.
싸우면서 정든다던데.

※바알세불(Beelzebub) : 블레셋의 도시 에그론의 우상, 여기서는 귀신의 왕 사탄을 가리킨다.

26 사탄이 스스로 반란을 일으켜 분열되면 바로 서지 못하고 망한다고.
아, 네네.
27 '먼저 힘센 사람을 묶지 못하면 그의 집에서 재물을 털어갈 수 없다. 그를 묶어야 그 집을 약탈할 수 있다.'
이제 맘 놓고 털어 가볼까?
28 '모든 죄와 모독은 용서를 받겠지만 성령을 모독하는 것만은 용서를 받지 못하고 영원한 죄가 될 것이다.'
재판관
너희는 성령을 모독했으니 게임 끝이네.

※힘센 사람 : 사탄. ※집 : 사탄이 통치하는 세상.
※약탈 : 사탄의 통치를 받던 사람을 구원함.

30 예수께서 그렇게 말씀하신 것은 그들이 '예수는 더러운 귀신이 들렸다'라고 했기 때문이야.
찌릿
움찔!

예수님의 가족 마태12:46, 누가8:19

31 예수의 어머니와 동생들이 밖에 찾아와 사람을 보냈어.
사람이 너무 많아 들어갈 수가 없네.

32 당신의 어머니와 동생들이 밖에서 찾고 있습니다.
누가 내 어머니이며, 내 동생들이냐?

※어머니 : 요셉의 아내이자 예수님의 어머니 마리아.
※동생들 : 예수님의 친동생들인 야고보, 요셉, 시몬, 유다.

34 보라, 너희가 내 어머니와 내 동생들이다.
누구든 하나님의 뜻대로 사는 사람이 곧 내 형제요 자매요 어머니다.

▶ Link 1권 77p tip '예수님의 가족'을 보라.

4장 하늘나라 비유 : 씨 뿌리는 사람 마태13:1, 누가8:4

1 예수께서 다시 바닷가에서 가르치시자 많은 사람이 모였어.

※가르치시자 : 예수께서 이 땅에 오신 이유는 하늘나라의 복음을 가르치는 것이라고 하셨다. Link 마가복음 1:28

2 '한 농부가 씨를 뿌리러 나갔다.'
4 '어떤 씨는 길가에 떨어져 새들이 와서 쪼아먹었다.'
5 '또 어떤 씨는 흙이 많지 않은 돌밭에 떨어져 곧 싹이 났지만 흙이 깊지 않고, 뿌리가 없어서 해가 뜨자 타버렸다.'

※농부 : 예수님. ※씨 : 하나님의 말씀.

7 '또 어떤 씨는 가시덤불에 떨어져 가시가 자라 기운을 막아서 열매를 맺지 못했다.'
8 '또 어떤 씨는 좋은 땅에 떨어져 싹이 나고, 자라 열매를 맺었다. 그리하여 30배, 60배, 100배가 되었다.'

비유의 목적 마태13 : 10, 누가8 : 9

10 예수께서 혼자 계실 때, 함께 있던 사람들과 12제자가 물었어.
그 비유가 무슨 뜻이죠?
왜 저들에게 비유로 말씀하세요?

※함께 있던 사람들 : 예수님을 따르는 사람들.
※저들, 다른 사람들 : 일반 백성들을 가리키며 예수님의 제자들과는 구분된다.

11 너희에게는 하늘나라의 비밀을 알게 하셨으나 다른 사람들에게는 모든 것이 알 수 없는 비유로 들린다.
??
12 그것은 그들이 보아도 알지 못하게, 들어도 깨닫지 못하게 해서 그들이 돌아와 죄를 용서받지 못하게 하시려는 것이다.
저것들이 어지간히 고집스러워야지.
13 너희가 이 비유를 알아듣지 못하면, 어떻게 모든 비유를 이해하겠느냐?
앗, 이제 알겠다.
그래, 그 뜻이었어.
하하하

씨 뿌리는 사람 설명 마태13 : 18, 누가8 : 11

14 농부는 말씀을 뿌리는 것이다.

15 '길가에 뿌린 것은 말씀을 듣자마자 곧 사탄이 와서 마음속에 뿌려진 그 말씀을 빼앗아간 것이다.'
♫~
16 '돌밭에 뿌린 것은 말씀을 들을 땐 곧 기쁘게 받아들이지만 마음속에 뿌리를 내리지 못해 오래 못가고 어려움이나 박해를 받으면 넘어지는 사람이다.'

18 '가시덤불 속에 뿌린 것은 말씀을 듣기는 하지만 세상의 걱정과 재물의 유혹과 그 밖의 욕심이 말씀을 막아 열매를 맺지 못하는 사람이다.'

THE BIBLE
휴지통

20 '좋은 땅에 뿌린 것은 말씀을 듣고 받아들여서 30배, 60배, 100배의 열매를 맺는 사람이다.'

THE BIBLE

등불 비유 누가8:16

21 '등불을 가져오는 것은 그릇 밑이나 침상 아래가 아니라 등잔대 위에 두려는 게 아니냐?'

※등불: 예수님과 하늘나라의 복음.

22 '숨긴 것은 드러나고, 감춘 것은 나타나기 마련이다.'

어둠 속에 숨겨도 결국 모든 비밀이 드러날 거야.

※숨긴 것, 감춘 것: 사람들의 죄, 하늘나라의 비밀, 메시아의 비밀.

24 '너희가 숨긴 것을 헤아려 받아들이는 만큼 하늘나라의 복음을 깨닫게 될 것이고, 더 많은 깨달음을 받을 것이다.'

어디에 숨겨놨지?

25 '깨달은 사람은 더 받을 것이요, 깨닫지 못한 사람은 가진 것마저 빼앗길 것이다.'

와우, 하나를 찾았더니 줄줄이.

스스로 자라나는 씨 비유

26 '하늘나라는 어떤 사람이 땅에 뿌려 놓은 씨가 매일 자라지만 그 사람은 어떻게 된 건지 알지 못함과 같다.'

28 '이는 땅이 저절로 열매를 맺는 것과 같은데, 처음에는 싹을 내고, 다음에는 이삭을 내고, 또 다음에는 알이 찬 곡식을 낸다.'

29 '곡식이 익으면 곧 낫을 대는데, 추수 때가 되었기 때문이다.'

tip 스스로 자라나는 씨

이것은 마가복음에만 기록된 비유다. 땅에 뿌려놓은 작은 씨앗이 스스로 자라 곡식을 내는 것처럼, 예수님을 통해 뿌려진 복음도 스스로 성장해서 결국 완성될 것이라는 뜻이다. 여기서 중요한 점은, 어떤 사람이 씨를 뿌려놓고도 스스로 자라 곡식을 맺는 것을 알지 못하듯, 하늘나라의 성장도 사람은 알 수 없다는 것이다. 즉 씨앗이 스스로 곡식을 맺는 것이 창조주 하나님의 능력 안에 있는 것처럼 하늘나라의 성장도 보이지 않는 하나님의 능력 안에서 이루어진다는 것이다. 이것은 예수님의 복음을 무시하고 반대하는 사람들에 대한 경고 메시지로 볼 수 있다. 시간이 지나고 곡식이 익으면 추수 때가 오는 것처럼 하늘나라가 완성되면 심판의 때가 오기 때문이다.

겨자씨 비유 마태13:31, 누가13:18

30 '하늘나라를 무엇에 비길까? 하늘나라는 겨자씨와 같다. 그것을 땅에 심을 때는 어떤 씨보다 더 작다.'

겨자씨를 심는다고?
멍청이 아냐?

32 '하지만 자라면 어떤 식물보다 큰 가지를 뻗어, 하늘의 새들이 그 그늘에 깃들 만큼 된다.'
33 예수께서는 많은 비유를 들어 사람들이 알 수 있는 만큼만 말씀하셨어.
뭐야, 이상한 말만 하는군.
엉터리 아냐?
난 처음부터 수상하더라고.
34 비유가 아니면 말씀하지 않으셨지만 제자들에게는 따로 모든 것을 설명해 주셨지.
예수 어록 해설집?
확 이해가 되는군.
공짜야. 공짜

▶ Link 1권 80p tip '겨자'를 보라.

▶ Link 1권 80p tip '비유로 하신 말씀'을 보라.

폭풍을 다스리시다 마태8:23, 누가8:22

[4:1]부터 여기까지가 하늘나라에 대한 4가지 비유야. 예수께서는 비유를 통해 하늘나라의 특징을 말씀하셨지.
35 그날 저녁때, 예수께서 제자들에게 말씀하셨어.
저쪽으로 건너가자.
36 제자들은 사람들을 보내고, 예수를 배에 모시고 갔는데 다른 배들도 함께 따라왔지.
뱃놀이?
신난다!
모두 집으로 가세요!
우린 뱃놀이 가요!

※제자 : 예수님의 가르침을 배우고 따르는 모든 사람들.

※저쪽 : 갈릴리 바다 건너편 거라사(Gerasa), 게르게사(Gerasenes)를 가리킨다.

37 그런데 큰 바람이 일어나 파도가 배를 덮치고 물이 가득 찼어.
꺄아악, 무슨 뱃놀이가?!
콰아아아아
엄청난 폭풍이야!
38 선생님! 우리가 죽게 되었는데 뭐하십니까?
아이고, 이런 데서 잠이 오십니까?
39 그러자 예수께서 일어나 바람을 꾸짖으시고, 바다에게 명령하시니,
고요하고, 잠잠하라!
바람이 그치고, 아주 고요해졌어.
바… 바람이…?
40 왜 무서워하느냐? 왜 믿음이 없느냐?
저희에게 많은 걸 바라지 마세요.
만세, 살았다!
흐흑, 엄마!
흑흑

※선생 : 랍비(Rabbi), 유대인들에게 최고의 존경을 받는 명예로운 호칭이다.

마가복음

41 이에 제자들은 크게 두려워했지.
근데 이분이 누구시기에 바람과 바다도 복종하는가?
아, 살 떨려.
5장 군대 귀신 마태8:28, 누가8:26
1 그들은 바다 건너편 거라사 사람들의 지역에 도착했어.
2 예수께서 배에서 내리시자 더러운 귀신 들린 한 사람이 무덤 사이에서 나왔지.
크르르르
헉, 저게 뭐야?
3 그는 무덤 사이에 사는데, 이제 아무도 묶어둘 수 없게 되었어.
여긴 무덤과 무덤 사이 42번지인데 짜장면 하나요.
4 그는 여러 번 쇠고랑과 쇠사슬로 묶였지만 끊고 부숴버렸지.
크아아!
헉!
저걸 끊다니!
5 그는 밤낮으로 무덤 사이나 산속에서 소리를 지르고, 돌로 제 몸에 상처를 냈어.
크아아아아
하루 이틀도 아니고.
구청에 민원을 넣어봐.
경찰을 부르든.
8 더러운 귀신아, 그에게서 나오라!
!!
6 그가 멀리서 예수를 보고 달려와 엎드렸지.
높으신 하나님의 아들 예수여, 저와 무슨 상관입니까? 하나님을 두고 애원하니 저를 괴롭히지 마십시오!
9 네 이름이 무엇이냐?
우리의 수가 많기 때문에 '군대'라 부릅니다.
10 마침 산기슭에는 큰 돼지 떼가 먹고 있었는데,
우리를 내쫓으려면 저 돼지들 속에라도 들어가게 해 주십시오.
좋다. 가라.
13 그러자 더러운 귀신들이 나와 돼지들에게로 들어갔지.
크아아아아
엄마야!
헉! 귀신이 얼마나 많기에!?

▶ Link 1권 58p tip '믿음이 적은 자들아'를 보라.

※거라사(Gerasa) : 갈릴리 바다 남동쪽 이방 지역, 게르게사(Gerasenes)라고도 불린다.

※군대(Legion) : 3000~6000명으로 구성된 로마의 군단.

그리고 거의 2000마리나 되는 돼지가 가파른 비탈을 내달려 바다에 빠져 죽었어.
으아아, 귀염둥이들아 돌아와!
안 돼!
쿠애애애
두두두두
헉!!
맙소사!
2000마리나 되는 돼지들이 몽땅…?
엄청난 귀신들을 주님 혼자서….
14 돼지를 치던 자들이 달아나 마을에 이 일을 알렸고,
으아아, 돼지가 다 죽으면 우린 어떻게 해?!
다 일러 줄 거야!
마을 사람들은 무슨 일인지 보러 왔지.
15 그들은 귀신이 들렸던 사람이 옷을 입고 제정신이 돌아온 것을 보고 두려워어.
헉, 귀신에 들렸던 자가?
16 처음부터 모든 일을 본 사람들은 귀신 들렸던 사람과 돼지 떼에게 일어난 일을 얘기했지.
저자가 뭐라고 하자 우리 귀염둥이들이…!
모조리 물에 빠져 죽었다고요!
17 그들은 예수께 자기네 지역을 떠나 달라고 간청했어.
당신은 우리에게 재앙을 가져왔소!
주님께선 율법에서 금지한 돼지 사육을 없애려고 오신 건가?
귀신들이 주님의 일을 방해하려고 돼지들을 죽였나?
저들이 주님을 미워하도록?
수군
수군
18 예수께서 배에 오르실 때, 귀신 들렸던 사람이 함께 있게 해달라고 애원했지만 예수께서는 허락하지 않으셨지.
네 집, 가족에게 가서 주님께서 너에게 얼마나 큰 은혜와 자비를 베푸셨는지 이야기해라.
힝, 좀 봐주시지.
20 그가 예수께서 자기에게 하신 큰일을 데가볼리에 전하자 모든 사람이 놀랐어.
화제의 인물
화제의 인물. 오늘은 거라사에서 오랫동안 미쳐 날뛰다가….
엇, 저자는?
멀쩡해졌네?!

※데가볼리(Decapolis) : 요단 강 동쪽에 위치한 10개의 헬라인 도시 연맹체로 헬라 문화와 이방인의 중심지.

tip 이야기해라

예수님은 치유를 받은 사람들에게 늘 침묵하라는 명령을 내리셨다. 그런데 여기서는 예수님이 하신 일을 다른 사람에게 전하라고 하셨다. 이에 대해 학자들은 거라사 지역이 이방인 지역이기 때문에 유대인들처럼 예수님을 정치적, 군사적 영웅으로 오해할 것이 없기 때문으로 본다.

야이로의 딸과 혈루증 여인 마태9:18, 누가8:40

21 예수께서 배를 타고 맞은편으로 다시 건너가시니 많은 사람이 모여들었어.
Welcome to Capernaum' 'I Love Jesus

※맞은편 : 거라사에서 갈릴리 가버나움으로 돌아오셨다는 말이다.

22 예수께서 바닷가에 계실 때, 회당장 중 한 명인 '야이로'가 간청했지.
제 어린 딸이
죽게 되었습니다.
오셔서 손을 얹어
살려주십시오.

※회당장 : 유대의 회당을 책임지는 관리이며 지도자다.

24 예수께서 그와 함께 가시자 많은 사람이 따라가며 둘러싸고 밀었어.
25 그런데 그곳에는 12년 동안 혈루증을 앓아 온 여인이 있었지.
내가 저 옷에
손만 대어도
나을 거야.
26 그녀는 많은 의사에게 치료를 받았지만 소용없고, 재산도 다 잃고 상태는 더 나빠졌어.

※혈루증 : 하혈이 멈추지 않고 흐르는 증상으로 율법에서는 부정하다고 했다. Link 레위기 15:19

27 그녀는 예수의 소문을 듣고,
사람들 가운데 섞여 뒤로 와서 예수의 옷깃에 손을 대었지.
!!
29 그녀는 곧 출혈이 마르고 병이 나은 것을 몸으로 느꼈어.

30 예수께서는 즉각 자신의 능력이 나간 것을 느끼시고 돌아서셨지.
누가 내 옷깃에
손을 대었느냐?
사람들이 둘러싸고
떠밀고 있는데 그걸
어찌 알겠습니까?
난 아님.
나도 아님.
32 예수께서는 옷깃을 만진 여인을 찾으려 둘러보셨어.
33 그녀는 자기 몸에 일어난 일을 알고 두려워하며 엎드려 사실대로 말했지.
딸아, 네 믿음이 너를
구원했다. 안심하고 가라.
이 병에서 벗어나
건강해질 것이다.
아, 주여!

※네 믿음이 : 예수 그리스도를 믿는 자는 죄로부터 구원받을 것이라는 뜻.

마가복음

35 예수께서 아직 말씀하실 때, 회당장의 집에서 사람이 왔어.
따님이 죽었으니 이제 선생님께 더 폐를 끼칠 필요가 있겠습니까?
36 두려워하지 말고 믿기만 해라.
방금 믿음이 너를 구원한다고 했다.
37 그리고 베드로와 야고보와 그의 동생 요한 외엔 따라오는 것을 허락하지 않으셨지.
이 선을 넘으면 혼난다.
치사하게.

38 예수께서 회당장의 집에서 사람들이 통곡하며 떠드는 것을 보셨어.
왜 떠들며 울고 있느냐? 이 아이는 죽은 것이 아니라 자고 있다.
뭐래?
내가 죽은 걸 봤는데?
뭔 헛소리를.
40 예수께서는 그들을 다 내보내고 아이의 부모와 일행을 데리고 들어가셨지.
상갓집에서 농담하는 거야?
뭐하는 사람이야?

▶ Link 1권 63p tip '죽은 것이 아니다'를 보라.

41 그리고 아이의 손을 잡으셨어.
소녀야, 내가 네게 말한다. 일어나라
42 소녀는 곧 일어나 걸었고, 사람들은 크게 놀랐지. 소녀의 나이는 12세였어.
주… 죽은 애가?!
맙소사!
허억!!

※아이 : 누가는 회당장 야이로의 외동딸이라고 했다. Link 누가복음 8:41

43 예수께서 그들에게 엄하게 주의를 주셨지.
이 일을 아무도 알지 못하게 하고 소녀에게 먹을 것을 주라.
[4:35]부터 여기까지 예수님의 놀라운 4가지 기적을 소개했어.

▶ Link 1권 64p tip '새로운 복음의 시대'를 보라.

6장 갈릴리 3차 사역 : 고향에서 두 번째 배척 마태13:54

1 예수께서 그곳을 떠나 고향으로 가시자 제자들도 따라갔어.

※고향 : 예수님이 성장하신 갈릴리 지방의 나사렛.

2 안식일에 예수께서 회당에서 가르치시자 많은 사람이 듣고 놀랐지.
저 사람이 어디서 이 모든 것을 얻었을까?
저 지혜와 능력은 어떻게 생긴 거지?
3 그러면서 그들은 예수를 믿으려 하지 않았어.
저 사람은 마리아의 아들 목수가 아닌가?
그는 야고보, 요셉, 유다, 시몬의 형이잖아.
그의 누이들은 우리와 함께 살고있다고.
목수 따위가 어떻게?

※마리아의 아들 : 유대인들에게 여자의 아들로 부르는 것은 경멸과 조롱의 표현이다.

4
존경받는 예언자도 제 고향과 제 친척과 제 집에서만은 존경받지 못한다.
뭐래?
예언자가 고향을 존경한대.
5 예수께서는 그곳에서 어떤 기적도 베풀 수 없으셔서 몇몇 병자만 손을 얹어 고치셨지.
6 예수께서는 그들이 믿지 않는 것에 놀라시고, 그 후 여러 마을들을 다니시며 가르치셨어.
가자, 믿음이 없는데 무엇을 할 수 있단 말인가.

※고향인 나사렛에서 첫 번째 배척은 Link 누가복음 4:16~30 이다.

▶ Link 1권 83p tip '예수님의 형제들'을 보라.

파송의 설교 : 사명 마태10:1,5, 누가9:1, 10:4

7 예수께서 12제자를 2명씩 짝을 지어 보내며 더러운 귀신을 다스리는 권한을 주셨어.
복음을 전하는 것은 사탄의 통치를 끝내고 하늘나라를 이루는 것이다.

8 '길을 떠날 때는 지팡이 외에 빵이나 가방이나 돈이나 아무것도 가져가지 마라. 신발만 신고, 여분의 옷도 가져가지 마라.'
배고픈데 정말 아무것도 없어? 신용카드도?

※가져가지 마라 : 복음 전파에 집중하면 나머지는 하나님께서 다 주신다는 뜻이다.

10 '어느 집에 들어가든지 떠날 때까지 머물러라. 어디서든 너희를 반기지 않거나, 너희의 말을 듣지 않거든, 그곳을 떠날 때 발에 묻은 먼지를 털어서 고발할 증거로 삼아라.'
꺼져!
웬 먼지가….
주님께 고발장을 써야지.
툭
툭
룰루랄라
12 12제자들은 나가서 회개하라고 가르치고,
예수님을 믿고, 회개해야 합니다.
새로운 복음의 시대
-우린 어떻게 할 것인가?-
특 강
April 16, 10:00 AM, 갈릴리문화회관
홈페이지에 가입하세요.

※먼지를 털어서 : 유대인들은 이방 땅을 부정하다고 여겨 유대 땅으로 돌아올 때 옷과 신의 먼지를 터는 관습이 있었다.

※회개(repentance) : 단지 잘못에 대한 후회나 뉘우침이 아니라 죄에서 완전히 돌아서서 하나님께서 기뻐하시는 마음과 태도로 살아가는 것을 말한다.

많은 귀신을 쫓아내고, 기름을 부어 많은 병자를 고쳐주었어.
잡았다, 요놈!
크애애애애
어딜 감히!

세례 요한의 죽음 마태14:1, 누가3:18, 9:7

14 예수의 이름이 널리 퍼져 헤롯 왕도 그 소문을 들었어.
세례 요한이 죽은 자들 중에 살아났어. 그래서 그가 놀라운 능력을 베푸는 거야.
그는 엘리야다.
옛 예언자들과 같은 예언자야.

※헤롯(Herod): B.C.4~39년까지 갈릴리와 베레아 지역을 다스린 분봉 왕. 헤롯 대왕의 아들인 헤롯 안티파스를 말한다.
※엘리야다: Link 말라기 3:23

16 내가 목을 벤 요한이 죽은 자 가운데 살아났구나.
어쩐지 요한과 비슷하더라고요.

17 예전에 헤롯은 요한을 잡아서 옥에 가둔 일이 있었지.

헤롯이 동생 빌립 1세의 아내 헤로디아를 아내로 맞이한 걸 요한이 비난했기 때문이야.
헤롯은 율법을 어겼다!
동생의 아내를 차지하는 건 옳지 않다!

※살아났구나: 당시엔 죽은 사람의 영혼이 다른 사람으로 다시 태어난다는 미신이 있었다.
※예전: Link 마가복음 1:14
※빌립 1세(Philip Ⅰ): 헤롯 대왕과 대제사장 시몬의 딸 마리암네의 아들, 헤롯 안티파스의 이복동생이다. 공직은 맡지 않았다. ※율법: Link 레위기 18:16

19 헤로디아는 요한에게 원한을 품고 죽이려 했으나 그럴 수 없었어.
아잉, 요한을 죽여줘요.
살짝만. 네? 네?

20 그것은 헤롯이 요한을 의롭고, 거룩하게 여겨 두려워하며 보호했기 때문이지.
요한이 듣기 싫은 말을 하지만 듣고 나면 다 도움이 되더라고.
백성들이 예언자로 알고 있는데 괜히 죽였다가 골치 아파.
흥!

21 그러던 어느 날, 헤로디아에게 좋은 기회가 왔어.
호호

헤롯은 자기 생일에 고관들, 천부장들, 갈릴리의 유지들을 초청해서 잔치를 베풀었는데,

22 헤로디아의 딸이 춤을 추어 헤롯과 그 자리에 있던 사람들을 즐겁게 해주었지.
살로메
네 소원을 말해봐라. 내가 들어주마!
하하하

마가복음

23 헤롯은 소녀에게 맹세했어.
정말요?
왕의 이름으로 맹세하마.
네가 원한다면 이 나라의 절반이라도 주겠다.
24 소녀는 바깥으로 나가 자기 어머니에게 물었지.
뭘 달라고 할까요?
세례 요한의 머리를 달라고 해.
25 소녀는 급히 헤롯에게 돌아왔어.
세례 요한의 머리를 베어 쟁반에 담아 주세요.
푸웃!
26 헤롯은 몹시 괴로웠지만 스스로 한 맹세와 함께 있던 사람들 때문에 거절할 수 없었지.
집행관은 감옥에 가서 요한의 머리를 가져오라.
유대인들이 난리 치면 골치 아픈데.
왕이란 게. 끌끌.
집행관은 요한의 목을 베어 쟁반에 담아 소녀에게 주고,
소녀는 그것을 어머니에게 주었어.
호호호, 드디어 발칙한 요한의 머리를 땄구나.
29 요한의 제자들이 이 소식을 듣고 와서 시체를 거두어 무덤에 안장했지.
예수님은 죽은 세례 요한이 살아난 것이라고 한 헤롯이 틀렸다는 것과 예수님이 어떤 분인지 다음 3가지 사건을 들어서 보여줄 거야.
오병이어 마태14:13, 누가9:10, 요한6:1
30 사도들이 돌아와 자기들이 한 일과 가르친 일을 예수께 모두 보고했어.
충성!
31 그곳은 오고가는 사람이 많아 음식을 먹을 겨를도 없었지.
헤롯이 요한을 죽였답니다.
따로 외딴 곳으로 가서 좀 쉬자.
32 그들은 배를 타고 따로 외딴곳으로 향하니,
분위기가 안 좋으니 헤롯의 영토도 잠시 뜨고.
33 많은 사람이 여러 마을에서 달려가 먼저 외딴곳에 도착했어.
어? 저기 주님이?
뛰어! 거머리처럼 달라붙자!

※그곳 : 헤롯 안티파스가 다스리던 가버나움.

※외딴곳 : 가버나움 동쪽 헤롯 빌립 2세가 다스리던 '벳새다'. Link 누가복음 9:10

34 배에서 내린 예수께서는 목자 없는 양과 같은 그들을 불쌍히 여기셨지.
흐흐, 어딜 가시려고.
가버나움에서 여기까지 5km는 되는데, 징한 것들.
헉 헉
그래서 그들에게 많은 것을 가르치기 시작하셨어.

tip 목자 없는 양

이 표현은 하나님께로 인도하고 돌보는 영적 지도자가 없는 이스라엘의 상태를 나타낼 때 사용된 말이다.

Link 민수기 27:17 Link 열왕기상 22:17

마가는 이 표현을 사용함으로써 예수께서는 죽은 세례 요한이 아니라 백성을 인도하고 돌보는 참 목자이자, 하나님께서 약속하신 이상적인 목자임을 강조한 것이다.

Link 시편 23:3 Link 에스겔 34:23

35 저녁 무렵,
우리에겐 먹을 것이 없습니다.
여기는 외딴곳이고 날도 저물었으니 사람들을 근처 마을로 보내 각자 빵을 사게 하시죠.
너희가 먹을 것을 줘라.
저희가 200 데나리온의 빵을 사다가 먹이라는 말씀입니까?
너희에게 빵이 몇 개나 있는지 알아봐라.
빵 5개와 물고기 2마리가 있네요.
그걸 가져와라.
39 예수께서 제자들에게 일러 모두 떼를 지어 푸른 풀밭에 앉게 하셨어.
자자, 앉아요.
서서 먹는 게 아냐.
40 사람들은 100명씩 또는 50명씩 떼를 지어 앉았지.
피자라도 시키셨나?
난 짬뽕이 좋은데.
42 사람들은 모두 배불리 먹었고,
분명히 빵 다섯 개랑 물고기 두 마리였는데?
계속 나오잖아.
41 예수께서 빵 5개와 물고기 2마리를 들고 하늘을 우러러 감사 기도를 드린 후,
빵을 떼어서 제자들에게 주시면서 사람들에게 나눠주게 하셨어.
물고기 2마리도 나눠줘라.

※데나리온(Denarius) : 로마의 은전, 1데나리온은 당시 노동자의 하루 품삯.

※빵과 물고기 : 서민들이 먹던 보리빵과 작은 민물정어리. 빵 5개와 물고기 2마리는 한 사람의 한 끼 정도 양이다.

※푸른 풀밭 : 이스라엘의 참 목자가 되시는 예수님을 반영한 표현.

43 남은 빵과 물고기를 모으니 12바구니에 가득 찼어.
맙소사, 말도 안 돼.
어떻게 이런 일이….
44 이때 빵을 먹은 사람은 남자만 약 5000명이었지.
누가 이런 기적을 보인단 말이냐?
분명히 약속된 그 예언자야.
우리의 왕으로 세우자!
다윗의 자손이신 유대 왕이시다!

※5000명 : 마태는 여자들과 아이들을 제외한 성인 남자의 수라고 했다. Link 마태복음 14:21

▶ Link 1권 85p tip '오병이어의 의미'를 보라.

물 위를 걸으시다 마태14:22, 요한6:15

45 예수께서 사람들을 돌려보내는 동안,
자, 해산!
우리의 왕이 되어 로마를 박살내줘요!
왕이시여!
제자들을 재촉해서 배를 타고 바다 건너 벳새다로 먼저 가게 하셨어.
너희는 허황된 말에 흔들리지 말고 빨리 가라.
46 예수께서는 사람들을 보내신 뒤, 기도하러 산에 올라가셨지.
유대 지도자들은 날 바알세불이라 하고, 헤롯은 심상찮고, 기적을 본 백성들조차 복음보다 로마에서 해방만 생각하고.

※벳새다(Bethsaida) : 오병이어 기적이 일어난 곳도 '벳새다'인데 건너편인 게네사렛 근처에 또 다른 벳새다가 있는 것으로 본다.

47 날이 저물 때, 제자들이 탄 배는 바다 가운데 있었고, 예수께서는 혼자 육지에 계셨어.
기도밖에 없구나.
48 그런데 예수께서 보시니, 제자들이 역풍에 시달리며 힘들게 노를 젓고 있었지.
꺄오오오오오
어이구, 저놈들 큰일 났네.
새벽 3~4시쯤, 예수께서 바다 위를 걸어서 그들에게 가시다가 지나치려고 하셨어.
헉!
아니, 저… 저기?!
꺄아아아악!
49 그때 제자들은 예수께서 물 위로 걸어오시는 것을 보고 모두 놀랐지.
컥, 유령이다!
맙소사, 우리가 이미 죽었나보다!
안심해라. 나다. 두려워하지 마라.
쏴아아아아아아
51 예수께서 배에 오르시자 바람이 그쳤고, 제자들은 더욱더 놀랐어.
바… 바람이?
갑자기 그쳤어.

마가복음

52 그것은 그들이 예수께서 빵을 먹이신 일을 깨닫지 못하고, 마음이 둔해졌기 때문이야.

▶ Link 1권 58p tip '믿음이 적은 자들아'를 보라.

tip 제자들의 어리석음

마가복음에서는 다른 복음서에 비해 예수님의 말씀과 행동을 깨닫지 못하는 제자들의 무지함을 자주 강조하고 있다. 이것은 깨닫는 것이 둔한 제자들을 끝까지 포기하지 않으시는 예수님의 모습과 고난 앞에서 믿음이 흔들리는 그리스도인들에게 제자들의 실패를 따르지 말라는 경고의 의미를 담고있는 것으로 본다.

게네사렛 병자 치유 마태14:34

53 그들은 바다를 건너 게네사렛 해변에 배를 댔어.
휴, 살았다.

※게네사렛(Gennesaret): 갈릴리 바다 서북쪽에 위치한 마을. 구약에서는 '긴네렛'이라고 한다.

54 그들이 배에서 내리자 사람들이 곧 예수를 알아보고 그 지역 곳곳에 알렸지.
그분이 오셨다!
병든 자들은 나와라!

55 예수께서 마을, 도시, 농촌, 어디에 계시든, 어디로 가시든 사람들은 병자를 침상 채로 데려왔어. 거리에 데려온 병자들은 예수의 옷자락이라도 만지게 해달라고 간청했고 손을 댄 사람은 모두 나았지.
내일이면 늦으리!
비켜!
주여!
저도 봐주세요!

▶ Link 1권 44p tip '치유 사역의 의미'를 보라.

7장 정결법 논쟁 마태15:1

1 예루살렘에서 내려온 바리새인들과 율법 교사들이 예수께로 몰려왔어.
저기 있네.

▶ Link 1권 88p tip '예루살렘에서 온 사람들'을 보라.

2 그들은 예수의 제자 중 몇몇이 씻지 않은 부정한 손으로 빵을 먹자,
넌 방금 똥 싸고 손 씻었냐?
뭐 어때. 내 똥인데.

3 바리새인들과 모든 유대인은 조상들의 전통에 따라 손을 씻지 않고는 먹지도 않았어.

4 장터에서 돌아와도 씻지 않으면 먹지 않았고, 그 밖에도 잔, 단지, 그릇을 씻는 등 여러 가지 전통이 있었지.
식기세척기라도 사주든가.

tip 장터에서 돌아오면

유대인들은 장터에서 돌아오면 물을 뿌리거나 목욕을 했는데 이는 위생상의 청결 때문이 아니라 종교적인 정결 때문이었다. 장터는 이방인과 죄인들이 모두 모이는 장소로, 이방인이나 죄인과의 접촉, 무의식적으로 부정한 것들과 접촉했을 것까지 감안하여 몸을 씻었다. 그것은 모세를 통해 주어진 하나님의 계명이 아니라 자신의 정결을 위해 만든 전통이었다. 한편, 마가는 이방인을 위해 이와 같은 유대인의 전통도 설명하고 있다.

5 왜 당신의 제자들은 조상들의 전통을 지키지 않고, 씻지 않은 손으로 빵을 먹습니까?

6 '이사야가 너희 같은 위선자를 두고 이렇게 예언했다.'
이 백성이 입술로는 나를 공경해도 마음은 내게서 멀리 있다. 그들은 사람의 법을 나의 계명처럼 가르치며 나를 헛되이 경배한다.
하나님의 말씀으로 쌓아온 조상의 전통
-왜 전통인가?-

8 '너희는 하나님의 말씀을 버리고, 항아리와 잔이나 씻는 사람의 전통만 지키고 있다.'
몰라몰라. 겉이 깨끗해야 남들이 알아준다고.
낑낑
하나님 말씀

※예언 : Link 이사야 29:13
※사람의 법 : 유대인 조상의 전통.

9 '너희는 너희의 전통을 지키려고, 서슴없이 하나님의 말씀을 저버렸을 뿐이다.'
오, 눈부시구나야.
푸 썩

10 '모세는 '네 부모를 공경해라' '네 부모를 저주하는 자는 반드시 죽여라.'라고 했다. 그런데 너희는 부모에게 드려야 할 것을 하나님께 바쳤다고 하고서 결국 제 부모에게 아무것도 드리지 않는다.'
전 재산을 하나님께 드렸으니 이제 월세방으로 옮겨야 해요.
월세 정도는 알아서 해결하실 수 있죠?

※공경해라, 죽여라 : Link 출애굽기 20:12 Link 레위기 20:9

13
너희는 너희가 물려받은 전통을 핑계로 하나님의 명령을 짓밟고, 또 많은 일을 이와 같이 한다.
감히 조상의 전통을 무시하다니?!
넌 부모도 없냐!

tip 네 부모를 공경하라

이것은 모세를 통해 주신 율법의 핵심인 십계명의 내용으로 사람과 사람 사이에 반드시 지켜야 할 첫 번째 계명으로 주어진 것이다. 예수님은 유대인들이 조상들의 전통을 지킨다는 명분으로 얼마나 쉽게 하나님의 계명을 버리고 있는지를 인간관계에서 가장 중요한 계명을 들어 지적하신 것이다.

14 예수께서 사람들을 모두 부르셨어.
너희는 각자 내 말을 듣고 깨달아라. 무엇이든 밖에서 안으로 들어가는 것들이 사람을 더럽히는 게 아니라 나오는 것들이 사람을 더럽힌다.

17 예수께서 그곳을 떠나 집으로 들어가시자,
그 비유를 설명해 주세요.
너희도 아직 깨닫지 못하느냐? 무엇이든 밖에서 들어가는 것은 사람을 더럽히지 못한다.
밖에서 들어가는 것은 사람의 마음에 들어가지 않고 배로 들어가 뒤로 나가기 때문에 모든 음식은 깨끗하다.

20 '사람에게서 나오는 것이 사람을 더럽힌다. 사람의 마음에서 나오는 악한 생각들 말이다.'
사기
교만
간음
음란
살인
악한 시선
도둑질
탐욕
악의
어리석음
방탕
모독

마가복음

23

그런 모든
악한 것이 속에서
나와서 사람을
더럽히는 것이다.
마음을 깨끗이
하고 하나님
뜻대로 사는 게
중요한 거야.

▶ Link 1권 89p tip '유대인의 전통이란?'을 보라.

수로보니게 여인의 믿음 마태15:21

24

예수께서 그곳을 떠나 두로와 시돈 지방으로 가셨어.
시돈
페니키아
두로
단
가이사랴 빌립보
바산
가버나움
게네사렛
벳새다
갈릴리

※두로(Tyre), 시돈(Sidon) : 이스라엘 북쪽, 페니키아의 지중해 해안 도시들. 여기서는 예수께서 이방 지역으로 가셨음을 강조한다.

어떤 집에 들어가 아무도 모르게 계시려 했지만 숨길 수가 없었지.
들켰냐?
그런 것
같네요.

25

헬라인이며, 수로보니게인 여자가 예수의 소문을 듣고 와서 엎드렸어.
제 어린 딸에게서
더러운 귀신을
쫓아주세요.

※수로보니게(Syrian Phoenicia) : 시리아와 페니키아의 합성어. 팔레스타인 북부 시리아에 사는 페니키아 사람.

27

주님, 저를
도와주세요.
내 자녀들 먼저
배불리 먹일 빵을
개들에게 던져주는
것은 옳지 않다.

※자녀들 : 하나님께 선택받은 유대인들.
※개들 : 이방인을 뜻하는 모욕적인 말.

28

주님, 그렇지만 상 아래에
있는 개들도 자녀들이 먹던
부스러기는 얻어먹습니다.
!!

29

네가 그렇게 말하니
돌아가라. 귀신이
네 딸에게서 나갔다.
아아,
주여!

30

여자가 집에 돌아가 보니 딸은 침대에 누워있고 귀신은 나가고 없었지.
아, 네가
말씀으로
나았구나!

▶ Link 1권 90p tip '거절과 구원'을 보라.

이방인들을 치유하시다 마태15:29

31

예수께서 두로와 시돈 지방을 떠나 데가볼리 지방을 가로질러 갈릴리 바다에 가셨어.
두로
단
가이사랴 빌립보
바산
가버나움
게네사렛
벳새다
갈릴리
막달라
나사렛
가다라
데가볼리

※데가볼리(Decapolis) : 요단 강 동쪽에 위치한 10개의 헬라인 도시 연맹체로 헬라 문화와 이방인의 중심지.

32

사람들이 귀 먹고 말 더듬는 사람을 데려와 예수께 손을 얹어주시기를 간청했지.
선생님, 이
사람도 봐주세요.

33

예수께서 그를 데리고 사람들로부터 떨어졌어.
내 손가락을
네 양 귀에 넣고,
침을 뱉고, 네 혀를
만질 것이다.
히히,
간··· 지러···.
??

※침 : 당시 침에는 병을 고치고 귀신을 물리치는 힘이 있다고 믿었다.

34

그리고 하늘을 우러러 탄식하며 말씀하시길.
열려라.

35 곧 그의 귀가 완전히 열리고, 혀가 풀려서 똑바로 말을 하게 됐지.
아무에게도 이 일을 말하지….
들린다. 들려!
36 몹시 놀란 사람들은 말릴수록 더욱더 소식을 널리 퍼뜨렸어.
그의 모든 일은 훌륭하다!
듣지 못하는 자도 듣게 하신다!
말 못하는 자도 말하게 하신다!

※마가는 이방인의 입을 빌려 예수님이 하나님께서 약속한 메시아라고 말하고 있다. Link 이사야 35:5

▶ Link 1권 90p tip '이방인들의 찬양'을 보라.

8장 칠병이어 마태15:32

1 그 무렵, 다시 많은 사람이 모였는데 먹을 것이 없었어.
이방 지역이라 대부분 이방인들이야.
배고파.
2 사람들이 나와 함께 있은 지 벌써 3일인데 먹을 것이 없으니 가엾구나. 그들을 굶겨서 집으로 보내면 길에서 쓰러질 것이다. 더구나 그중에는 더 먼 곳에서 온 사람들도 있지 않으냐.
이 광야 어디서 빵을 얻어 사람들을 배불리 먹이겠습니까?
5 너희에게 빵이 몇 개나 있느냐?
7개가 있습니다.
6 예수께서는 사람들을 땅에 앉도록 하셨지.
자, 앉아요. 서서 먹는 게 아냐.
그리고 빵을 들어 감사 기도하신 후,
그것을 떼어 제자들에게 주시고 사람들 앞에 놓게 하셨어.
골고루 나눠줘라.
예수님께 받은 하늘나라의 복음을 이방인에게도 나눠 주라는 뜻이야.
7 또 예수께서 작은 물고기 몇 마리도 들어 감사 기도하시고 사람들 앞에 놓게 하셨지.
계속 나오잖아.
어떻게 된 거지?

8 사람들이 배불리 먹었고 남은 걸 모으니 7광주리였어.
맙소사, 말도 안 돼.
어떻게 이런 일이….
9 이때 먹은 사람은 4000명이었지.
빵 7개로 이 많은 사람을?
어떤 왕도 이런 일을 하지는 못했다.
10 예수께서는 사람들을 돌려보내시고 제자들과 배에 올라 달마누다 지방으로 가셨어.
가버나움
벳새다
게네사렛
막달라
거라사
갈릴리
디베랴
히포스
나사렛
데가볼리

※4000명 : 여자와 어린아이를 제외한 성인 남자의 숫자다.

※달마누다(Dalmanutha) : 마태복음은 '마가단'이라 했다. Link 마태복음 15:39 갈릴리 바다 서쪽의 '막달라'로 본다.

▶ Link 1권 91p tip '칠병이어의 의미'를 보라.

증거를 구하는 악한 자들 마태16:1, 누가12:54

11 바리새인들이 예수를 시험하려고 따져 물었지.
하늘에서 온 증거를 보여주시오.
당신이 메시아라는 증거 말이오.

12 예수께서는 마음으로 깊이 탄식하셨어.
어째서 이 세대가 증거를 요구하는가? 이 세대는 아무 증거도 보지 못할 것이다.
이미 보여준 수많은 증거를 보고도 모르는데 더 보여준다고 알까.
무슨 증거요?
뭘 보여 줬다고?

※이 세대 : 세례 요한과 예수님을 배척한 유대인들과 종교 지도자들.

13 그리고 예수께서는 다시 배를 타고 건너편으로 가셨지.
도망치는 것 봐라!
뒤에서 짖어 대기는….
덤벼!

누룩을 조심해라 마태16:5

14 제자들이 빵을 가져오는 것을 잊어서 배 안에는 빵이 한 개밖에 없었어.
너희는 바리새인들과 헤롯의 누룩을 조심해라.
아차, 빵!?
빵?

16 우리에게 빵이 없어서 그러시나 보다.
어떡해?
너희는 어째서 빵이 없는 것을 두고 수군거리느냐?

※건너편 : 마가는 갈릴리 바다 북쪽 벳새다라고 했다. Link 마가복음 8:22

※누룩 : 적은 양으로도 많은 밀가루를 부풀게 하는 발효제로 빵을 만들 때 넣는다.

아직도 알지 못하고 깨닫지 못하느냐? 아직도 너희 마음이 그렇게 둔하냐?
너희는 눈이 있어도 보지 못하고, 귀가 있어도 듣지 못하고, 기억하지도 못하느냐?
19 내가 빵 5개를 5000명에게 떼어주고 남은 게 몇 바구니고, 빵 7개를 4000명에게 떼어주고 남은 게 몇 광주리더냐?
열두 바구니.
일곱 광주리.
21 그런데도 너희가 아직 깨닫지 못하느냐?
바리새인과 헤롯의 가르침을 누룩이라고 하신 거야.
그 저질 가르침을 조심하라는?

▶ Link 1권 171p tip '제자들의 어리석음'을 보라.

벳새다의 눈먼 사람 치유

22 예수께서 벳새다에 오시자 사람들이 눈먼 사람 하나를 데려왔어.
선생님, 이 사람의 눈을 좀 만져주세요.

23 예수께서 그의 손을 잡고 마을 밖으로 가서 눈에 침을 뱉고, 손을 얹으셨지.
무엇이 보이느냐?
사람들이 보이는데 나무가 걸어 다니는 것 같습니다.

25 예수께서 다시 그의 눈에 손을 대시자 모든 걸 똑똑히 보게 되었어.
오오, 독수리 눈깔이 된 것 같습니다요.

※벳새다(Bethsaida) : 갈릴리 바다 북쪽, 헤롯 빌립 2세가 다스리던 곳이다.

※침 : 당시 침에는 병을 고치고 귀신을 물리치는 힘이 있다고 믿었다.

26 예수께서 그를 집으로 보내시며 말씀하셨지.
마을로 들어가지 마라.
그동안 못 본 세상 구경이나 할까요?

tip 두 번의 안수

이 사건은 마가복음에만 나오는 예수님의 기적이다. 특이한 점은 예수님이 눈먼 사람을 단번에 고치지 않으시고 두 번에 걸쳐 안수를 하신다는 것이다. 이것은 예수님의 말씀을 깨닫지 못하는 우둔한 제자들을 영적으로 눈먼 사람으로 보고, 지금은 예수님을 희미하게 바라보지만 시간이 지나면 차츰 그리스도로 또렷하게 보게 될 것이라는 의미다. 또한 그런 우둔한 제자들을 예수님은 끝까지 포기하지 않으신다는 것을 강조하는 것이기도 하다.

베드로의 신앙 고백 마태16 : 13, 누가9 : 18

27 예수께서 제자들과 가이사랴 빌립보의 여러 마을로 가시던 중이었어.
사람들이 나를 누구라고 하더냐?

※가이사랴 빌립보(Caesarea Philippi) : 갈릴리 바다 북쪽 40km 지점. 헤롯 빌립 2세가 로마 황제를 위해서 지은 도시. 우상과 황제 숭배의 중심지였다.

28
세례 요한, 엘리야, 또는 예언자들 중에 한 분이라고도 합니다.
좋게 보면 그렇다는 것이고 바알세불이라고도 하죠.

29
그러면, 너희는 나를 누구라고 생각하느냐?
주님은 그리스도이십니다.

30 예수께서 엄하게 단속하셨지.
나에 대해서 아무에게도 말하지 마라.
괜히 유대 해방이니 영웅이니 호들갑 떨라.

▶ Link 1권 32p tip '그리스도'를 보라.

1차 수난 예고와 제자의 길 마태16 : 21, 누가9 : 22

31 예수께서는 자신이 장로들과 대제사장들과 율법교사들에게 배척을 받아, 많은 고난을 겪다가 죽임을 당한 후 3일 후에 살아나야 한다는 것을 가르치셨어.

32 이 말씀에 베드로가 예수를 붙들고 항의했지.
사탄아, 물러가라! 넌 하나님의 일은 생각하지 않고, 사람의 일만 생각하는구나!
매를 벌어요.

※장로들(지도자들), 대제사장들(사두개파 귀족들), 율법교사들(바리새파 평민들의 대표) 즉, 모든 유대인이란 의미다.

34 '누구든지 나를 따르려거든 자기를 버리고, 제 십자가를 지고 나를 따라야 한다.'
쏴아아아아
헉헉
35 '자기 목숨을 구하려는 자는 잃을 것이요, 나와 복음을 위해 자기 목숨을 버리는 자는 얻을 것이다.'
36 '온 세상을 얻어도 제 목숨을 잃으면 무슨 소용이 있겠느냐? 자기 목숨을 무엇과 바꿀 수 있겠느냐?'
일어나서 가자.
영원한 생명을 줄게.

※십자가: 하나님의 뜻, 하나님의 계획.

38 '음란하고 죄 많은 이 세대 중에 누구든 나와 내 말을 부끄럽게 여긴다면, 인자도 아버지의 영광에 싸여 거룩한 천사들과 함께 올 때 그를 부끄럽게 여길 것이다.'
쿵!
9:1 그리고 너희 중에는 죽기 전에 하나님의 나라가 권세를 떨치며 오는 것을 볼 사람들도 있을 것이다.
못 볼 사람도 있다는 거잖아?
평소에 눈을 시퍼렇게 뜨고 있어야겠다.

※올 때: 예수님이 세상을 심판하기 위해 오시는 재림.

▶ Link 1권 94p tip '메시아의 사명'을 보라.

9장 변하신 예수님 논쟁 마태17:1, 누가9:28

2 6일 뒤, 예수께서 베드로, 야고보, 요한만 따로 데리고 높은 산으로 올라가셨어.
우린 후일 초대교회에서 중요한 지도자가 돼.
3 그런데 예수께서 변하시면서 옷은 더 이상 희게 할 수 없을 만큼 하얗게 빛났지.
헉!
4 그리고 엘리야와 모세가 나타나더니 예수와 함께 말씀을 나눴어.
저… 저게 누구…?
저들은?

※높은 산: 대부분의 학자들은 가이사랴 빌립보 북동쪽에 위치한 헤르몬 산으로 추정한다.

6 제자들은 겁에 질렸고, 베드로는 자기가 무슨 말을 하는지도 알지 못했지.
선생님, 저희가 여기에 있을까요? 저희가 초막 셋을 지어 주님과 모세와 엘리야를 모시겠습니다.
너 낮술 했냐?
7 그때 구름이 일어나 그들을 뒤덮었고, 구름 속에서 음성이 들렸어.
그는 내가 사랑하는 아들이다! 너희는 그의 말을 들어라!
엄마야!
꺄악!!

8 그리고 제자들이 문득 둘러보았지만, 아무도 없고 예수와 그들뿐이었지.
이… 이게 도대체…?
왜? 귀신이라도 봤어?
9 그들이 산에서 내려올 때,
인자가 죽은 자 가운데 살아날 때까지는 방금 본 것을 아무에게도 말하지 마라.
10 그들은 이 말씀을 간직했지만 무슨 뜻인지는 몰랐어.
죽은 자 가운데 살아난다는 게 무슨 뜻이야?
글쎄?

11 그런데 왜 율법교사들은 엘리야가 먼저 와야 한다고 했죠?
예언에선 먼저 온다던 엘리야가 왜 이제 왔죠?
분명히 엘리야가 먼저 와서 모든 준비를 한다고 했다. 그리고 인자도 많은 고난을 받고 멸시를 당할 것이라고 기록되어 있다.
13 엘리야는 이미 왔지만 기록한 대로 사람들은 그를 함부로 대했다.
역시 세례 요한이 엘리야였어.
엘리야 뒤에 오신 분은 메시아고.

※먼저 와서: Link 말라기 3:1 ※기록되어: Link 이사야 53:3~6 ※함부로 대했다: Link 열왕기상 19:2

▶ Link 1권 95p tip '모세와 엘리야'를 보라.

귀신 들린 소년 치유 마태17:14, 누가9:37

14 예수께서 산에서 내려와 보니 율법교사들이 다른 제자들과 논쟁을 하고 많은 사람이 둘러싸고 있었어.
예수님이 오신다!
15 모든 사람이 예수를 보고 몹시 놀라며 달려와 인사했지.
무슨 논쟁을 하고 있느냐?
선생님, 귀신이 들려 말 못하는 제 아들을 데려왔습니다.
18 어디서든 귀신이 날뛰면 아이가 거꾸러져서 거품을 흘리고, 이를 갈고, 몸이 뻣뻣해집니다!
내 제자들도 낫게 할 수 있는데?
그래서 선생님의 제자들에게 귀신을 쫓아달라고 했지만 쫓아내지 못했습니다.
19 아, 믿음이 없는 세대여, 내가 얼마나 너희와 함께 있을 것이며, 얼마나 너희를 참아야 하느냐?
고자질쟁이.
내가 [3:15, 6:7]에서 귀신을 쫓는 권한을 줬지 않았느냐.
아이를 내게 데려오라.

20 사람들이 아이를 데려오니 귀신이 예수를 보자 아이에게 경련을 일으키게 했어.
커어억!
아이는 거품을 흘리며 땅에서 뒹굴었지.
크오오오!!
21 언제부터 이렇게 되었느냐?
이 아이가 어릴 때부터 귀신이 여러 번 불과 물에 던져 죽이려고 했습니다. 하실 수 있다면 저희를 불쌍히 여기시고 도와주십시오.

23 '하실 수 있다면'이 무슨 말이냐? 믿는 사람에게는 모든 것이 가능하다.
주여, 제가 믿습니다! 믿음 없는 저를 도와주십시오!
25 예수께서는 사람들이 더 몰려오자 더러운 귀신을 꾸짖었어.
입을 막고, 귀를 막는 귀신아! 내가 너에게 명령한다!
그 아이에게 나가서 다시는 들어가지 마라!
컥!
26 그러자 귀신은 소리를 지르고, 아이에게 심한 경련을 일으키고 나갔지.
무시무시하구만!
크아아악!
헉!

아이는 죽은 것처럼 보였어.
아이가 죽었다!
피의 복수를!
27 그런데 예수께서 아이의 손을 잡아 일으키시자 아이가 일어섰지.
역시 주님의 파워란.
할렐루야!
오오!
28 예수께서 집 안으로 들어가시자 제자들이 따로 물었어.
왜 저희는 귀신을 쫓아낼 수 없었습니까?
그런 귀신은 기도와 금식 외에는 무엇으로도 쫓아낼 수 없다.

tip 기도

예수님은 제자들이 귀신을 쫓아내지 못한 이유가 기도하지 않았기 때문이라고 하신다. 이는 단지 기도만이 아니라 하나님을 의지했는지, 의지하지 않았는지의 문제다. 기도는 하나님을 믿고 전적으로 의지해야만 한다. 제자들은 [3 : 15, 6 : 7]에서 귀신을 내쫓는 권한을 받았고, [6 : 13]에서 실제로 귀신을 내쫓은 적도 있었다. 그러나 제자들은 그때 귀신을 내쫓은 경험에 의지해서 하나님을 의지하지 않았다는 것을 알 수 있다.

2차 수난 예고 마태17:22, 누가9:44

30 예수께서는 그곳을 떠나 갈릴리를 지나시면서 그 사실을 남들이 모르길 바라셨어.

31 그것은 예수께서 제자들에게만 가르치고 계셨기 때문이야.
인자가 사람들의 손에 넘겨져서 죽었다가 3일 만에 살아날 것이다.
그게 무슨?
음.

※그곳 : 예수님은 헤르몬 산을 떠나 가버나움으로 향하시는 중이다.
※그 사실 : 예수님이 예루살렘에서 고난을 당한다는 사실.

32 하지만 제자들은 그 말씀을 깨닫지 못했고, 묻는 것도 두려워했지.
죽으신다면 유대의 독립은?
3일 만에? 무슨 뜻이지?
로마는?

tip 묻는 것도 두려워했다

제자들도 예수님을 군사적, 정치적인 메시아로 오해하고 있었기 때문에 예수님이 죽었다가 3일 만에 살아나신다는 것이 무엇을 의미하는지 깨닫기 어려웠을 것이다. 특히 예수께서 죽임을 당하신다는 말씀은 로마로부터 유대의 독립을 꿈꾸던 유대인들에겐 실패와 절망을 의미하기 때문에 묻는 것조차 두려워했다.

하늘나라에서 위대한 자 마태18:1, 누가9:46

33 예수께서 가버나움 집 안에 계실 때 제자들에게 물으셨어.
너희가 길에서 무엇 때문에 다투었느냐?
아, 그게….

34 제자들은 아무 말도 하지 못했지.
하늘나라에서 가장 큰 사람이 누구냐?
나다! 다 덤벼!
시끄러!
35 예수께서 앉으시고 12제자에게 말씀하셨어.
누구든지 첫째가 되고자 하는 사람은 꼴찌가 되어서 모든 사람을 섬겨야 한다.
꼴찌는 어차피 꼴찌니까 다른 사람을 섬겨야지.
그럼 난 첫째 그만 두고 꼴찌 할래.
킥킥

36 그리고 아이 하나를 데려와 제자들 가운데 세우고 안으셨지.
누구든지 내 이름으로 이런 아이 하나를 받아들이면 곧 나를 받아들이는 것이요. 나를 받아들이면, 나보다 나를 보내신 분을 받아들이는 것이다.
헤헤, 그럼 저 애를 입양할까?
작고, 힘없고, 약한 사람이라는 뜻이잖아.
단세포 아메바냐?

제자들의 특권의식 마태10:42, 누가9:49

38 선생님, 어떤 사람이 주님의 이름으로 귀신을 쫓던데, 우리를 따르지 않는 사람이라 그 일을 못하게 했습니다.
감히 우리 허락도 없이.
몰려가서 손봐주자.

※아이 : 당시에 어린이는 남자도 여자도 아닌 하찮은 존재로 여겼다.
※이런 아이 : 아이처럼 작고, 힘없고, 보잘것없으며 믿음이 연약한 사람들.

※우리 : 12제자.

39 '막지 마라. 내 이름으로 기적을 베풀고 쉽게 날 욕할 자는 아무도 없을 것이다.'
오, 신기.
예수님 이름으로 기도했더니.
포로록
40 '우리를 반대하지 않는 사람은 우리를 위하는 사람이다.'
귀신도 그분 이름을 듣고 까무러쳤다고.
오, 그래?
41 '그러니 누구든 너희가 그리스도의 사람이라고 해서 물 한 그릇이라도 주는 사람은 반드시 상을 받을 것이다.'
예수님의 제자? 반갑네요. 목이나 축이시오.
콜라는 없어요?

※막지 마라 : 12제자의 특권의식을 깨뜨리는 말씀이다.

보잘것없는 사람 중에 마태18:6, 누가17:1

42 '나를 믿는 이 보잘것없는 사람 중에 하나라도 넘어지게 하는 사람은 차라리 목에 맷돌을 달고 깊은 바다에 던져지는 게 낫다.'

43 '네 손, 발이 너를 죄짓게 하거든 찍어라. 두 손, 두 발을 가지고 꺼지지 않는 지옥 불에 들어가는 것보다 한 손, 한 발이 없이 영원한 생명에 들어가는 게 낫다.'
으다다다…
뜨… 뜨거!!
철수냐? 여긴 완전 불판구이다! 넌 차라리 눈깔을 빼라!

※넘어지게 : 믿음을 흔들고 하나님께 멀어지게 하는 죄도 포함된다.

47 '네 눈이 너를 죄짓게 하거든 빼어라. 두 눈을 가지고 지옥 불에 던져지는 것보다 한 눈으로 하나님의 나라에 들어가는 게 낫다.'
철수야, 네 눈이?
너 아메바냐?
진짜 눈을 빼라는 게 아니라 죄의 원인을 제거하라는 말씀인데.

48 '지옥에서는 그들을 파먹는 구더기들도 죽지 않고, 불도 꺼지지 않는다.'
여…기 불났….
그곳은 저희 관할이 아닙니다. 잘 버텨보세요. 언제 꺼질지 모르겠지만.

49 '제물에 소금을 쳐서 깨끗하게 하듯이, 그들은 불로 소금을 치듯이 할 것이다.'
꺄악!
으아, 뜨… 뜨… 뜨거!!
이제 깨끗해졌으니 제발!
악!

50 소금은 좋은 것이지만 소금이 짠맛을 잃으면 무엇으로 짜게 하겠느냐? 너희는 너희 가운데 소금을 쳐두고 서로 화목하게 지내라.
서로 양보하고, 배려하고, 의지하고.
부정한 것이 끼지 않도록 소금 같은 지혜가 필요해.

※소금 : 성경에서 소금은 정결함이나 지혜를 뜻한다.

10장 예루살렘으로 : 결혼과 이혼 마태19:1

1 예수께서 그곳을 떠나 요단 강 건너편을 지나 유대 지방으로 가셨어.

사람들이 모여들자 예수께서는 늘 하시는 대로 가르치셨는데 바리새인들이 예수를 시험하려고 했지.
남편이 아내를 버려도 됩니까?
모세가 어떻게 하라고 했느냐?

4 이혼 증서를 써 주고 아내를 버리는 것은 허락했습니다.
모세는 너희 마음이 악하기에 그런 명령을 한 것이다.

※그곳 : 가버나움. ※유대 지방 : 요단 강 동쪽 베레아 지방으로 유대인이 많이 거주했다.

※이혼 증서 : 이혼한 여자가 재혼할 수 있도록 권리를 부여한 문서. Link 신명기 24:1

6 '하나님께서는 창조 때부터 남자와 여자로 만드셨다. 남자는 부모를 떠나 아내와 합쳐 둘이 한 몸이 된다. 따라서 그들은 더 이상 둘이 아니라 한 몸이다.'
9 '모세의 율법보다 하나님의 뜻이 더 위에 있다. 그러므로 하나님이 짝지어주신 것을 사람이 갈라서는 안 된다.'
모세의 율법
하나님의 뜻

※한 몸: Link 창세기 1:27, 2:24

10 예수께서 집에 들어가자 제자들이 그 말씀을 두고 물었어.
누구든지 아내를 버리고 다른 여자와 결혼하는 것은 간음하는 것이다. 또 남편을 버리고 다른 남자와 결혼하는 여자도 간음하는 것이다.
마누라가 자꾸 때리는데 어쩌지?
어쩌긴 맷집을 키워야지.
불쌍한 놈
킥킥

▶ Link 1권 101p tip '이혼에 대한 질문'을 보라.

어린이와 하늘나라 마태19:13, 누가18:15

13 그때 사람들이 예수께 어린이들을 데려왔는데 제자들이 그들을 꾸짖었어.
선생님께서 손을 올려 축복해 주시면….
아니, 얘를 왜?
저리 가요!

※어린이: 당시의 어린이는 남자도 여자도 아닌 하찮은 존재로 여겼다.

14 아이들이 내게 오는 것을 막지 마라! 하늘나라는 이런 아이 같은 사람들의 것이다!
15 누구든 하늘나라를 아이들처럼 받아들이지 않는 사람은 결코 그곳에 들어가지 못할 것이다!
아이들처럼 순수하게 복음을 받으라고. 알았어?
여어, 금세 돌변하는구나.
16 그리고 예수께서는 어린이들을 껴안으시고 손을 얹어 축복해 주셨지.

부자와 하늘나라 마태19:16, 누가18:18

17 예수께서 길을 떠나시는데 한 사람이 달려왔어.
선한 선생님, 제가 영원한 생명을 얻으려면 무엇을 해야 합니까?
왜 나를 선하다고 하느냐? 하나님 한 분 외에는 선한 이가 없다.
나를 보지 말고 하나님을 보라.

※무엇: 당시는 율법의 준수, 기도, 시편의 암송, 구제를 통해 구원받을 수 있다고 가르쳤다.

19 너는 '살인하지 마라, 간음하지 마라, 도둑질하지 마라, 거짓 증언하지 마라, 속여서 뺏지 마라, 네 부모를 공경하라'는 계명을 알고 있을 것이다.
선생님, 그 모든 것은 제가 어릴 때부터 지켰습니다.

※계명: 십계명. Link 출애굽기 20장
※어릴 때: 유대인들은 13살이 되면 율법의 일정 부분을 지킬 의무가 있다고 가르쳤다.

21 예수께서 그를 보시고 사랑스럽게 여기셨지.
네가 아직 한 가지가 부족하다. 네가 가진 것을 다 팔아 가난한 사람들에게 주라. 그러면 네가 하늘에서 보화를 얻을 것이다.
네?!
얼마나 네 이웃을 네 몸과 같이 사랑하는지 보자.
그리고 와서 나를 따라라.
음!
22 그는 근심하며 울상을 짓고 떠났어. 재산이 많았기 때문이야.
재산이 많은 사람이 하늘나라에 들어가기는 정말 어렵다.
네?!

※보화 : 영원한 생명.

24 제자들은 예수의 말씀에 놀랐어.
하늘나라 100km
낑
낑
재물
재물에 의지하는 사람이 하늘 나라에 들어가는 건 정말 어렵다고.
25 '부자가 하늘나라에 들어가는 것보다 낙타가 바늘구멍을 지나가는 것이 더 쉽다.'
26 제자들은 더욱 놀라 서로 말했지.
정말 착실한 것 같은데?
그러면 누가 구원을 얻을 수 있겠습니까?
사람으로는 할 수 없지만 하나님께서는 모든 것이 가능하시다.

※낙타 : 팔레스타인 지역에서 가장 큰 동물인 낙타와 가장 작은 바늘구멍을 들어서 불가능한 일을 말할 때 흔히 사용했던 유대 격언이다.

tip 제자들이 놀란 이유

유대인들은 모세의 율법에 따라 하나님의 말씀에 순종하면 건강과 물질의 복을 받는다고 생각했다. 즉, 유대인들에게 재물이 많다는 것은 하나님의 축복을 상징하는 것이었다. 부자는 구제도 많이 할 수 있고, 회당도 지을 수 있기 때문이다. 그런데 부자가 하늘나라에 들어가지 못한다면, 다른 사람들은 더욱 하늘나라에 들어갈 수 없을 것이란 생각에 제자들은 놀란 것이다. 예수님은 하나님과 재물은 함께 섬길 수 없다고 하셨다.

※복을 받는다 : Link 레위기 26:3~12 ※섬길 수 없다 : Link 마태복음 6:24

28 저희는 모든 것을 버리고 주님을 따랐습니다.
저희는 무엇을 얻을 수 있습니까?
나와 복음을 따르려고 집, 형제, 자매, 어머니, 아버지, 자녀, 땅을 버린 사람은 지금 세상에서는 박해를 받을 것이다.
헉!
아이고!

30 하지만 오는 세상에서는 집, 형제, 자매, 어머니, 자녀, 땅을 100배나 더 받고, 영원한 생명도 받을 것이다.
Oh, Yes!!
31 그러나 첫째는 꼴찌가 되고 꼴찌는 첫째가 되는 사람도 많을 것이다.
끝까지 방심하면 안 된다는….

※오는 세상 : 예수님의 재림 때 완성되는 새로운 세상. Link 요한계시록 21:1

▶ Link 1권 102p tip '부자와 하늘나라'를 보라.

2. 예수 그리스도의 예루살렘 사역

마가복음

3차 수난 예고 마태20:17, 누가18:31

32 예수께서 앞서 예루살렘으로 올라가셨고, 뒤따르던 제자들과 사람들은 놀라고 두려워했어.
주님의 가르침은 놀라워.
난 그보다 예루살렘에서 무슨 일이 생길까 두려워.

33 예수께서 다시 12제자를 불러 앞으로 닥칠 일들을 비로소 말씀하셨지.
보라, 우리는 예루살렘으로 올라간다. 인자가 대제사장들과 율법교사들에게 넘겨질 것이다. 그들은 나를 죽이기로 작당하고 이방인들에게 넘길 것이다.

※대제사장들 : 성전을 지배한 귀족 사두개인. ※율법교사 : 평민의 지지를 받던 바리새인.
※넘길 : 산헤드린 공회는 사형 집행권이 없었기 때문에 로마 총독에게 넘긴다.

34
이방인들은 나를 모욕하고, 침을 뱉고, 채찍질해서 죽이겠지만 3일 만에 다시 살아날 것이다.
도대체 무슨 말씀이지?
계속 이 말씀을 하시는데?

야고보와 요한의 요청 마태20:20, 누가22:24

35 세베대의 아들인 야고보와 요한이 예수께 말했어.
선생님, 저희가 무엇을 원하든 들어 주시기 바랍니다.
내가 너희에게 무엇을 해주기를 바라느냐?

※야고보와 요한 : 이들은 예수님과 사촌이었으며, 어머니는 살로메다.

37
주님께서 영광을 받으실 때, 저희 중 하나는 주님의 오른쪽에, 하나는 주님의 왼쪽에 앉도록 해주십시오.

38
너희는 너희가 구하는 것이 무엇인지 모른다. 너희는 내가 마실 잔을 마시고, 내가 받는 세례를 받을 수 있겠느냐?
할 수 있습니다!

39
그래, 너희는 내가 마시는 잔을 마시고, 내가 받는 세례를 받을 것이다.

※마실 잔 : 인류의 죄에 대한 하나님의 진노의 잔, 즉 십자가에 매달림을 의미한다.
※세례 : 인류의 죄를 대신해서 당할 고난과 십자가의 죽음.

40
그러나 내 오른쪽과 내 왼쪽에 앉는 것은 내가 허락할 수 있는 일이 아니다. 이미 정해놓은 사람들에게 돌아갈 것이다.
아!
이런!
41 10제자가 이 말을 듣고 야고보와 요한에게 분개했어.
뭐야? 새치기?
사촌이라고 부정 청탁하는 거야?
42 이방의 통치자들과 고관들이 백성들을 맘대로 억압하고, 권력을 휘두르는 걸 알 것이다.

43 그러나 너희끼리는 그래선 안 된다. 너희 중에 높게 되려는 사람은 섬기는 사람이 되어야 하고, 으뜸이 되려는 사람은 종이 되어야 한다.
너희는 권력과 재물을 탐하는 세상 사람들과 달라야 한다.
45 인자는 섬김을 받으러 온 것이 아니라 섬기러 왔으며, 목숨을 내놓아 많은 사람의 죗값을 대신 치르러 왔다.

▶ Link 1권 105p tip '너희가 구하는 것'을 보라.

맹인 바디매오 마태20:29, 누가18:35

46 예수께서 제자들과 많은 사람들과 함께 여리고에 갔다가 떠나실 때,
드디어 유월절이야.
메시아께서 오셨으니 엄청 날 거야.

※여리고(Jericho): 예루살렘 북동쪽으로 약 24km에 위치.

47 디매오의 아들 바디매오라는 눈먼 거지가 길가에 앉아있다가 '나사렛 예수'라는 말을 듣고 부르짖었어.
다윗의 자손인 예수여, 저를 불쌍히 여겨주십시오!

※당시 유대인들은 메시아가 오시면 눈먼 자를 눈뜨게 하신다고 믿었다. Link 이사야 35:5

48 많은 사람이 꾸짖었으나, 그는 더욱 크게 외쳤지.
조용히 못해!
다윗의 자손이여, 저를 불쌍히 여겨주십시오!

49 예수께서 멈춰서 그를 불러오라고 하시자 사람들이 눈먼 사람을 불렀어.
안심하고 일어나라. 너를 부르신다.
엇, 그래요?

50 그는 자기의 겉옷을 벗어 던지고 일어났지.
이쪽으로….
아이고, 감사합니다.

51
내가 네게 무엇을 해주길 원하느냐?
선생님, 제가 보길 원합니다.
52
가라. 네 믿음이 너를 구원했다.
오오…!!
곧 보게 된 그는 예수가 가시는 길을 따라 갔어.
할렐루야!!
주님, 나의 주님!

※네 믿음이 : 예수 그리스도를 믿는 자는 죄로부터 구원 받을 것이라는 뜻.

▶ Link 1권 106p tip '예수님을 따라가다'를 보라.

11장 예루살렘 입성 일요일 마태21:1, 누가19:28, 요한12:12

1 그들이 예루살렘과 가까운 감람 산 근처의 벳바게와 베다니에 들어섰을 때,

2
맞은편 마을로 가면 아직 아무도 타지 않은 새끼 나귀가 매여있을 테니 그것을 끌고오라.
누가 왜 이러는 거냐고 물으면 '주님께서 쓰시겠다'고 해라. 그러면 즉시 내어줄 것이다.

※벳바게(Bethphage) : 예루살렘의 동쪽 약 2km, 감람 산 아래에 위치.
※베다니(Bethany) : 예루살렘의 동쪽 약 3km, 감람 산 아래에 위치.

※새끼 나귀 : 평화와 겸손을 상징.

4 제자들은 가서 새끼 나귀가 거리의 문 밖에 매여있는 것을 보았어.
어서 풀자.
새끼 나귀를 풀어서 뭘 하려고?
혹시 도둑님?
6 제자들이 예수께서 일러주신 대로 말하자 그들은 허락해 주었지.
주님께서 쓰시겠답니다.
어, 그래요?
그럼 어서 가져가시오.
7 제자들이 새끼 나귀를 끌고와서

자기들 겉옷을 나귀 등에 펴놓자 예수께서 올라타셨어.
8 많은 사람이 자기 겉옷을 길에 폈고, 어떤 사람들은 나뭇가지를 꺾어서 길에 깔았으며, 앞뒤로 따르는 사람들은 큰 소리로 외쳤지.
호산나! 여호와의 이름으로 오시는 분을 찬양하라!
우리 조상 다윗의 나라를 찬양하라!
지극히 높은 곳에서, 호산나!
와아아아아아!

※겉옷 : 존경과 복종의 의미로 겉옷을 펼쳤다.

▶ Link 1권 106p tip '어린 나귀를 타고'를 보라.

※나뭇가지 : 종려나무 가지로 유대인의 민족주의와 승리를 상징.
※호산나(Hosanna) : '구원하소서.'라는 뜻으로 당시 메시아의 구원을 바라는 찬양으로 쓰였다. Link 시편 118:25

11 예수께서는 예루살렘에 도착하셔서 성전의 모든 것을 둘러보셨어.
그리고 날이 이미 저물자 12제자와 함께 베다니로 나가셨지.
무화과나무 저주 월요일 마태21:18
12 다음 날 베다니를 나올 때 예수께서는 배가 고프셨어.
13 멀리서 잎이 무성한 무화과나무를 보시고, 혹시 열매가 있을까 싶어 가까이 가셨는데,
잎사귀 밖에는 아무것도 없구나.
열매가 날 때가 아니잖아요.
14
이제부터 영원히, 아무도 네게서 열매를 따 먹지 못할 것이다.
두 번째 성전 정화 마태21:12, 누가19:45
15 그들은 예루살렘에 들어갔어.
예수께서는 성전 뜰에서 사고파는 상인들을 내쫓으시고, 환전상들의 책상과 비둘기 상인들의 의자를 엎으셨고,
온갖 죄는 다 지으면서 성전에서 기도만 하면 구원받을 줄 아느냐?
쾅!
16 쓸데없는 물건을 가지고 성전 안을 지나다니는 것을 금지하셨지.
외부음식 반입금지 몰라? 제단에 올릴 수 없는 건 가져오지 말라고.
헉!
17 성경에서 '내 집은 모든 백성이 기도하는 집으로 불릴 것이다'라고 했는데 너희는 이곳을 '강도들의 소굴'로 만들어버렸다!
18 대제사장들과 율법교사들은 어떻게 예수를 없앨지 방법을 찾았지.
백성들이 그를 왕이라 불러.
그가 왕이 되면 우린 적폐 세력이 될 거요.
그들은 예수를 두려워했는데, 사람들이 예수의 가르침에 놀랐기 때문이야.
엄하기만 한 바리새인들과 달라.
거만한 사두개인과도 다르고.

※베다니(Bethany) : 예루살렘에서 동쪽 여리고로 가는 길목 약 3km에 위치.

※다음 날 : 월요일 아침.

※성경 : Link 이사야 56:7 Link 예레미야 7:11

※성전 : B.C.20년에 시작한 스룹바벨 성전의 확장공사가 계속되고 있었다. Link 1권 27p

※뜰 : 이방인의 뜰(바깥 뜰). 이방인의 출입이 허용되었고 율법을 가르치기도 했다.

19 저녁이 되자 예수와 제자들은 성 밖으로 나갔지.
베다니로 가자.

말라버린 무화과나무 화요일 마태21:20

20 다음 날 아침, 그들은 어제의 무화과나무가 뿌리부터 마른 것을 보았어.
어떻게 해서 이렇게 빨리 말랐지?
하룻밤 새에?

21 베드로는 어제 일이 생각났지.
선생님, 보십시오, 저주하신 무화과나무가 말라버렸습니다.

▶ Link 1권 108p tip '두 번째 성전 정화 사건'을 보라.

22 '하나님을 믿어라. 누구든지 저 산더러 '들려서 바다에 빠져라'라고 말하고, 그것이 이루어질 것을 믿고, 마음에서 의심하지 않으면 그대로 이루어질 것이며, 그가 원하는 것은 무엇이든 다 받을 것이다.'
난 율법도 잘 지키고 금식 기도도 하는데 왜 안 되지?
난 회당도 꼬박꼬박 출석하는데?
난 가난한 사람도 많이 돕고 있다고.
난 성경을 달달 외우는데.
하나님이 우리만 미워하시나?

24 '그러므로 너희가 기도하며 구하는 것은 무엇이든 이미 받은 줄로 믿어라. 그러면 너희가 받을 것이다.'
뭐가 문제지?
예수님께 가봐야겠어.
그분께 답이 있을 거야.

25 '또 너희가 서서 기도할 때, 어떤 사람과 원수가 된 일이 있으면 용서해라.'
자네 집 안의 가보를….
하하, 용서….
부들
부들

'그래야 하늘에 계신 너희 아버지께서도 너희의 잘못을 용서해 주실 것이다.'
할 수 없다!!
으악, 하나님이 보고 계신다고!
크아아!

tip 기도와 용서

예수님이 '기도'에 대한 말씀을 하시다가 갑자기 '용서'에 대한 말씀을 하신 것은 하나님에 대한 '믿음'뿐만 아니라 하나님의 뜻에 '순종'할 것을 강조하신 것이라 볼 수 있다. '용서'는 하나님의 뜻을 대표하는 주제이기 때문이다. 예수님은 하나님의 뜻에는 순종하지 않으면서 기도만 하면 들어주실 것이라는 잘못된 생각을 가지고 있는 위선자들과 달리 하나님께 '순종'하고 '믿음' 안에서 기도할 것을 강조하셨다.

▶ Link 1권 108p tip '열매가 없는 예루살렘'을 보라.

예수님의 권위 논쟁 마태21:23, 누가20:1

27 예수께서 다시 예루살렘에 들어가서 성전 뜰을 거닐고 계실 때, 대제사장들과 율법교사들과 장로들이 왔어.
오늘은 인해전술이다.
당신은 무슨 권한으로 이러시오?
누가 이런 일을 할 권한을 주었소?
나도 한 가지 묻겠으니 대답해라. 그러면 나도 무슨 권한으로 이러는지 말하겠다.

30 요한은 누가 준 권한으로 세례를 베풀었느냐? 하늘이냐? 사람이냐?
응??

※성전 뜰 : 이방인의 뜰, 이곳은 이방인의 출입이 허용되었고 율법을 가르치기도 했다.

31
'하늘'이라면, 왜 그를 믿지 않았느냐고 할 거야.
'사람'이라면, 요한을 예언자로 믿고 있는 백성들이 두렵고.
요한은 그가 메시아라고 했으니.
엄마야, 이거 외통수네.
수군 수군
33
우린 모르겠소.
우리가 매우 교활해.
이제 어쩔래?
그럼, 나도 무슨 권한으로 이러는지 말하지 않겠다.
크크
12장 악한 포도원 농부 비유 마태21:33, 누가20:9
1 '어떤 사람이 포도원을 일구어 울타리를 치고, 포도즙을 짜는 틀을 파고, 망대를 세웠다.'
※어떤 사람 : 하나님.
'그리고 포도원을 농부들에게 빌려주고 멀리 떠났다.'
※포도원 : 이스라엘.
2 '때가 되자 주인은 농부들에게 포도원 수확 중에 자기 몫을 받으려고 한 종을 보냈다.'
※농부들 : 유대 지도자들.
3 '그런데 농부들은 그 종을 잡아 심하게 때리고 빈손으로 돌려보냈다.'
※종 : 구약의 예언자들과 세례 요한.
4 '주인이 다시 다른 종을 보냈지만 농부들은 그 종의 머리를 돌로 치고 능욕했다.'
5 '주인이 또 다른 종을 보냈지만 농부들은 그 종을 죽였고, 더 많은 종을 보냈지만 때리기도 하고, 죽이기도 했다.'
6 '주인에게는 아직 사랑하는 한 아들이 남아 있었다. 그는 마지막으로 그 아들을 보냈다.'
내 아들은 존중하겠지.
※아들 : 예수 그리스도.
7 '하지만 그 농부들은 그 아들을 보고,'
이자는 상속자다!
그를 죽이면 포도원은 우리 차지가 될 것이다!
8 '농부들은 그 아들을 잡아 죽이고 포도원 밖으로 끌어내어 던졌다.'
※밖 : 예루살렘 밖 골고다 언덕. 사형을 집행하는 장소로 예수님이 십자가에서 죽는 곳이다.
9 이제 포도원 주인이 어떻게 하겠느냐? 그는 농부들을 죽이고, 포도원을 다른 사람들에게 빌려줄 것이다.
농부는 우릴 빗댄 건가?
설마?

10 '너희는 성경에서 '건축가들이 버린 돌이 모퉁이의 머릿돌이 되었다. 이것은 하나님께서 하신 일이라 우리에겐 놀라운 일이다.'라고 한 것을 읽지 못했느냐?'
우리가 죽인 그 아들이잖아!
어… 어떻게?!
두둥
12 그들은 그 비유가 자기들을 가리키는 줄 알고, 예수를 잡으려 했는데
감히 우릴 농락하다니!
여기서 잡았다간 백성들이 그냥 있지 않을 거야.
백성들은 이자를 예언자로 알고 있다고.
그냥 가자.
쿵!

※성경: Link 시편 118:22
※건축가들: 대제사장과 장로들을 비롯한 예수님을 믿지 않는 유대인들. ※돌: 예수 그리스도.

▶ Link 1권 111p tip '버린 돌과 머릿돌'을 보라.

납세 논쟁 마태22:15, 누가20:20

13 그들이 말로 트집을 잡으려고 바리새인들과 헤롯 당원을 예수께로 보냈어.
선생님은 진실하시고, 사람의 겉모습만 보지 않으시고, 누구에게 매이지도 않으시니 오직 진리로 하나님의 길을 가르치십니다.
그러니 황제에게 세금을 바치는 것이 옳습니까, 옳지 않습니까?
15 예수께서는 그들의 속임수를 아시고 말씀하셨지.
어째서 나를 시험하느냐? 데나리온 하나를 내게 보여라.
설마 떼어 먹지는 않겠지?

※그들: 유대 종교지도자들, 즉 대제사장들과 율법교사들, 그리고 장로들.
※헤롯 당원: 헤롯 왕가를 추종하는 세력으로 로마에 충성하는 사람들.

16 그들이 데나리온 하나를 가져오자
이 초상과 글자는 누구 것이냐?
황제의 것입니다.
17 그러면 황제의 것은 황제에게, 하나님의 것은 하나님께 드려라.
헉!
켁!
그들은 그 말씀을 듣고 예수께 탄복했어.
이렇게 절묘할 수가!
은화는 황제의 형상이니 황제에게.
사람은 하나님의 형상이니 하나님에게?

※데나리온(Denarius): 로마의 은전, 로마의 2대 황제 티베리우스의 얼굴과 이름이 새겨져 있다.

▶ Link 1권 113p tip '하나님의 것은 하나님께'를 보라.

※황제: 당시 로마의 황제를 '가이사(Caesar)'라고 불렀다. Link 1권 25p

부활 논쟁 마태22:23, 누가20:27

18 부활이 없다고 주장하는 사두개인들이 예수께 물었지.
선생님, 모세는 율법에 '형이 자식이 없이 아내를 두고 죽으면, 동생이 형수를 맞이해서 자식을 낳아 대를 이어야 한다.'라고 했습니다.
그런데?
20 일곱 형제 중에 첫째가 아내를 얻었지만 자식 없이 죽고, 둘째가 형수를 맞이했으나 그도 자식 없이 죽고, 셋째도 그랬습니다.
형이 죽었으니 이제 내가 책임지겠소.

※사두개(Sadducees): 현재의 삶에만 관심을 두고 부활과 영적 세계를 믿지 않았다.
※모세의 율법: 계대 결혼이라고 한다. Link 신명기 25:5,6

22
일곱 형제가 모두 그 형수를 맞이했지만 결국 자식을 남기지 못했고, 마지막엔 그 형수도 죽었습니다.
일곱 형제가 모두 나랑 같이 살다가 먼저 갔구나.
23
그러면 부활 때 그 여자는 누구의 아내가 됩니까? 일곱이 모두 그 여자를 맞이했으니 말입니다.
부활은 했는데 어디로 가지?
24
너희는 성경도 모르고, 하나님의 능력도 모르니 잘못 알고 있다. 부활 때 사람들은 장가도 시집도 가지 않고 하늘의 천사들과 같다.
부활이 정말 있단 말이오?
발끈

26 '죽은 자의 부활에 대해서는 모세의 책 '떨기나무'를 보면 된다. 그때 하나님께서 어떻게 말씀하셨는지 읽어보지 못했느냐?'
나는 아브라함의 하나님, 이삭의 하나님, 야곱의 하나님이다.
모세
27 '이처럼 하나님은 죽은 자의 하나님이 아니라, 살아 있는 자의 하나님이시다. 그러므로 너희는 크게 잘못 알고 있다.'
크흑, 죽은 놈들은 꺼지래.
죽은 것도 서럽구만.
하나님 말씀을 따라서 영원한 생명을 얻을걸.

※떨기나무: Link 출애굽기 3:4

▶ Link 1권 114p tip '살아 있는 사람의 하나님'을 보라.

계명 논쟁 마태22:34, 누가10:25

28 율법교사 중 한 사람이 예수께서 대답을 잘 하시는 것을 보고 물었어.
모든 계명 중에 가장 중요한 것이 무엇입니까?
첫째는 우리 하나님은 오직 한 분 여호와시다. 네 마음을 다하고, 네 목숨을 다하고, 네 뜻을 다하고, 네 힘을 다하여 너의 하나님 여호와를 사랑하라.
콧대를 꺾어버려!
초전박살!
31
둘째는 그와 같이 '네 이웃을 네 몸과 같이 사랑하라'다. 이보다 더 중요한 계명은 없다.
선생님, 하나님은 한 분이시니 그 밖에 다른 이는 없다는 말씀이 옳습니다.
켁!

※첫째: Link 신명기 6:5

※둘째: Link 레위기 19:18

33
또 마음을 다하고, 지혜를 다하고, 힘을 다하여, 하나님을 사랑하는 것과 이웃을 자신처럼 사랑하는 것이 모든 번제물과 희생제물을 바치는 것보다 더 낫습니다.
미쳤냐?!
무슨 말을 하는 거냐?!
34 예수께서는 그가 지혜롭게 대답하는 것을 보시고,
너는 하늘나라에서 멀리 있지 않다.
그 후로 감히 예수께 더 묻는 사람이 없었어.
이 배신자야!
그렇게 순순히 인정하면 어떡해?
맞는 말씀이잖아.

다윗의 자손 논쟁 마태22:41, 누가20:41

35

예수께서 성전에서 가르치실 때,
어째서 율법교사들은 그리스도가 다윗의 자손이라고 하느냐?
성경에 그렇게 쓰여 있으니까.
그것도 몰라?

36

다윗이 성령의 감동을 받아 직접 '주께서 내 주께 말씀하셨다.'라고 했다. 다윗이 그리스도를 주라고 했는데 어째서 그리스도가 다윗의 자손이 되느냐?
어라? 어떻게 된 거지?
힌트는?

많은 사람이 예수의 말씀을 기쁘게 들었어.
맨날 아는 척하더니.
킥킥, 샘통이다.
근데 정답은 뭐지?

※주 : 하나님. ※주 : 예수 그리스도.

▶ Link 1권 115p tip '주께서 내 주께 말씀하셨다'를 보라.

율법교사들을 조심하라 마태23:1, 누가11:43, 20:45

38

율법교사들을 조심해라. 그들은 예복을 입고, 장터에서 인사받기와 회당의 높은 자리와 잔치의 윗자리를 좋아한다.

40

'그들은 과부들의 재산을 빼앗고,'
이건 이자야.

'남에게 보이려고 길게 기도하니 더 엄한 심판을 받을 것이다.'
오늘 기도는 12시간만 하겠소.
짱이야.
와, 대단한데?

※회당(Synagogue) : 유대인 생활의 중심이 되는 종교, 집회, 교육 장소. Link 1권 17p

가난한 과부의 헌금 누가21:1

41

예수께서 헌금함 맞은편에 앉아 사람들이 돈을 넣는 것을 보셨는데 여러 부자가 많은 돈을 넣었어.

42

그런데 가난한 과부 한 사람이 렙돈 2개, 즉 1고드란트를 넣었지.

43

예수께서 제자들을 부르셨어.
저 가난한 과부가 누구보다 더 많은 헌금을 했다.
겨우 렙돈 2개인데요?

※렙돈(Lepton), 고드란트(Kodrantes) : 그리스와 로마의 화폐 단위, 1렙돈은 노동자 하루 품삯에 해당하는 1데나리온의 128분의 1이다.

44

모두가 넉넉한 가운데 얼마를 넣었지만, 저 과부는 가난한 가운데 모든 재산을 넣었기 때문이다.
난 한 푼도 없는데.
돈이 아니라 마음가짐이 중요하다는 거야.

tip 율법교사들과 가난한 과부

마가는 '율법교사들을 조심하라'는 예수님의 말씀 뒤에 가난한 과부의 이야기를 배치함으로써 율법교사들과 가난한 과부를 비교해서 보여주고 있다. 이는 하나님께서 기뻐하시는 사람은, 겉으로는 하나님을 섬기지만 마음으로는 하나님을 떠나 있는 종교 지도자들이 아니라 겉으로는 가난하고 보잘것없지만 마음은 하나님을 향해 있는 과부라는 것을 강조하고 있다.

13장 성전 파괴 예언 마태24:1, 누가21:5

1

예수께서 성전에서 나가실 때,
선생님, 보세요. 얼마나 거대한 돌이며, 얼마나 엄청난 건물들입니까!
굉장하지 않아요?

※성전 : 헤롯 성전. 예수 그리스도를 통한 마지막 구원까지 거부한 결과 A.D.64년에 완공했지만 A.D.70년 로마에 의해 파괴된다. Link 1권 27p

2
저 큰 건물들을 보느냐?
저 돌 하나도 제자리에 남지 않고 다 무너질 것이다.
네?!
무슨 일이 생기려고?

마지막 날의 징조 마태24:3, 누가12:11, 21:7

3 예수께서 감람 산에 올라 성전을 보고 앉아 계실 때, 베드로, 야고보, 요한, 안드레가 따로 물었어.
그런 일이 언제 일어납니까?
그 모든 일이 일어나기 전에 어떤 징조가 있습니까?
누구에게도 속지 않도록 조심해라. 많은 사람이 내 이름으로 그리스도라며 사람들을 속일 것이다.

※감람 산(Mount of Olives) : 예루살렘 동쪽 맞은 편에 위치, 메시아가 오시기로 약속된 장소. Link 스가랴 14:4

※제자들은 예루살렘 멸망이 곧 세상 끝날과 주님께서 다시 오실 때라고 이해하고 있지만 예수님은 구분하지 않고 말씀하신다.

7 '전쟁이 나고, 전쟁의 소문도 듣겠지만 두려워하지 마라. 그런 일은 일어나야겠지만 그것이 종말은 아니다. 민족과 나라가 서로 치려고 일어나고, 곳곳에서 지진과 기근과 재난이 있겠지만 그것은 고통의 시작일 뿐이다.'

9 '스스로 조심해라. 너희는 법정에 넘겨지고, 회당에서 매를 맞을 것이며, 나 때문에 권력자들과 왕들 앞에서 나를 증언할 것이다.'
말해라! '예수'가 누구냐?

10 '복음이 먼저 모든 민족에게 전해져야 한다.'
난 틀렸어. 이 복음을 꼭….
GOSPEL

11 '사람들이 너희를 끌고 가서 넘겨줄 때 무슨 말을 할지 미리 걱정하거나 궁리하지 마라.'
미리 입을 맞춰야 하지 않아?
너, 주님이 말씀하실 때 졸았지?

'무엇이든 그때에 주시는 대로 말해라. 말하는 이는 너희가 아니라 성령이기 때문이다.'
거참, 천하태평이군.

12 '형제가 형제를, 아버지가 자식을 죽음에 넘기고, 자식이 부모를 쳐서 죽일 것이다. 너희는 내 이름 때문에 모든 사람에게 미움을 받겠지만 끝까지 견디는 사람은 구원을 받을 것이다.'
예수를 버리면 살려준다.
버텨! 질긴 놈이 이기는 거다!

큰 환난 마태24:15, 누가17:22, 21:20

14 '다니엘의 예언대로 멸망의 흉한 우상이 서지 못할 곳에 선 것을 보거든,'

※예언 : Link 다니엘 8:11, 9:27, 11:31, 12:11

'유대에 있는 사람들은 산으로 도망쳐라. 지붕 위에 있는 사람은 무엇을 꺼내려 집에 내려가지도 말고, 들어가지도 마라. 밭에 있는 사람은 겉옷을 가지러 집에 돌아가지도 마라.'

※지붕 위: 유대 가옥의 지붕은 평평해서 생활공간의 일부로 사용되었다.

17

'그날은 임신한 여자들과 젖먹이가 딸린 여자들은 불행하다. 도망가는 일이 겨울에 생기지 않도록 기도해라.'
겨울비로 진흙탕이야.
안식일이라 멀리 갈 수도 없어.

19

'그날과 같은 환난은 하나님께서 세상을 창조하신 때부터 지금까지 없던 것이며, 앞으로도 없을 것이다.'

20

'크고 높으신 주께서 고난을 줄여주지 않으시면 아무도 무사하지 못할 것이다. 그러나 하나님께서는 스스로 선택하신 사람들을 위해 고난을 줄여주실 것이다.'

21

'그때, 누가 '보라, 그리스도가 여기 계신다', '보라, 저기 계신다' 해도 믿지 마라.'
그리스도가 여기 계신다!
뻥쟁이.
어디서 약을 팔아.
멍청이.

▶ Link 1권 120p tip '속지 않도록 조심해라'를 보라.

22

'거짓 그리스도인들과 거짓 예언자들이 기적을 일으켜 선택받은 사람들까지 속일 것이다. 그러므로 너희는 조심해라.'
정말이야. 내가 봤다니까!
내가 이 모든 일을 너희에게 미리 말했다.
저리 꺼져.
패버린다?

▶ Link 1권 121p tip '예루살렘의 멸망'을 보라.

재림의 징조 마태24:29, 누가21:25

24

'그 환난이 지난 어느 날, 해는 어두워지고, 달은 빛을 잃고, 별들은 떨어지고, 하늘은 흔들릴 것이다.'
요 며칠 하늘이 이상해.
그분이 오시려나?

26

'그때 사람들은 인자가 큰 권능과 영광에 싸여 구름을 타고 오는 것을 볼 것이다.'
헉, 저기?!
주님이 오신다!

※영광에 싸여: Link 다니엘 7:13,14

27

'그리고 인자는 천사들을 보내
땅 끝에서 하늘 끝까지 사방에서
그가 선택한 사람들을 모을 것이다.'

※사방 : 하나님의 구원은 유대인뿐만 아니라 온 세상 민족을 대상으로 한다는 의미.

재림의 시기 마태24 : 32, 누가21 : 29

28

'무화과나무에서 교훈을 얻어라.
가지가 연해지고 잎이 돋으면
여름이 가까워진 걸 안다.'

29

'이처럼 그런 일이 일어나는 것을 보거든
그때가 문 앞에 가까이 온 줄을 알아라.'
짐 싸라. 다 오셨다.
어떻게 알아요?
말씀하신 징조가 다 나타났잖아.

30

이 세대가 끝나기 전에 그 모든 일이 일어날 것이다. 하늘과 땅은 없어져도 내 말은 결코 없어지지 않을 것이다.
아자!
그때까지만 잘 버티면 돼.
그때가 언제지?

※이 세대 : 일차적으로는 당시의 사람들, 궁극적으로는 모든 세대의 사람들.

32

그날과 그때는 아무도 모른다. 하늘의 천사들도 모르고, 아들도 모르고, 아버지만 아신다.
전화라도 해보시든가.
까톡을 해보시든가.

※그날, 그때 : 예수님이 세상에 다시 오시는(재림) 종말의 날, 심판의 날.

깨어있어라 마태24 : 37, 누가12 : 38, 21 : 34

33

'조심하고, 깨어서 기도해라.
그때가 언제인지 너희는 모르기 때문이다.'

34

'그것은 집주인이 멀리 떠나면서 종들에게
권한을 주고 일을 맡기면서 문지기에게
명령한 것과 같다.'
깨어 있어라.
넵!

35

'그러니 깨어있어라. 집주인이 언제
돌아올지, 해 질 녘인지, 한밤중인지,
새벽인지 너희가 알지 못하기 때문이다.'

36

'집주인이 갑자기 와서 너희가 자는 것을
보지 않도록 해라.'
스으읔

37

내가 너희에게 하는 말은 모든 사람에게 하는 말이다.
깨어있어라!

tip 깨어있어라

구원과 심판에서 중요한 것은 하는 일이나 환경이 아니라 일상 속에서 예수님의 재림을 준비하며 깨어있었느냐, 아니냐는 것이다. 예수께서는 재림의 징조만 알 뿐 정확한 시기는 언제인지 알 수 없기 때문에 어둠 속에서도 영적으로 늘 깨어있어야 한다는 것을 강조하신다. 그리고 그것은 지위고하, 남녀노소를 막론하고 예수님을 따르는 모든 제자들이 지켜야 한다는 것이다.

3. 예수 그리스도의 죽음과 부활

마가복음

14장 유대 지도자들의 음모 수요일 마태26:3, 누가22:1, 요한11:45

1 유월절과 무교절 이틀 전. 대제사장들과 율법교사들은 어떤 흉계로 예수를 죽일지 궁리하고 있었어.
백성들이 폭동을 일으킬지 모르니 명절에는 하지 맙시다.
각지에서 200만 명이나 모이는데 잘못하면 큰일 나요.
백성들은 예수를 로마에서 해방시켜 줄 메시아로 믿고 있다고.

※유월절 : 출애굽 전, 이집트에 내린 마지막 재앙에서 이스라엘 백성을 보호하신 하나님의 은혜를 기념하는 절기.
※무교절 : 출애굽을 기념하는 절기로 유월절이 끝나는 저녁부터 7일간이지만 당시엔 유월절과 함께 8일간 지낸 듯하다.

베다니 여인의 헌신 마태26:6, 요한12:1

3 예수께서 베다니에서 나병환자 시몬의 집에 계실 때,

※베다니(Bethany) : 예루살렘에서 동쪽 여리고로 가는 길목 약 3km에 위치.

한 여인이 매우 값지고 순수한 나드 향유 한 병을 가져와 깨뜨린 다음, 식사하시는 예수의 머리에 부었지.
!!

4 몇몇 사람이 화를 내며 서로 말했어.
왜 저렇게 허비하지? 향유를 300데나리온 이상에 팔아 가난한 사람들에게 줄 수도 있는데!
그러게 아깝게.

※여인 : 요한은 나사로의 누이 마리아라고 했다. Link 요한복음 12:3
※향유 : 인도의 나드 식물뿌리에서 뽑은 기름, 죽은 사람의 몸에 바르는 향료로도 사용됐다.

※데나리온(Denarius) : 로마의 은전, 1데나리온은 당시 노동자의 하루 품삯이다.

6
가만 두어라. 내게 좋은 일을 했는데 왜 괴롭히느냐? 가난한 자들은 항상 너희와 함께 있으니 언제든 원하는 대로 도울 수 있지만 나는 항상 함께 있는 것이 아니다.

8
이 여인은 자신의 모든 걸 다해 내 몸에 향유를 부어 내 장례를 미리 준비한 것이다. 온 세상 복음이 전하는 곳마다 이 여인이 한 일도 전해 기억하게 하라.
장례?
무슨 말씀이지?

▶ Link 1권 129p tip '여인이 한 일'을 보라.

가룟 유다의 배신 마태26:14, 누가22:3

10 12제자 중에 하나인 가룟 유다가 예수를 넘기려고 대제사장들을 찾아갔어.
11 그들은 유다의 말을 듣고 기뻐하며 은화를 주기로 약속했지.
예수를 넘겨주면 무엇을 줄 겁니까?
은화 30개, 어때?
그래서 유다는 예수를 어떻게 넘길지 기회를 노렸어.

※대제사장들 : 제사장들을 24반열로 나눠 일주일씩 성전 봉사를 했는데 각 반열의 수장들을 가리킨다. 해마다 24명의 대제사장이 존재했다.

▶ Link 1권 129p tip '가룟 유다'를 보라.

유월절과 최후의 만찬 목요일 마태26:17, 누가22:7, 요한13:1

12 무교절 첫날, 곧 유월절 양을 잡는 날.
유월절에 드실 음식을 어디에 차릴까요?
양을 잡았으니 먹을 곳을 찾아야 하는데.
13 '성안으로 가면 물동이를 가지고 가는 사람을 만날 테니 그를 따라가라. 그가 들어가는 집의 주인에게 '선생님께서 제자들과 함께 유월절 음식을 먹을 방이 어디냐?'라고 해라.'
저 사람을 따라가자.

※양 : 당시 유대인들은 양을 잡아서 예루살렘 내 적당한 곳에 모여서 먹었다.

15 '그러면 잘 갖추어진 준비된 큰 다락방을 보여줄 테니 그곳에 유월절 음식을 준비해라.'
16 제자들이 성안으로 가보니 예수께서 말씀하신 그대로 되었지.
미행 중. 요한은 똥 누러 갔음.
그리하여, 제자들은 유월절을 준비했어.

17 저녁때, 예수께서는 12제자와 함께 그곳으로 가셨지.
18 그들이 모두 자리를 잡았을 때,
나와 함께 먹는 사람, 곧 너희 중 하나가 나를 팔 것이다.
네?

19
주님, 저는 아니죠?
저도 아닐 겁니다.
그가 누구입니까?
20
그는 열둘 중에 하나로, 나와 함께 그릇에 손을 넣는 사람이다.
21
'인자는 성경 기록대로 떠나가지만 인자를 파는 그에겐 화가 있을 것이다. 그는 차라리 태어나지 않았더라면 좋았을 것이다.'

※기록 : Link 이사야 53장

22
제자들이 먹고 있을 때 예수께서 빵을 들어 축복하시고 떼어주셨어.
받아먹어라. 이것은 내 몸이다.
23
또 예수께서 포도주 잔을 들어 감사 기도하시고, 제자들이 다 받아 마셨지.
이것은 많은 사람을 위해 흘리는 나의 피, 언약의 피다.

※잔 : 유대인은 유월절 만찬 때 Link 출애굽기 6:6,7 을 기억하며 4잔의 포도주를 마셨다.

25
'난 하나님의 나라에서 새 것으로 마실 때까지 포도나무에서 난 것을 다시 마시지 않을 것이다.'
26
그리고 그들은 찬송을 부르며 감람 산으로 갔어.
하늘과 땅을 지으신 ♪
여호와로부터 복을 받았네~♪
♫

※새 것 : 예수님의 재림을 통해서 완성될 새로운 하늘나라.
※마실 때 : 구원의 잔치.

※찬송 : 유대인들은 유월절 만찬 전에 Link 시편 113~114편 을, 만찬 후에 Link 시편 115~118편 을 불렀다.

▶ Link 1권 131p tip '성만찬'을 보라.

베드로의 부인을 예고하시다 마태26:31, 누가22:31, 요한13:36

27
성경에서 '내가 목자를 치니, 양 떼가 흩어질 것이다'라고 한 것처럼 오늘 밤 너희는 모두 날 버릴 것이다.
네?!
28
그러나 내가 살아난 뒤에는 너희보다 먼저 갈릴리로 갈 것이다.
비록 모두가 버리더라도 저는 버리지 않겠습니다.
30
오늘 밤, 닭이 두 번 울기 전에 넌 세 번 날 모른다고 할 것이다.

※성경 : Link 스가랴 13:7
※내 : 하나님. ※목자 : 예수 그리스도. ※양 떼 : 백성들.

※세 번 : 유대인에게 3은 하늘의 숫자로 철저히 부인할 것을 의미한다.

겟세마네의 기도 마태26:36, 누가22:39, 요한18:1

예수님이 잡히시다 금요일 마태26:47, 누가22:47, 요한18:3

31
주님과 함께 죽는 한이 있더라도 주님을 모른다고 하지 않겠습니다.
결코 그런 일은 없을 겁니다.
맞아요.
32 예수께서 제자들과 함께 겟세마네에 이르러,
내가 기도할 동안 너희는 여기 앉아있어라.
33 베드로, 야고보, 요한을 데리고 가시면서 매우 고심하며 괴로워하셨지.
내 마음이 큰 슬픔으로 죽을 지경이니 너희는 여기서 깨어있어라.
넵!
35 예수께서 조금 나아가 땅에 엎드려, 가능하다면 이 시간이 비껴가게 해달라고 기도하셨어.
아버지께서는 모든 것이 가능하시니 제게서 이 고난의 잔을 거두어 주십시오.
그러나 제 뜻대로 하지 마시고, 아버지의 뜻대로 하십시오.
37 그런 다음, 돌아와서 보니 제자들은 자고 있었지.
시몬아, 자냐? 네가 한 시간도 깨어있을 수 없더냐? 시험에 들지 않도록 깨어서 기도해라. 마음은 간절하지만 몸이 약하구나!
죄송….
39 예수께서 다시 가서 같은 말씀으로 기도하시고,
나의 아버지, 이 고난의 잔을 거둘 수 없다면 아버지의 뜻대로 하시길 바랍니다.
40 돌아와서 보니 제자들은 너무 피곤해서 또 자고 있었어.
아예 자리를 깔아줄까?
죄…송.
41 예수께서 세 번째 와서 말씀하셨어.
아직 자고 있느냐? 그 정도면 충분하다.
아, 주님….
보라, 때가 되었다. 인자가 죄인들의 손에 넘겨진다. 일어나서 가자! 나를 팔아 넘길 자가 가까이 왔다!
43 예수의 말씀이 끝나기도 전에 유다가 대제사장들, 율법교사들, 장로들이 보낸 사람들과 함께 왔어.

※겟세마네(Gethsemane): 예루살렘 맞은 편에 위치한 감람 산 기슭의 동산.

▶ Link 1권 132p tip '아버지의 뜻대로'를 보라.

※대제사장들: 제사장들은 24반열로 나눠 일주일씩 성전 봉사를 했는데 각 반열에 24명의 대제사장이 있었다.

44 그런데 예수를 파는 자는 이미 신호를 정해두었지.
내가 입을 맞추는 사람이 바로 그 사람이니 잡아 단단히 끌고 가시오.
45
선생님!
친구여, 무엇하러 왔느냐?
46 그때 사람들이 예수를 붙잡았는데,
엇!
아니?

47 곁에 있던 한 사람이 칼을 빼어 대제사장의 종을 쳐서 귀를 잘랐어.
억!
뭐야?
저놈이?!
48
너희는 내가 날마다 성전에 앉아서 가르칠 때는 손도 대지 못하다가 이제 강도를 잡듯이 칼과 몽둥이를 들고 왔느냐? 그러나 이렇게 된 것은 성경의 말씀을 이루려는 것이다.
우리가 원래 저질이라….
끌고 가라!
방해하는 놈들은 죽여!

※한 사람: 요한은 '베드로'라고 했다. Link 요한복음 18:10

※말씀: 고난받는 메시아에 대한 예언들. Link 이사야 53장 Link 스가랴 12:10

50 그러자 제자들은 모두 예수를 버리고 달아났지.
작전상 후퇴다!
후다닥
51 그런데 한 청년이 속옷만 입고, 홑이불을 두른 채 따라가다가 사람들이 잡으려고 하니,
넌 뭐냐?
꽉
52 홑이불을 버리고 속옷 차림으로 달아나 버렸어.
네가 도마뱀이냐?
후다닥

※청년: 대부분의 학자들은 마가복음의 저자인 마가로 보고 있다.

불법 재판: 가야바의 심문 마태26:57, 누가22:54, 요한18:12,19

53 그들은 예수를 대제사장에게 끌고 갔고, 그곳에는 대제사장들, 장로들, 율법교사들이 모여있었지.
집에서 재판하는 건 불법 아닌가?
시끄럽소.

54 베드로는 멀리 떨어져 대제사장의 집까지 뒤따라가서,
마당으로 들어가 하인들 틈에 앉아 불을 쬐고있었어.

※대제사장: 당시 현직 대제사장은 안나스 가문(6~36년)의 사위 가야바(18~36년)였다.

※집: 산헤드린 공식 재판이 아니라 비공식 불법 재판이다.

55 대제사장들과 공회가 예수를 죽이려고 고소할 증거를 찾았지만 찾지 못했고,
그깟 조작질도 제대로 못하냐?
빨리 찾아봐!

56 예수에게 불리한 거짓 증언하는 사람은 많았지만 서로 맞지 않았지.
황제는 동전이라고 말했죠.
멍청아, 동전이 황제라고 했지.
어이없네. 세금은 동전으로 내라고 했잖아.

※공회(Sanhedrin) : 유대인의 최고 의결 기구인 산헤드린 공회. Link 1권 29p

57 어떤 사람은 예수에게 불리한 거짓 증언을 말했는데,
이 사람이 '사람의 손으로 지은 성전을 허물고, 손으로 짓지 않은 다른 성전을 3일 만에 세우겠다'라고 했습니다.
저도 들었습니다.
오, 드디어!

59 그 증언도 서로 맞지 않았어.
아, 3일이 아니라 30일인가?
3년이라고 한 것 같기도?
끙!

하지만 예수께서는 아무 말씀도 하지 않으셨지.
저들이 네게 불리한 증언을 하는데 할 말이 없느냐?
….

※3일 : Link 요한복음 2:19 의 말씀으로 예수께서 3일 만에 부활하는 것을 뜻한다.

※예수님의 침묵은 성경의 말씀을 이루시려는 것이다. Link 이사야 53:7

61
네가 찬양 받으실 분의 아들 그리스도냐?
내가 바로 그다. 너희는 인자가 전능하신 분의 오른쪽에 앉아 하늘 구름을 타고 오는 것을 볼 것이다.
뭐?!
저… 저런!!

63 그러자 대제사장은 옷을 찢으며 말했어.
우리에게 무슨 증인이 더 필요하겠소? 여러분은 하나님을 모독하는 말을 들었소. 어떻게 생각하시오?
사형, 사형!
사형에 처합시다!
찌 익

▶ Link 1권 135p tip '예수님의 답변'을 보라.

※사형 : 성경에서는 하나님의 이름을 모독한 자는 돌로 쳐 죽이라고 기록했다. Link 레위기 24:16

65 사람들 중 몇몇은 예수께 침을 뱉고, 얼굴을 가리고 주먹으로 치고, 하인들은 뺨을 때리기도 했지.
건방진 놈, 네가 하나님과 동급이란 말이냐!
맞춰봐라!
누가 너를 때렸냐?
퉷
짝
퍽

베드로가 3번 부인하다 마태26:69, 누가22:54, 요한18:15,25

66 베드로가 관저 아래쪽에 있는데 대제사장의 여종 하나가 다가왔어.
??

※아래쪽 : 관저의 바깥마당.

67 그녀는 베드로가 불을 쬐고있는 것을 유심히 보고,
당신도 나사렛 예수와 함께 있던 사람이네요.
!!
68 베드로는 부인했어.
무슨 말을 하는지 알지도 못하고, 깨닫지도 못하겠소.
그리고 베드로가 안마당으로 들어갈 때 곧 닭이 울었지.
꼬끼오오오오
69 그 여종이 다시 베드로를 보고 곁에 있던 사람들에게 말했어.
이 사람은 그들과 한패입니다.
!!
70 베드로는 다시 부인했지.
나는 그 사람을 알지 못하오.
잠시 후, 곁에 있던 사람들도 다시 베드로에게 말했어.
당신이 갈릴리 사람이니까 틀림없이 그와 한패네.
말투를 보니 분명하구만.
!!
71 베드로는 저주까지 하며 맹세했지.
나는 당신들이 말하는 그를 알지 못하오!
내 말이 거짓말이면 천벌을 받을 거요.
72 그러자 곧 닭이 두 번째 울었어.
꼬끼오오오오
!!
닭이 두 번 울기 전에 넌 세 번 날 모른다고 할 것이다!
그제야 베드로는 예수께서 하신 말씀을 기억하고 통곡했지.
크흐흐흐흑!
엉엉엉엉

※나사렛 : 갈릴리 지방의 예수님이 자라신 곳. 예수님의 출신을 비하하는 표현이다.

※말투 : 베드로는 예수님과 같은 갈릴리 출신이고, 갈릴리의 말투는 예루살렘 말투와 달랐다.

15장 총독 빌라도의 재판 마태27 : 1, 11, 누가23 : 1, 요한18 : 28

1 새벽에 대제사장들, 장로들, 율법교사들이 공회를 열었어.
예수의 사형은 확실하니 법정에서 합법적으로 만듭시다.
로마와 백성들 눈치도 보이니까 그럴싸하게.
그런 후, 예수를 묶어 총독 빌라도에게 넘겼지.
우린 이방인의 집에 들어가면 저녁까지 부정해지니 여기서 데려가시오.

※새벽 : 예수님이 십자가에 달릴 금요일 새벽.
※공회(Sanhedrin) : 유대인의 최고 의결기구인 산헤드린 공회. Link 1권 29p

※빌라도 : 본명은 '본디오 빌라도'(Pontius Pilate) 제5대 유대 총독(A.D. 26~36년)이다.
▶ Link 1권 136p tip '불법 재판'을 보라.

2
네가 유대인의 왕이냐?
네 말이 맞다.
3 예수께서는 대제사장들의 여러 가지 고발에 아무 대답도 하지 않으셨어.
왜 아무 말도 없느냐? 저들이 얼마나 많은 이유로 고발하는지 보라.
….
5 빌라도는 예수께서 더 이상 아무 대답도 하지 않으시자 이상하게 여겼지.
죄가 없는 것 같은데 왜 변호를 안 하지?

※유대인의 왕 : 로마 황제의 통치에 반역한다는 죄목으로 고발됐음을 보여준다.

※예수님의 침묵은 성경의 말씀을 이루시려는 것이다. Link 이사야 53:7

6 명절이 되면 총독은 사람들이 요구하는 죄수 하나를 풀어주었는데,
골치 아프다. 그냥 풀어주자.
7 폭동을 꾸미고, 폭동 때 잡힌 살인자 중에 바라바라는 사람이 있었어.
뭘 봐? 엉?
8 사람들은 소리를 지르며 명절의 관례대로 해달라고 빌라도에게 요구했지.
내가 그 유대인의 왕을 풀어주길 바라오?
바라바요!
바라바!

※바라바(Barabbas) : '아버지의 아들'이란 뜻. 로마에 대항해서 반역을 일으켰다. Link 누가복음 23:19

10 빌라도는 대제사장들이 예수를 시기해서 넘겨준 사실을 알았어.
비열한 놈들, 자기들 기득권에 위협이 되니 모함하는구나.
11 대제사장들은 사람들을 선동했는데,
보라, 저런 자가 어떻게 메시아가 될 수 있나?
저자는 거짓말쟁이요. 하나님을 모독하는 자요!
바라바를 풀어달라고 해야 돼!
우리가 그동안 속았다!
저자는 사기꾼이다!

▶ Link 1권 139p tip '로마 총독'을 보라. ※사람들 : 예수님께 환호했던 사람들을 포함한 모든 유대인.

12
그러면 유대인의 왕이라는 사람은 어떻게 하길 바라오?
죄인 대신 죄 없는 자를 죽이라고?
십자가에 못 박아요!
14
도대체 저 사람이 무슨 나쁜 일을 했소?
십자가에 못 박아요.
아, 몰라몰라 일단 못 박아!
빌라도는 사람들을 만족시켜야만 했지.
바라바는 풀어주고, 예수는 채찍질한 뒤 십자가에 못 박아라.
폭동이라도 나면 골치 아파.

마가복음

예수님을 희롱하다 마태27:27, 누가23:11, 요한19:1

16 병사들이 예수를 총독 관저로 끌고 가 모든 부대를 모이게 했어.

이자가 유대
왕이라는 자야?
크크, 대국민
사기꾼이지.

※관저(Praetorium) : 총독이나 고위공직자의 관사나 집무실을 가리키는 말이다.

17 그들은 예수께 주홍색 옷을 입히고, 가시관을 엮어 머리에 씌웠지.

이러니까
정말 왕
같은데?
모두
절을 해라!

※주홍색 : 왕을 상징하는 색. ※가시관 : 왕관을 상징.

그리고 갈대로 머리를 치고, 침을 뱉고, 무릎을 꿇고 절을 했어.

유대인의
왕 만세!
딱
왕이라면
네 군대는
어디 있냐?
하하하
퉷

20 그렇게 희롱한 후 주홍색 옷을 벗기고 다시 예수의 옷을 입혀 십자가에 못 박으려고 끌고갔지.

이 사기꾼아!
그 꼴로 어떻게 우릴
구원할 거냐?!
하나님을
모욕한 자를
죽여라!
와아아아아아

십자가의 고난 마태27:32, 누가23:26, 요한19:17

21 병사들은 시골에서 와서 그곳을 지나던 알렉산더와 루포의 아버지, 구레네 사람 시몬을 붙잡아 강제로 예수의 십자가를 지게 했어.

유대 왕께서 너무
매질을 당해 기운이 없다.
네가 이걸 매라.
왜 이래요?
난 순례객일
뿐이오.

※구레네(Cyrene) : 북아프리카 리비아의 해안 도시. 디아스포라 유대인들이 많이 살았다.
※매질 : 채찍질을 말하며, 심한 경우엔 맞다가 죽기도 했다.

22 그들은 골고다, 즉 '해골의 땅'이라는 곳에 도착했지.

※골고다(Golgotha) : 예루살렘 밖 북서쪽의 작은 언덕으로 사형 집행 장소로 사용되었다.

23 병사들은 몰약을 탄 포도주를 예수께 드렸으나 예수께서는 받지 않으셨어.

24 병사들은 예수를 십자가에 못 박고, 옷을 나눴는데 제비를 뽑아 누가 무엇을 차지할지 정했지.

25 예수를 십자가에 못 박은 때는 아침 9시였고,

※몰약 : 방향제로도 사용되며, 고통을 감소시키는 마취제로 사용되기도 한다.
※포도주 : 마태는 고통을 주려는 독주로, 마가는 고통을 줄이는 마취제로 이해했다. Link 시편 69:21

26 그의 죄목에는 '유대인의 왕'이라 적혀 있었어.
27 병사들은 강도 2명도 예수의 오른쪽과 왼쪽의 십자가에 각각 못 박았지.
29 지나가는 사람들은 머리를 흔들며 예수를 모욕했고, 대제사장들과 율법교사들도 함께 조롱했어.
성전을 헐고, 3일 만에 세운다던 자여, 십자가에서 내려와 널 구원해라!
남은 구원했지만 자기는 구원할 수 없구나!
이스라엘의 왕 그리스도야! 지금 십자가에서 내려오라. 그래서 우리를 믿게 해봐라!
흥, 네가 그리스도라면 너와 우리를 구원해라.
33 낮 12시부터 온 땅에 어둠이 덮이더니 오후 3시까지 계속되었어.
갑자기 하늘이…?
34 오후 3시에 예수께서 크게 외치셨지.
나의 하나님, 나의 하나님, 어찌하여 저를 버리셨습니까?
엘리, 엘리, 라마 사박다니 (Eloi, Eloi, lama sabachthani?)
35 그곳에 서 있던 사람들 중에 몇몇이 이 말씀을 듣고,
저 사람이 엘리야를 부른다.
36 그중에 한 사람이 신 포도주를 헝겊에 적셔 갈대에 꿰어서 예수의 입에 대어 줬어.
목이라도 축이시오.
그냥 둬. 엘리야가 와서 내려주나 보자.
37 그런 후, 예수께서는 크게 외치시고,
아버지, 제 영혼을 아버지 손에 맡깁니다!

십자가의 죽음 마태27:45, 누가23:44, 요한19:28

※유대인의 왕 : 로마 황제의 통치에 대한 반역죄가 적용되었음을 보여준다.

※강도 : 일반적인 강도가 아니라 로마에 대항해서 반역을 일으킨 사람들로 본다.

※모욕 : Link 시편 22:6~8

※엘리야 : 예수님이 '엘리, 엘리'라고 하신 것을 오해해서 엘리야를 부른다고 한 것이다.

※버리셨습니까 : 인류의 죄를 씻기 위해 하나님께 버림받고, 저주받았음을 의미한다. Link 시편 22:1 Link 갈라디아서 3:13

운명하셨지.
38 그때 성전 휘장이 위에서 아래로 찢어졌고,
쫘아아악
39 예수를 마주 보고 서있던 백부장은 그 모든 것을 보고 말했어.
이분은 참으로 하나님의 아들이셨다.
40 그곳에는 예수께서 갈릴리에 계실 때부터 섬겼던 막달라 마리아와 작은 야고보와 요셉의 어머니 마리아와 살로메가 지켜보고 있었고,
그 밖에 예수와 함께 예루살렘에 올라온 여자가 많았지.
무덤에 묻히시다 마태27:57, 누가23:50, 요한19:38
42 저녁때, 곧 안식일 전날에 아리마대 출신인 요셉이 빌라도에게 예수의 시신을 요구했어.
율법에는 나무에 달린 시체를 밤새 두지 말라고 했죠.
43 그는 존경받는 공회원이고, 하나님의 나라를 기다리는 사람이었는데,
빌라도는 예수께서 벌써 죽었는지 미심쩍어 백부장을 불렀지.
예수가 죽은 지 얼마나 되었느냐?
오후 3시쯤 숨졌으니….
45 빌라도는 백부장에게 확인한 후에야
예수의 몸을 내어주라.

▶ Link 1권 142p tip '찢어진 휘장'을 보라.

※백부장 : 로마 군대에서 100명의 병사를 지휘하는 장교.

※마리아(Mary) : 12사도 중에 알패오의 아들인 작은 야고보와 요셉의 어머니.
※살로메(Salome) : 큰 야고보와 요한의 어머니, 예수님의 이모라는 견해도 있다.

※저녁 : 예수님이 십자가에서 돌아가신 금요일 저녁. ※아리마대(Arimathea) : 예루살렘 동북쪽 약 45km 에브라임 산지에 위치한 성읍.
※요셉(Joseph) : 산헤드린 공회의 의원이었지만 공회의 결정에 반대했다. Link 누가복음 23:51 ※율법 : Link 신명기 21:23

※공회원 : 산헤드린 공회 안에서도 불법 재판을 거부하고 예수님을 따르는 제자가 있었다는 것을 보여준다.

46 요셉은 예수의 시신을 삼베로 싸서 바위를 파고 만든 무덤에 모신 후,
돌을 굴려 무덤 입구를 막았고,
밖에는 막달라 마리아와 요셉의 어머니 마리아가 지켜보고 있었어.
집에 갈 때 향료와 향유를 사두자.

※막달라 마리아 : 막달라 출신으로 일곱 귀신이 들렸다가 나은 후 예수님을 따른다. Link 누가복음 8:2 Link 마가복음 16:9

※요셉의 어머니 마리아 : 12사도 중에 알패오의 아들인 작은 야고보와 요셉의 어머니.

마태28 : 1, 누가24 : 1, 요한20 : 1

16장 부활하신 예수님 일요일

1 안식일이 지나자
안식일이 끝났으니 주님께 가자.
막달라 마리아와 야고보의 어머니 마리아와 살로메는 예수께 발라드릴 향료를 샀어.
어제 산 향료를 주님께 발라드려야지.
2 그녀들은 일주일의 첫날 새벽, 해가 막 뜰 때 무덤으로 갔는데,
근데 무덤을 막아둔 돌은 누가 굴려주지?

※안식일이 지나고 : 유대인의 하루는 저녁부터 시작되니 안식일인 토요일 저녁이 지났다는 것이다.

※향료 : 시체에 바르는 방부제의 일종, 예수님의 부활을 믿지 않았음을 알 수 있다.

※첫날 : 일주일을 시작하는 첫날, 즉 일요일 새벽을 말한다.

4 눈을 들어 보니, 엄청나게 큰 그 돌이 이미 굴려져 있었지.
아니?
돌이 왜?
5 그녀들은 무덤 안에서 흰 옷을 입고 오른쪽에 앉아 있는 한 청년을 보고 몹시 놀랐어.
귀신?!
헉?!
6 놀라지 마라. 너희가 십자가에 못 박히신 나사렛 예수를 찾지만 그는 살아나셔서 여기에 계시지 않는다. 그가 있던 곳을 보라.
7 너희는 그의 제자들과 베드로에게 예수께서 먼저 갈릴리로 가셨으니, 말씀하신 대로 그곳에서 그를 볼 것이라고 전해라.
8 그녀들은 크게 놀라 떨면서 급히 무덤에서 도망쳤고, 두려워서 아무 말도 못했지.

※베드로 : 여기서 언급한 이유는 예수님을 3번이나 부인한 베드로를 여전히 포기하지 않으셨다는 것을 강조한다.

마가복음

9 예수께서 일주일의 첫날 새벽에 살아나신 뒤, 예전에 일곱 귀신을 쫓아내신 막달라 마리아에게 처음 나타나셨어.
마리아야!
나… 나의 선생님!

10 마리아는 슬픔에 잠겨 울고있는 제자들에게 가서 그 소식을 전했지만,
주님이 부활하셨어요!
제가 직접 만났어요!
저희는 천사의 말도 들었어요!
말이 되는 소릴 해야지.
상심이 커서 헛것을 봤구만.

11 그들은 예수가 살아나신 것과 마리아가 예수를 만났다는 걸 믿지 않았지.
난 직접 확인해야겠다.
나도

12 그 후, 예수께서는 시골로 내려가던 제자 중 두 사람에게 다른 모습으로 나타나셨어.

13 두 사람은 다른 제자들에게 돌아가 이 사실을 알렸으나 역시 믿지 않았지.
정말이야. 같이 걷고 말씀도 나누다가 갑자기 사라지셨다고!
나도 같이 있었어!
이 인간들이 단체로….
거꾸로 매달아 버릴까?

※시골 : 엠마오(Emmaus)로 예루살렘 서쪽 약 11km 지점, 정확한 위치는 알 수 없다.
※두 사람 : 예수님의 제자 중에 글로바와 또 다른 한 명. Link 누가복음 24:18

11제자에게 나타나시다 요한20:24

14 그 후, 11제자가 음식을 먹을 때 예수께서 나타나셔서 믿음이 없고 마음이 둔한 것을 꾸짖으셨어.
너희에게 평화가 있기를!
허억!

그것은 그들이 자기가 살아난 것을 봤던 사람들의 말을 믿지 않았기 때문이야.
나의 주, 나의 하나님!
나를 보지 않고도 믿는 자는 복이 있다.

15 '너희는 온 세상에 나가서 모든 민족에게 복음을 전하라.'
복음
복음
복음
복음
복음
복음

16 '믿고 세례를 받는 사람은 구원받을 것이요, 믿지 않는 사람은 심판을 받을 것이다.'

하늘로 올라가시다 누가24:50

19 주께서는 말씀을 마치시고 하늘로 올라 가셔서 하나님의 오른쪽에 앉으셨어.

17 '믿는 사람들에게는 이런 증거가 나타날 것이다. 내 이름으로 귀신을 쫓아내고, 새 방언을 말하며,'
예수 그리스도의 이름으로 말한다!
커 억

18 '뱀을 집어올리고, 독약을 마셔도 해를 입지 않으며, 병든 자에게 손을 얹으면 나을 것이다.'

20 그 후, 제자들이 나가서 두루 복음을 전하니,

주께서 그들과 함께 하시고, 증거를 보여주시는 것으로 그 말씀을 증명해 주셨지.
보라, 내가 세상 끝날까지 항상 너희와 함께 있을 것이다!

tip 제자들의 복음 전파

예수님은 믿는 자들에겐 여러 가지 증거가 나타날 것이라고 약속하셨다. 그것은 믿는 모든 사람에게 공통적으로 항상 나타나는 것이 아니라, 하나님의 필요에 따라 믿는 사람의 삶에 전체적으로 나타나기도 하고, 부분적으로 나타나기도 한다. 마가는 이 땅에 남겨진 제자들이 예수님의 명령대로 세상에 나가 복음을 전하고, 그 과정에서 약속하셨던 증거들을 보여줌으로 예수께서 늘 함께 하셨다는 말로 끝을 맺는다. 마가는 절망에 빠진 로마 교회의 제자들에게 이 글과 함께 용기와 격려를 보낸다.

▶ Link 1권 145p tip '예수님의 명령과 약속'을 보라.

참고 도서 및 자료 목록

《관주, 해설 성경전서 개역개정판》, 대한성서공회, 2004
《ESV 스터디 바이블》, 크로스웨이 ESV 스터이 바이블 편찬팀, 부흥과개혁사, 2014
《히브리어, 헬라어, 원문 번역주석 성경 신약》, 고영민, 쿰란, 2015
《메시지 신약》, 유진 피터슨, 복 있는 사람, 2011
《신약 성경 연구》, 성종현, 장로회신학대학교출판부, 1994
《이원희 목사와 함께 떠나는 성지행전 신약》, 이원희, 평단문화사, 2012
《통박사 조병호의 신구약 중간사》, 조병호, 통독원, 2012
《성경 파노라마》. 테리 홀, 규장, 2008
《공관복음서 이해》, 키트 F. 니클, 대한기독교출판사, 1984
《공관복음서 연구》, E.P. 샌더스, M. 데이비스, 대한기독교서회, 1999
《복음서와 사도행전》, 데이빗 웬함, 스티브 월튼, 성서유니온, 2013
《예수만나 사복음서편》, 유철운, 예수만나, 2005
《모든 사람을 위한 마태복음 1, 2》, 톰 라이트, IVP, 2010
《모든 사람을 위한 마가복음》, 톰 라이트, IVP, 2011
《틴데일 성경 주석 시리즈 1 마태복음》, R.T.프랜스, CLC, 2013
《히브리적 관점으로 다시 보는 마태복음 1, 2》, 장재일, 쿰란, 2011
《NIV 적용 주석 마태복음》, 마이클 윌킨스, 솔로몬, 2012
《NIV 적용 주석 마가복음》, 데이빗 E. 갤런드, 솔로몬, 2011
《매튜 풀 청교도 성경주석 마가복음·누가복음》, 매튜풀, 크리스챤다이제스트, 2015
《존 라일 사복음서 강해 1 마태복음》, J.C.라일, CLC, 2008
《HOW TO 주석 마태복음 어떻게 설교할 것인가》, 목회와 신학 편집부, 두란노, 2007
《HOW TO 주석 마가복음 어떻게 설교할 것인가》, 목회와 신학 편집부, 두란노, 2007
《가서 제자 삼으라》, 장흥길, 한국성서학연구소, 2009
《줌인 마가복음 1, 2》, 송태근, 성서원, 2015
《구조로 본 마가복음》, 이영재, CLC, 2017
《열린다 성경 난해구절 1》, 류모세, 규장, 2014
《열린다 성경 식물 이야기》, 류모세, 두란노, 2008
《역사 드라마로 읽는 성경 신약 편 1, 2, 3부》, 류모세, 두란노, 2012
《거꾸로 읽는 신약성서》, 차정식, 포이에마, 2015
《예수 그리스도 상, 하》, 윤철호, 한국장로교출판사, 1998
《니고데모의 안경》, 신국원, IVP, 2005
《청년아 때가 찼다》, 김형국, 죠이선교회출판부, 2012
《당신의 열심이 위험한 이유》, 래리 오스본, 새물결플러스, 2013
《존 스토트의 산상수훈》, 존 스토트, 생명의 말씀사, 2011
《사랑한다, 독사의 자식들아》, 김남국, 두란노, 2012
《NEW 호크마주석 신약》, 강병도, 기독지혜사, 2013
《아가페 성서지도》, 미카엘 아비요나, 요하난 아하로니, 아가페출판사, 2010
《아가페·카르타 성서지도》, 요하난 아하로니, 신대현 역, 아가페출판사, 2013
《TBC 성서연구 신약》, 은준관, 도서출판 TBC, 2013

MEMO

"모든 일에서 너희가 남에게 대접을 받고 싶으면 너희도 남을 대접하라.
이것이 율법과 예언서의 핵심적인 가르침이다." -마태복음 7:12

MEMO

"첫째는 '네 마음을 다하고, 네 목숨을 다 하고, 네 뜻을 다하여 너의 하나님 여호와를 사랑하라', 둘째는 그와 같이 '네 이웃을 네 몸과 같이 사랑하라'는 것이다. 이 두 계명에 모든 율법과 예언서의 참뜻이 있다." -마태복음 22:37~40